Cineast und Pazifist

Helmut Käutner als Karl May (1974)

Bernhard Albers

Helmut Käutner
Cineast und Pazifist

Von Film zu Film

mit 500 Abbildungen

Rimbaud Verlag

Helmut Käutner als Karl May
Pressefotos

Vorbemerkung

Über Helmut Käutner ist seit seinem 100. Geburtstag einiges Interessante veröffentlicht worden, aber immer nur in Teilaspekten. Eine Darstellung seines Gesamtkunstwerkes ist bislang ausgeblieben und wird hiermit in knapper Form vorgelegt.

Meine umfangreiche Sammlung von Autogrammkarten, Kinoplakaten, Aushang-, Presse- und Privatfotos soll eine längst vergangene Kinowelt näher bringen, was mit dem Ausstellungskatalog zu Maria Schell auf der Grundlage ihrer eigenen Sammlung trefflich gelungen ist. Zu Helmut Käutner fehlt bislang merkwürdigerweise ein Ausstellungskatalog. Nur vereinzelt werden exquisite Filmfotos präsentiert, aber nie in einer Gesamtschau seiner Filme wie zuletzt die von Rainer Werner Fassbinder.

Helmut Käutner in seinem
Arbeitszimmer in Berlin (Privatfoto)

Zur Erinnerung an den Besuch des Kronprinzenpaares
Düsseldorf 1908
Kunstverlag F. Eyfriedt, Düsseldorf

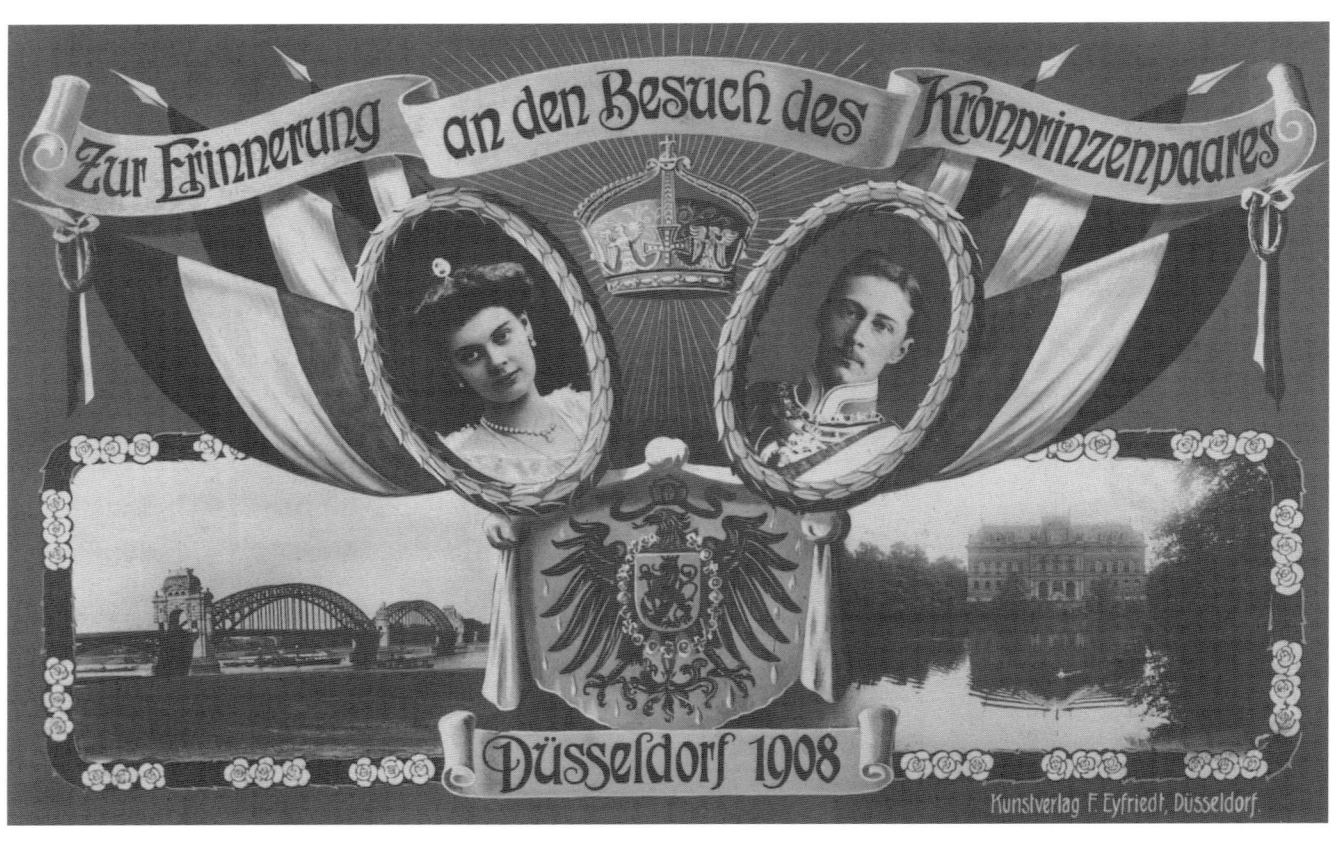

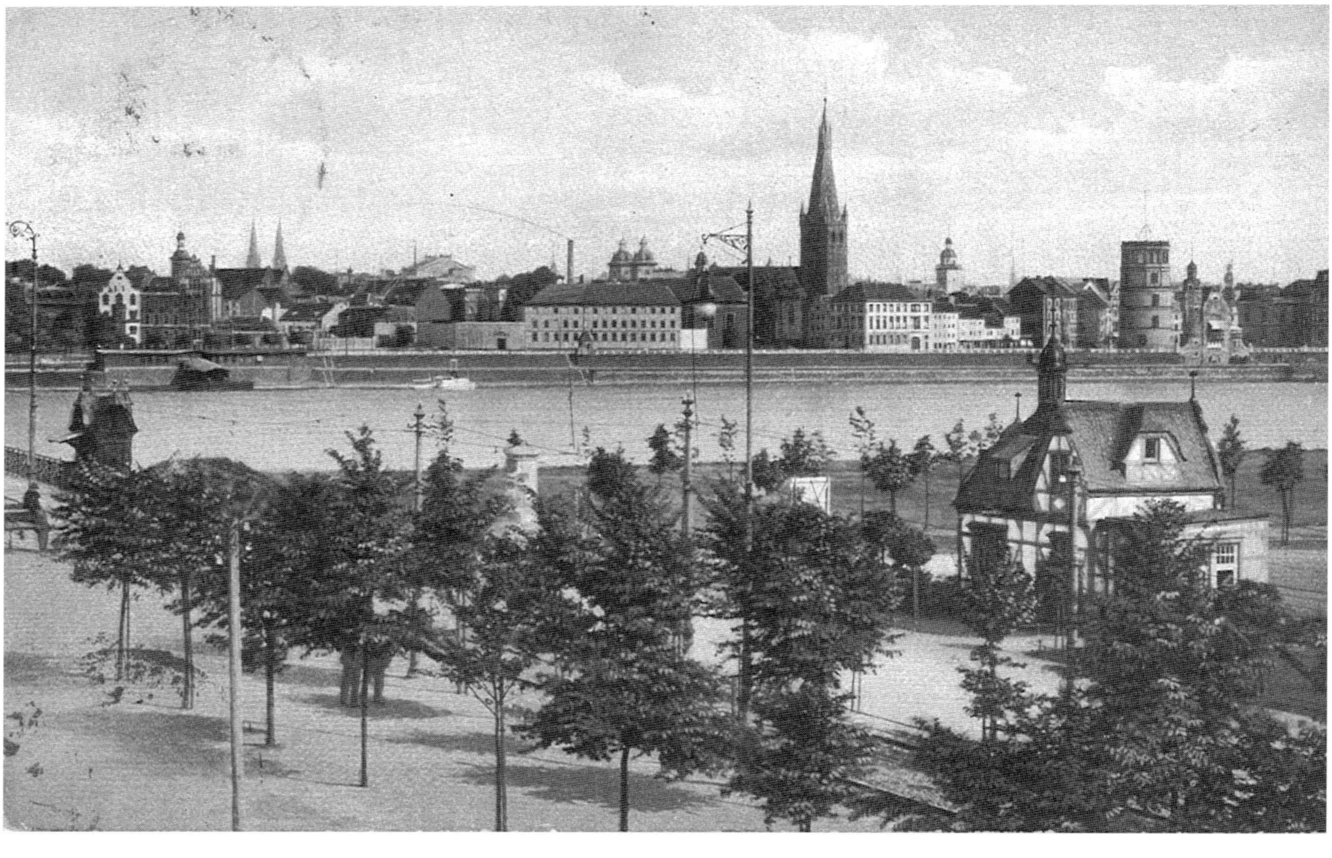

Links: 1908. Geburtsjahr Helmut Käutners in Düsseldorf.

Folkwang-Schule für Gestaltung, Essen

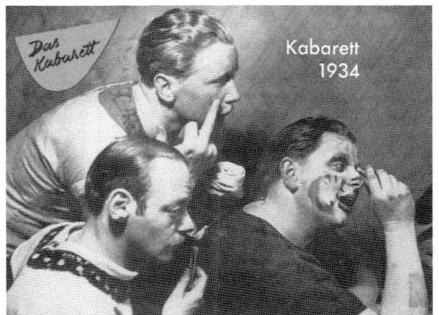

Cover der Schallplatte: *Die Nachrichter*
Käutner „geriet wider Erwarten an ein breites Publikum, als der Direktor der Münchner Kammerspiele die vier Studiker zu einem Gastspiel einlud." (Der Spiegel 14/1959)

Helmut Käutner wurde am 25. März 1908 in Düsseldorf geboren, also „in eine Zeit, in welcher der Film, der später sein Leben bestimmen, und dessen Entwicklung er selbst prägen sollte, noch in den Kinderschuhen steckte." (Peter Cornelsen) Er legte 1926 in Essen sein Abitur ab und belegte an der Folkwang-Schule Tanz und Pantomine und an einer Kunstgewerbeschule Reklame, Innenarchitektur und Grafik. 1928 wechselte er zur Münchner Universität, um „Kunstgeschichte, Literatur und Experimental-Psychologie zu hören." (Der Spiegel 14/1959) Die Aussagen dazu sind nicht eindeutig. Deutlich ist aber sein Bekenntnis, dass er dort dem Theater *anheimgefallen* war, indem er *eine Empfehlung an Artur Kutscher bekam. Professor Kutscher war der große Theaterwissenschaftler.* Käutner beschreibt ihn als sehr lebendig, *dem es im Grunde viel wichtiger war, dass ein junger Mensch ausgebildet wurde für das, was ihn interessierte, das Theater, und nicht für eine Prüfung oder eine Doktorarbeit.* Gegen Ende jedes Semesters wurden kleine satirische Revuen veranstaltet. Daraus entwickelte sich das Studentenkabarett „Die vier Nachrichter": *Wir waren nie Freunde des Amüsierkabaretts oder des Lachens um jeden Preis, der reinen Unterhaltung, obwohl wir dabei gelernt haben zu unterhalten, sondern wir machten Kabarett in einem größeren, höheren Zusammenhang. Norbert Schultze, der am Flügel saß, ging einen anderen Weg als wir. ‚Lili Marleen' ist etwas, was man ihm nicht übel nehmen darf, denn das ist ein bezauberndes Lied und geht sehr weit zurück, jenseits dieser politischen Bezüge.*

Käutner schrieb Stücke und Sketche wie „Der Esel ist los", „Hier irrt Goethe", „Die Nervensäge", „Das Auto geht in See" und „Der Apfel ist ab". 1935: Wenige Tage vor der Uraufführung der zuletzt genannten Komödie wurden die „Nachrichter" verboten. *Zwei meiner Freunde und*

Berlin. Wilhelmplatz mit Reichskanzlei und Propagandaministerium

Links: Nürnberg, Reichsparteitag

Berlin. Wilhelmplatz mit Reichskanzlei und Propagandaministerium

Curt Goetz

Detlef Sierck als Douglas Sirk in den USA bei Dreharbeiten, während Curt Goetz im dortigen Exil erfolglos blieb.
Salonwagen E 417

Mitarbeiter, Bobby Todd, Kurt E. Heyne, gingen in die Emigration. Der eine jüdisch verheiratet, der andere Halbjude. Todd ging nach Rom, auf die Filmhochschule, war also viel eher mit dem Film verbunden als ich. Heyne ging nach Basel ans Theater. Käutner entschied sich ebenfalls für das Theater und ging zunächst nach Leipzig: *Ich wollte realistisches, richtiges, ordentliches, bürgerliches Theater lernen und Shakespeare spielen.*

Den ersten Kontakt zum Film hatte er aus finanzieller Motivation heraus als Laiendarsteller im *Kreuzer Emden*. *Das war, glaube ich, das erste Mal, dass ich in einem Film zu tun hatte und ein Atelier von innen sah. Das muss 1932 gewesen sein.* Hans Schweikart, Vorstandsvorsitzender der „Bavaria"-Filmgesellschaft, gab Käutner den Rat, *doch mal ein Drehbuch zu schreiben. Er riet mir aber, mich zusammen zu tun mit einem erfahrenen Hasen.* Mit Bobby E. Lüthge schrieb er das erste Drehbuch. *Das zweite Drehbuch, glaube ich, habe ich bereits alleine geschrieben, das dritte mit Axel Eggebrecht, und das vierte wieder alleine, immer in diesem Wechsel.*

Die Machtergreifung Adolf Hitlers im Jahre 1933 hatte zur Folge, dass politische Gegner verhaftet und Bürger jüdischen Glaubens mit allen Mitteln aus der neuen Volksgemeinschaft ausgegrenzt wurden. Allein 1500 Filmschaffende – darunter bedeutende Regisseure wie Fritz Lang, Detlef Sierck, Max Ophüls oder Curt Goetz – mussten Deutschland verlassen. Die Schauspielerin und Bergsteigerin Leni Riefenstahl nutzte die Gunst der Stunde und inszenierte mit den Filmen *Sieg des Glaubens* (1933) und *Triumph des Willens* (1935) Hitlers brutale Massen-Parteitage. Dennoch blieb in der Bevölkerung ein tief sitzender Unwille gegen den Krieg. Auch der Propagandaminister und

Szenen aus Käutners erstem Kinofilm *Kitty und die Weltkonferenz* mit Christian Gollong

"Hier spielte Curd Jürgens einen jungen Prinzen. Dieser Film hatte einen relativ ungewöhnlichen Plot: In einem Verkehrsmuseum beginnen um Mitternacht die Ausstellungsstücke von ihrem ereignisreichen Leben zu erzählen. Besonders viel zu berichten hat das neueste Ausstellungsstück, der Salonwagen E 417." (Heike Specht) Nach dem Krieg wird Käutner ein Automobil erzählen lassen: *In jenen Tagen."*

oberster Schirmherr des Films, Joseph Goebbels, zeigte wenig Interesse an der Produktion kriegsverherrlichender Filme, denn die Kinobetreiber verlangten nach Romanzen und Komödien. Der ständig steigende Arbeitsdruck, der auf der arbeitenden Bevölkerung lastete, suchte nach Entlastung. So wurden im Dritten Reich über eintausend abendfüllende Spielfilme hergestellt, nur ein verschwindend geringer Anteil mit nationalsozialistischem Gedankengut.

Nach dem großen Exodus fehlten aber, wie Goebbels notierte, „die Leute, die Könner". Notgedrungen wurden Filmschauspieler mit Regiearbeiten beauftragt wie Paul Verhoeven (*Salonwagen E 417*), Theo Lingen (*Marguerite:3*), Viktor de Kowa (*Schneider Wibbel*) und Harald Paulsen (*Die Stimme aus dem Äther*). Alle diese genannten Filme basieren übrigens auf Drehbüchern, die Helmut Käutner mit verfasst hatte. *Diese Filme*, so erinnert sich der Filmemacher später, *haben mit veranlasst, mich überhaupt mit dem Metier Film zu beschäftigen, obwohl ich sagen muss, dass natürlich auch Geldverdienen dabei eine gewisse Rolle spielte. Es war noch kein Erkennen, das ist also der Weg, oder ich muss dahin, sondern eine gewisse Unzufriedenheit wegen rigoroser Änderungen an den Drehbüchern.* Man kann aber vermuten, dass es die Besorgnis war, es könnten sich wieder zahlreiche NS-Symbole, die in *Die Stimme aus dem Äther* auftauchten, in Käutners nächstem Film versammeln. Von daher bewirbt sich Käutner mit *Kitty und die Weltkonferenz* bei der Terra als Regieassistent und wird – als Regisseur genommen. Ähnlich wie Hitchcock war also Käutner zufällig in diese Position geraten. Der neue Chef Peter Paul Brauer

Mady Rahl spielt in *Die Stimme aus dem Äther*. In *Karl May* (1974) sehen wir sie als Pauline Münchmeyer

FILM 1: *Kitty und die Weltkonferenz (D 1939)*

Links: Der Journalist Piet Enthousen (links) (Christian Gollong) und der Portier Paul Hörbiger

Die Maniküre Kitty, die sich als Privatsekretärin des englischen Wirtschaftsministers Sir Horace Ashlin ausgibt. Das Luxushotel Eden, in dem die Weltkonferenz tagt, wird zum Treffpunkt internationaler Prominenz.

galt als eindeutiger Parteiaktivist und hatte offensichtlich Gefallen an Käutners Drehbuch nach einem Bühnenstück von Stefan Donat. Als Regieassistenten wurden Boleslaw Barlog und Rudolf Jugert ernannt. Es handelt sich bei dem „Lustspiel um eine Weltwirtschaftskonferenz im internationalen Diplomaten- und Journalistenmilieu von Lugano." (Rüdiger Koschnitzki)

Als der Film vom 23. Mai bis 15. Juli 1939 gedreht wurde, war die pazifistische Kultur nicht nur aus dem öffentlichen Leben verdrängt. „Die Kriegspropaganda richtete sich nun auf konkrete Ziele, statt bloß Bilder von Militärmanövern und Schlachtschiffen zu präsentieren." (Moritz Föllmer) Vor dem Hintergrund, dass Deutschland ja längst aus den Genfer Abrüstungsverhandlungen und dem Völkerbund ausgetreten war, nimmt es nicht weiter Wunder, dass in dem Film eine deutsche Delegation gar nicht zu sehen ist. Somit konnte Käutner davon ausgehen, dass das Propagandaministerium diesen Film weder als „unerträglich" noch „in der Tendenz ganz verfehlt" einschätzen würde. Kunst wurde für Käutner zur *Schmuggelware*: Der Film passierte bereits am 22. August die Zensur.

Goebbels musste die sympathische Darstellung des englischen Wirtschaftsministers Sir Horace Ashlin in *Kitty und die Weltkonferenz* zugesagt haben, denn noch glaubte die Naziführung, das Vereinigte Königreich zum Verbündeten gewinnen zu können. „Ein sehr netter und amüsanter Film mit der sehr talentierten Hannelore Schroth", notiert er am 23. August in sein Tagebuch. Schon zwei Tage später wurde der Film in Stuttgart uraufgeführt.

Helmut Käutners *heiter-beschwingte Komödie im gepflegten Unterhaltungsstil* erzeugt mit subtilen Überblendungen beim Zuschauer sogleich Aufmerksamkeit. Äußerst

Fritz Odemar mit Hannelore Schroth in *Ursula greift ein*

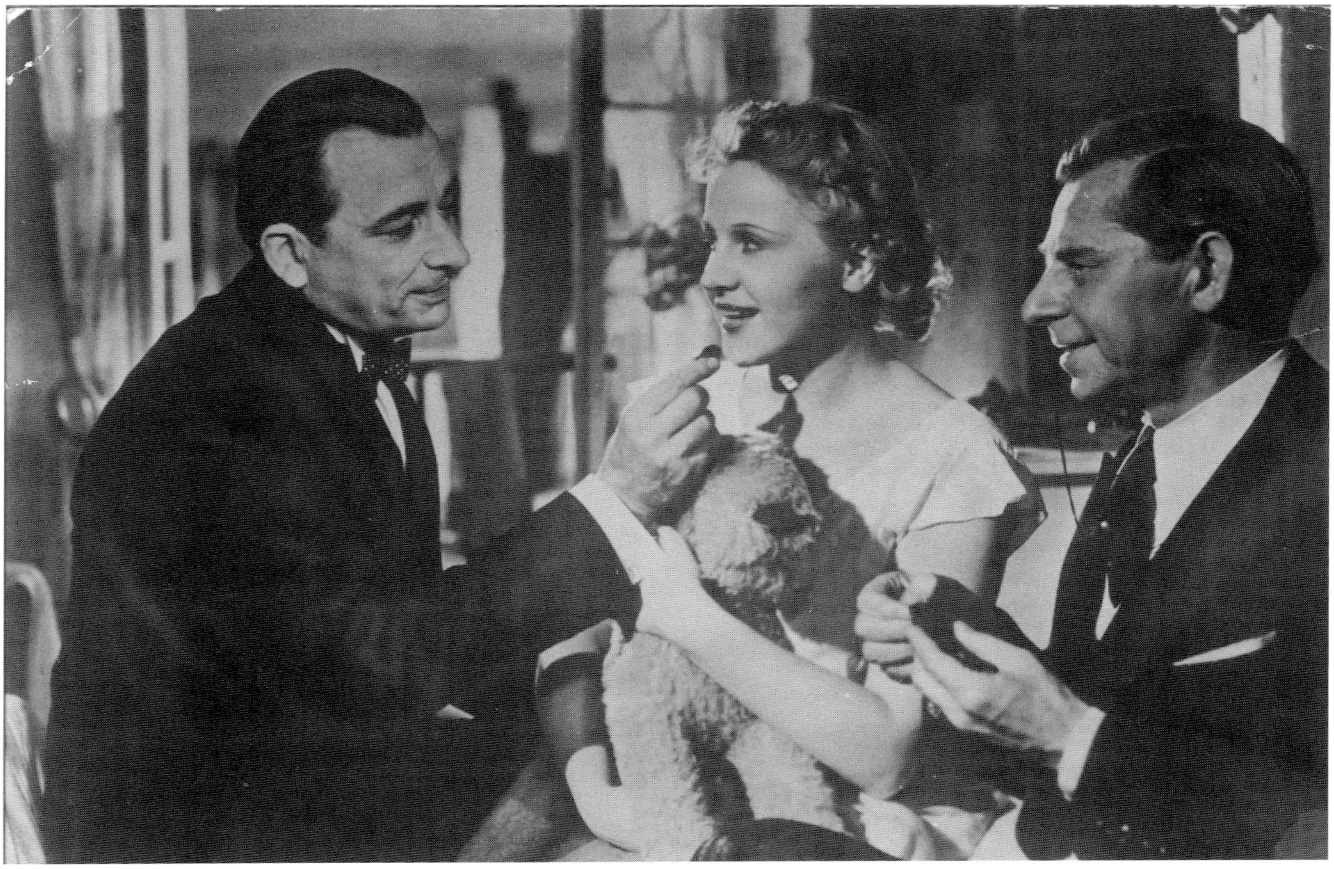

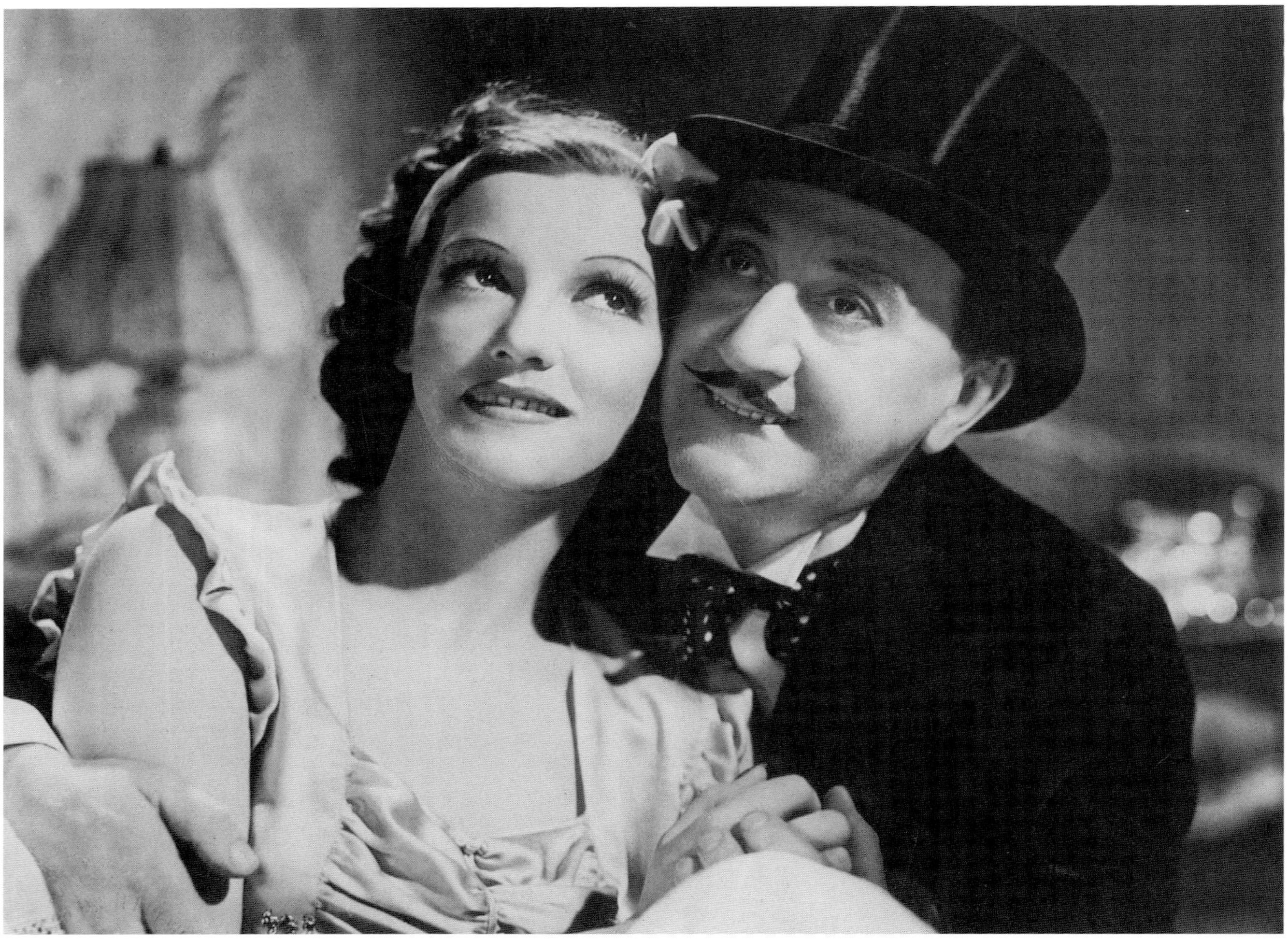

Links: Curd Goetz, Paul Henckels, Else von Möllendorf und Max Gülstorff in *Napoleon ist an allem schuld* (1938).

Rudolf Schündler spielt einen Rundfunkreporter. Käutner setzte ihn in *Kleider machen Leute* als Melcher-Böni ein. Nach dem Krieg sehen wir ihn in *Königskinder* und *Käpt'nBay-Bay*. 1970 dann in *Feuerzangenbowle* und 1974 in *Karl May*.

Leopold von Ledebur spielt ebenfalls in *Kleider machen Leute* mit.

Hermann Pfeiffer

gelungen ist auch der melodramatische Kern der tragenden Handlung, wie ihn kurz zuvor Detlef Sierck in *La Habanera* entwickelt hatte. „Melodram", hatte dieser einmal viel später gesagt, „bedeutet Musik plus Drama". Wie in *La Habanera* trägt ein von Straßenmusikanten vorgetragenes Volkslied in feinen Ausläufern die Handlung der Protagonistin Kitty.

Während die leichte Glossierung von 39 Delegationen – wie gesagt ohne eine deutsche – gut in das Schema der Anti-Völkerbundpolitik des Dritten Reichs passte, lagen die diskret angedeuteten Liebesabenteuer ganz auf der Linie des sogenannten Bocks von Babelsberg.

Es deutet sich zudem ein komödiantischer Bezug zum Film von Curd Götz *Napoleon ist an allem Schuld* aus dem Jahre 1938 an, insofern Käutner mit Max Gülstorff, Leopold von Ledebur, Rudolf Schündler und Hermann Pfeiffer ähnliche Rollen anlegt. Letzteren kannte er außerdem vom *Salonwagen E 417* her, wie auch die Schauspieler Maria Nicklisch und Paul Hörbiger.

Die Hauptrolle ist mit Hannelore Schroth besetzt, die die 17jährige Maniküre Kitty mit kindlich-naiver Ausstrahlung spielt. *Eine bezaubernde junge Dame*, so Käutner, *die eine ganze Weltkonferenz durcheinander bringt*, weil sie sich als Privatsekretärin des englischen Ministers ausgibt. Erst mit ihrem Auftritt setzt die melodramatische Musik ein.

Die Figur des vornehmen englischen Ministers wird von Fritz Odemar glänzend und selbstironisch ausgefüllt: „Wer hat heute noch Vertrauen zu einem englischen Minister?" Für ihn trifft ganz sicher zu, was Sierck einmal gesagt hat: „Was man für den Film braucht, das ist die Persönlichkeit, das ist die Hauptsache, denn die Kamera kann Gedanken

Der „Film-Kurier" bespricht den Film nicht, sondern druckt lediglich Standfotos und Chanson-Texte ohne Kommentar ab.

Deutsche Einsatzkräfte mit dem Ergebnis verbrannter Erde in Warschau.

„Als Vergeltungsakt inszeniert, ging es beim Überfall auf Polen um den, wie Hitler es immer wieder formulierte, ‚Kampf um Lebensraum'."
(Dietma Süß)

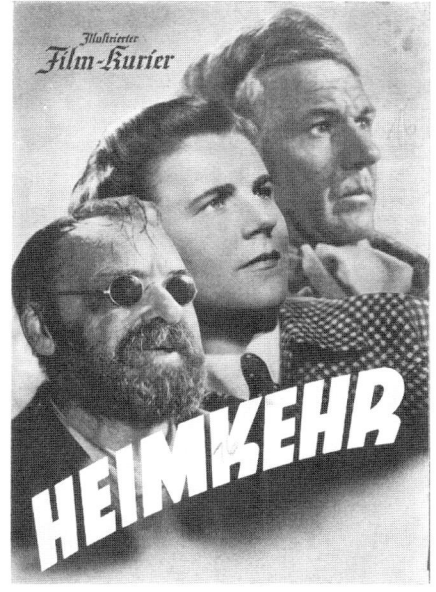

Heimkehr. „Dieses Machwerk stellte das Terrorregime als Retter aller Deutschen im Ausland dar." (Kurt Ifkovits)

Aus dem Programmheft:
„Am 1. September 1939 versammeln sich die Männer, Frauen und Kinder in der Emilienthaler Scheune, verbergen sich im Abseitigen und – lauschen mit fiebernden Sinnen der Rede des Führers ... Da wird das Scheunentor aufgerissen, wie bissige Hunde jagen bewaffnete Gendarmen herein, treiben die Deutschen zusammen ... Wie Tiere werden die Verhafteten verladen und nach dem Gefängnis in Lusk gebracht."

lesen." Es war sicher Odemars beste Filmaufgabe, neben dem Lord Augustus in *Lady Windermeres Fächer*. Beeindruckend, wie er als britischer Gentleman der Titelheldin, der kleinen Maniküre, in einem großen Hotel, zu ihrem Lebensglück verhilft. Insgesamt hat man den Eindruck, dass Käutner „immer sehr genau gewusst zu haben scheint, mit welchen Menschen er zusammenarbeiten wollte." (Hans Günther Pflaum) Käutner selbst spricht von einem „Mosaikspiel": *Steinchen neben Steinchen setzen, man müsse freilich wissen, welches Steinchen wohin gehöre.*

Am Schluss des Films verwandelt sich die Lichtreklame des Luganer Hotels Eden in das Wort Ende. Die Weltkonferenz, gedreht am Millstädter See, hatte auch im Film keinen Erfolg, sie war am Ende. Käutner sollte Recht behalten. Zwar kam der Film, wie gesagt, in Stuttgart zur Uraufführung und am 3. Oktober 1939 mit *ungeheurem Erfolg im Gloria-Palast in Berlin heraus, also in dem für damalige Verhältnisse hocheleganten, wichtigsten Kino Berlins.* Der Film-Kurier Nr. 231 vom 4.10. sprach von „herzlicher Aufnahme und lang anhaltendem Beifall." Doch die politischen Verhältnisse hatten sich radikal gewandelt. Am 23. August war der Nichtangriffspackt mit der Sowjet-Union geschlossen worden. Zwei Tage später, also am Tag der Premiere, begann die Mobilmachung. Am 1. September gab Hitler den Befehl zum Einmarsch in Polen. Wieder zwei Tage später erklärten England und Frankreich dem Deutschen Reich den Krieg. Zwei Wochen nach der Berliner Premiere war der Film bereits verboten. Der „Völkische Beobachter" schrieb mit deutlich kritischem Unterton, dass Käutner „eine politische Satire auf die Beine hätte bringen können: Aber er leistete Verzicht und hielt sich lieber an die Unverfänglichkeit mädchenhafter Anmut."

Ghetto und Vernichtung der jüdischen Bevölkerung in Polen

Frau nach Maß

FILM 2: *Frau nach Maß* (D 1940)

Der überhebliche Theaterregisseur ist entsetzt, als er ausgerechnet am Polterabend von den schauspielerischen Ambitionen seiner Braut Annemarie erfährt. Die häusliche Frau, die er sich wünscht, scheint er kurz darauf in Annemaries Schwester zu finden; in Wirklichkeit ist es Annemarie selber.

Aus dem Programmheft:
„Wir haben mit Leuten vom Theater zu tun, mit einem Theaterdirektor Camp und seiner Frau Hermine, die wir zuerst als Zigeunergräfin kennenlernen, mit Dramaturgen, Schauspielern, Inspizienten, Bühnenarbeitern usw. lauter ‚Verrückte', die im Grunde aber lauter nette Leute sind.
Aber was denn! Sie werden sie ja kennen lernen! Am Ende des Films sprechen wir uns wieder. Wetten, dass Sie dann lachend abwinken, weil Sie eine so hübsche Sache nicht zerreden wollen? Und die Sache mit Annemarie bzw. Rosemarie? – Theater! Theater!"

Links: Fritz Odemar, Leny Marenbach und Hans Söhnker.

Frankreich und England waren zwar den Polen trotz vertraglicher Verpflichtungen nicht zu Hilfe gekommen, doch die politische Lage blieb brisant. Krieg lag in der Luft. Allerdings gab es noch keine Rationierung von Lebensmitteln, Textilien und anderen Konsumgütern, als Käutner seinen zweiten Film vom 7. November bis Dezember 1939 drehte: *Frau nach Maß*. Wieder *eine Gebrauchskomödie*, wieder hatte er das Drehbuch selbst verfasst; nach dem gleichnamigen Bühnenstück von Eberhard Foerster (unter Mitarbeit von Erich Kästner).

Die mondäne Welt des Theaters, um die es hier geht, residiert in herrschaftlichen Wohnungen, gibt in eleganter Kleidung Partys mit viel Champagner. Eine Frau (Leny Marenbach), an der zu Beginn der Handlung Maß für ein Hochzeitskleid genommen wird, sagt zur Modistin über ihren Ehekandidaten (Hans Söhnker): „'Mein Mann? Der arbeitet!' Mitnichten, denkt das Publikum, denn im nächsten Bild liegt der bildlich Angesprochene in einem französischen Bett, neben einer Frau. Der Schnitt suggeriert offensichtlich einen Seitensprung. Dann geht die Kamera in einer schnittlosen Fahrt von der Naheinstellung in die Totale. Wir sehen das Doppelbett auf einer Bühne. Der Mann ist nicht mit der Frau, sondern mit der Inszenierung einer kläglichen Operette beschäftigt." (Karsten Witte) Die Handlung des Films wird von Rüdiger Koschnitzki präzise auf den Punkt gebracht: „Ein Theaterregisseur sucht die ‚Frau nach Maß'. Er findet zwei ganz unterschiedliche Frauen, muss aber feststellen, dass es sich um ein und dieselbe Frau handelt." Die Liebeskomödie endet mit einem Duett im Revuestil, welches Hilde Hildebrandt am Klavier bereits vorgesungen hatte: „Ich möchte so sein wie du mich willst." Die Musik schrieb Norbert Schultze.

Frau nach Maß

Regisseur Christian Bauer (Hans Söhnker) erlebt eine große Überraschung, als er ein Gespräch zwischen seinem Freund Paul Buchmann (Fritz Odemar) und Annemarie (Leny Marenbach) belauscht.

Leny Marenbach

Goebbels bezeichnet in seinem Tagebuch vom 11. Februar 1940 die ihm vorgelegte Fassung von *Frau nach Maß* als „etwas zu obszön" und notiert weiter: „Ich lasse die anrüchigen Stellen herausschneiden."

Der Auffassung Käutners, dass die *Frau nach Maß ein ziemlich unwichtiges Lustspiel* sei, kann ich nicht beipflichten. Im Gegenteil, zeigt doch schon der zweite Film eine dem Regisseur innewohnende Systematik seines Formwillens: Er sucht bewusst die Zusammenarbeit mit Hans Söhnker. Er kennt den Film *Ehe in Dosen* mit Leny Marenbach und Hilde Hildebrandt, der am 18. August 1939 seine Uraufführung hatte: Nora und Peter streiten sich ständig und wollen sich scheiden lassen. Noras Onkel (auch hier ein Jurist wie in *Frau nach Maß*) erkennt aber, dass die beiden zusammen gehören und entwickelt einen langfristigen Plan, um sie wieder zusammenzubringen. Ein weiterer Vorteil, dass Leny Marenbach bereits mit Hans Söhnker in *Irrtum des Herzens* (Uraufführung am 29. August 1939) ein Liebespaar gespielt hatte. Damit waren für den Film die besten Voraussetzungen gegeben, zumal Käutner aus dem Besetzungsstab seines ersten Films bekannte Gesichter hervorragend einsetzen konnte: Fritz Odemar, Hermann Pfeiffer, Wilhelm Bendow und Armin Münch.

Auch für seinen dritten Kinofilm hatte Helmut Käutner das Drehbuch nach Motiven der gleichnamigen Novelle von Gottfried Keller – einem deutschsprachigen Autor aus der neutralen Schweiz – selber geschrieben: *Ich würde niemals sagen, ich bin der Autor, ich bin allenfalls der Bearbeiter. Kleider machen Leute war das erste Eigene, das wirklich Eigene.*

Hilde Hildebrand wird noch in *Große Freiheit Nr. 7* und in *Epilog* spielen.

FILM 3 *Kleider machen Leute* (D 1940)

Nettchen (Hertha Feiler) und Wenzel (Heinz Rühmann)

Graf Stroganoff (Fritz Odemar) und Schneidergeselle Wenzel (Heinz Rühmann).

Links: Das verspielte Plakat deutet auf die märchenhafte Szenerie und ist zugleich publikumswirksam auf den Starkomiker Heinz Rühmann zugeschnitten.
Das Zentimeterband deutet auf die wahre Identität des elegant dahinschreitenden Herrn.

Während vom 28. März bis in den Juli hinein auf dem Freigelände des Basrandow-Atelier in Prag, sowie in der UFA-Stadt Babelsberg der sorgfältig arrangierte Kostümfilm in den Kulissen einer verschneiten schweizerischen Kleinstadt namens Goldach zur Zeit des Biedermeier gedreht wurde, änderte sich die politische Lage gravierend: Hitler-Deutschland griff Frankreich an. „Selbst hochgradige Optimisten hätten an jenem 10. Mai 1940, als der Westfeldzug der Wehrmacht begann, nicht geglaubt, dass Frankreich sechs Wochen später kapitulieren werde." (Kurt Pätzold). Ab dem 20. Juni griffen britische Flugzeuge deutsche Städte mittels Bombenabwürfen an. Hitler gelobte am 5. September 1940: „Wir werden ihre Städte ausradieren." Jetzt kommen englandfeindliche Filme in die Kinos, während der Hitler-Stalin-Pakt seine Wirkung tat: Polen war liquidiert.

Geschickt macht Käutner, um den Film zu retten, aus dem polnischen Grafen Strapinski bei Gottfried Keller, für den der Schneidergeselle gehalten wird, den „romantischen Grafen Stroganoff aus dem Russischen." Während der ungefähr zeitgleiche Spielfilm *Der Postmeister* zunächst in den Weiten Russlands, dann im vornehmen St. Petersburg spielt, können die Goldacher – und damit auch die Zuschauer in den Kinosälen – nur Vermutungen anstellen: „Das große russische Reich ist uns wohl allen nur dem Namen nach bekannt. Man hört in letzter Zeit so viel von Russland. Die einen sagen dies, die einen sagen das." Damit wird zum ersten Mal deutlich, was Helmut Käutner meinte, wenn er von Kunst als *Schmuggelware* sprach. Er konstruiert ein Märchen aus dem Biedermeier. Verliert der Geselle Wenzel in der Novelle wegen des „Falliments

Hauptsache glücklich

Links: Erich Ponto mit Fita Benkhoff

„irgendeines Seldwyler Schneidermeisters" seine Arbeit, so wird er im Drehbuch wegen eines Prachtfracks, den er – beeinflusst von gespenstisch tanzenden Büsten, Kleiderpuppen und Scheren – auf eigene Maße zurecht geschneidert hatte, vor die Tür gesetzt. Durch diesen noblen Frack avanciert er mit Hilfe eines skurrilen Puppenspielers und etlicher glücklicher Zufälle zu einem russischen Grafen. Der Puppenspieler, der in der Novelle nirgends auftaucht, unterhält sich mit seinen Figuren, die ihm gespenstisch antworten. Diese Rolle ist eine Verbeugung vor Erich Ponto als *Schneider Wibbel* im gleichnamigen Film von Viktor de Kowa (Drehbuch: Helmut Käutner). Die Handlung spielt auch hier im Biedermeier, und zwar in Düsseldorf im Jahre 1812 während der französischen Besetzung. Ponto gehörte in Dresden zu den populärsten Bühnendarstellern. Für seine Paraderolle in diesem Bühnenstück gab es keine Zweitbesetzung. In *Kleider machen Leute* vermittelt der Puppenspieler dem Schneider Wenzel den Platz in einer vornehmen Kutsche mit den Worten: „Schick Dich drein und mach Dein Glück!"

Eine weitere von Käutner erfundene Nebenrolle ist die des Grafen Stroganoff, der in der Novelle nur einmal vom „schalkhaften Kutscher" erwähnt wird. Im Drehbuch wird dieser von einem Fräulein von Seraphin „im ersten Gasthofe, zur Waage genannt", erwartet. Im weiteren Verlauf begünstigt der Graf amüsiert die Verwechslung mit dem Schneider Wenzel, insofern er sich als dessen Kammerherr Alexej ausgibt. Es ist Fritz Odemar, der als wahrer Verwandlungskünstler die Rolle auch sprachlich ausfüllt. Weitere aus dem ersten Film übernommene Schauspieler sind Rudolf Schündler, Leopold von Ledebur und Helmut Weiss.

Erich Ponto als Schneider Wibbel auf der Bühne in Dresden

Kleider machen Leute Mit Heinz Rühmann, Hertha Feiler, Hans Sternberg,   Produktion: Terra-Film
Regie: Helmut Käutner   Fritz Odemar, Hilde Sessak, Rudolf Schündler, Erich Ponto   Verleih: Neue Filmkunst Walter Kirchner

FILM 3: *Kleider machen Leute* (D 1940)

In Goldach wird Wenzel in allen Ehren empfangen.

Links: Fräulein von Seraphin (Hilde Sessak) mit Begleiterin (Olga Limburg) und Graf Stroganoff (Fritz Odemar).

Hilde Sessak

Die Besetzung der Hauptrolle mit Heinz Rühmann und seiner jungvermählten Frau Hertha Feiler als Nettchen barg ebenfalls kein Risiko. In *Lumpazibusvagabundus* hatte Rühmann den Schneidergesellen Zwirn überzeugend gespielt, der sich, übrigens auch von seinem Meister entlassen, zum Marquis de Roquefort mauserte. Genau diese poetisch-verträumte Figur muss Käutner vor Augen gehabt haben und nicht den populären Alltagskomiker Heinz Rühmann mit seinem trocknen Humor. In diesem Sinne charakterisieren ihn – anders als in der Novelle – seine ersten Sätze: „Man müsste etwas sein. Man müsste etwas gelten in der Welt."

Ein turbulentes Fastnachts- und Gebärdenspiel unter dem Motto „Leute machen Kleider – Kleider machen Leute", führt die Geschichte Wenzels und seiner falschen Identität anlässlich seiner Verlobung in schneidendem Rhythmus auf. Dieser Bloßstellung in Form bedrohlicher Masken, hinter denen sich Seldwyler Bürger verbergen, ist der Geselle nicht gewachsen und läuft davon.

Zum guten Schluss will ihn der Graf Stroganoff rehabilitieren, ihn an Sohnes statt annehmen. Mit der öffentlichen Reaktion kann die Zensur recht zufrieden gewesen sein. Man gibt nämlich dem Grafen zur Antwort: „Uns ist ein Mann, der Kleider macht und den die Leute für einen Grafen halten, tausendmal lieber als ein Graf, dem wir Kleider machen müssen. – Er wird zurückkommen und zu seinem Unrecht stehen."

Die Kritik zur Aufführung am 23. Oktober 1940 im Berliner Marmorhaus fiel entsprechend günstig aus: „Doch als die wunderbar glückliche Musik von Bernhard Eichhorn aufklang, als es mit Dreikönigstag und Schneideratelier losging, als Heinz Rühmann im Kreuzhock vom Schneidertisch ins Leben phantasierte, als die prächtigen Figuren Seldwyler

Unfall mit der Kutsche.

Man beachte das strahlend blonde Haar der Marianne Hoppe auf dem Kinoplakat.

FILM 4 *Auf Wiedersehen, Franziska!* (D 1941)

Eine Kleinstadt im Spätherbst 1932. Die junge Franziska lernt einen Reporter kennen.

Das Mysterium der tapfer wartenden Frau (Filmwelt)

Marianne Hoppe in *Effi Briest*

Ratsherren und Meister aufmarschierten – ach, man unterlag dem Zauber, wurde selbst verzaubert. Alle hatten Teil am Erfolg des Abends, der die Hauptdarsteller und den Regisseur unaufhörlich vor die Rampe rief und dem selbst Gottfried Keller Beifall spenden würde."

Für seinen vierten Film, den die Terra für die Saison 1940/41 erwartete, konnte Helmut Käutner zum ersten Mal auf kein eigenes Drehbuch zurückgreifen. Die Zeit verlangte nach einem Propagandastoff, den Curt J. Braun lieferte. Es ging, so der Regisseur viele Jahre später, um die *Geschichte eines österreichischen Mädchens, das von einem Ingenieur oder dergleichen geliebt wurde, der in seiner österreichischen Heimat keine Existenz und Arbeit fand, da er illegaler Nationalsozialist war. Später konnte er heimkehren und sich offen als österreichischer Nationalsozialist bekennen und heiraten. Ich benutzte von dem vorhandenen Drehbuch lediglich den Titel, den Vornamen Franziska und das Motiv, dass eine Frau nie mit ihrem Geliebten oder Mann zusammen kam, sich immer wieder von ihm trennen muss.*

Käutner entwickelt eine Geschichte, die der Bevölkerung bedrückend vertraut war: „Die Volksgemeinschaft wird zu einer Kriegsgemeinschaft" (Volker Habermaier). Soldaten, die ständig wieder an die Front zurück mussten, während ihre Frauen nicht wussten, wann und ob sie ihre Männer überhaupt wiedersehen würden. Dass die Frau das Warten lernen muss, wird ihr Beruf. Dieses Thema zieht sich wie ein roter Faden durch etliche Filme, wie zum Beispiel *Das Wunschkonzert* (1940), *Zwei in einer großen Stadt* (1941/42) oder *Eine kleine Sommermelodie* (1943/44) mit Ilse Werner, Carl Raddatz, Monika Burg, Karl John, Sonja Ziemann und Curd Jürgens – alles Schauspieler, die für Käutner früher oder später wichtige Rollen übernehmen werden.

„Auf Wiedersehen, Franziska"

„Auf Wiedersehen, Franziska"

„Auf Wiedersehen, Franziska"

Käutner stellt sich gegen diesen Zeitgeist und entscheidet sich für eine Fabel. „Die Fabel des Films", schreibt der Film-Kurier 1940, „ist einfach: da lebt in einer kleinen Stadt, unberührt von den Stürmen großen Geschehens, ein Mädchen seinen stillen Alltag. Über Nacht wird das Erscheinen eines Mannes, der die Welt unter allen Sternen sah, ihr Schicksal: sie liebt ihn. Dieser Mann ist Sensationsreporter für Filmwochenschauen; und das ist er nicht lediglich aus Berufsgründen, er ist es aus Leidenschaft."

Wie Ernst Lubitsch setzte Helmut Käutner weiter konsequent – in noch so kleinen Rollen, wie die von Klaus Pohl, der hier einen Briefträger spielt – auf bekannte Gesichter: Herbert Hübner, Ursula Herking und Annemarie Schäfer, Fritz Odemar und Hans Söhnker, der den Sensationsreporter Michael spielt. Zuvor war letzterer bei der „Terra" in der Hauptrolle des nationalsozialistischen Propagandafilms *Blutsbrüderschaft* zu sehen. Söhnker war allerdings alles andere als ein Nazi, was nicht nur Hardy Krüger in seinen Erinnerungen bestätigte. Er ließ im engeren Kreis kein gutes Haar an ihnen und versteckte sogar Juden unter Lebensgefahr. Käutner hatte ihn ganz bewusst in *Frau nach Maß* eingesetzt und konnte ihm nun die Rolle des Michael in *Auf Wiedersehen, Franziska!* geben. Söhnker erinnert sich Jahre später an seine Anfänge: „Dass mir der Wechsel vom jugendlichen Liebhaber und Bonvivant zum Charakterdarsteller völlig reibungslos gelungen ist, verdanke ich in erster Linie Helmut Käutner."

Links, unten: Reporter sind immer unterwegs. Hermann Speelmans und Hans Söhnker.

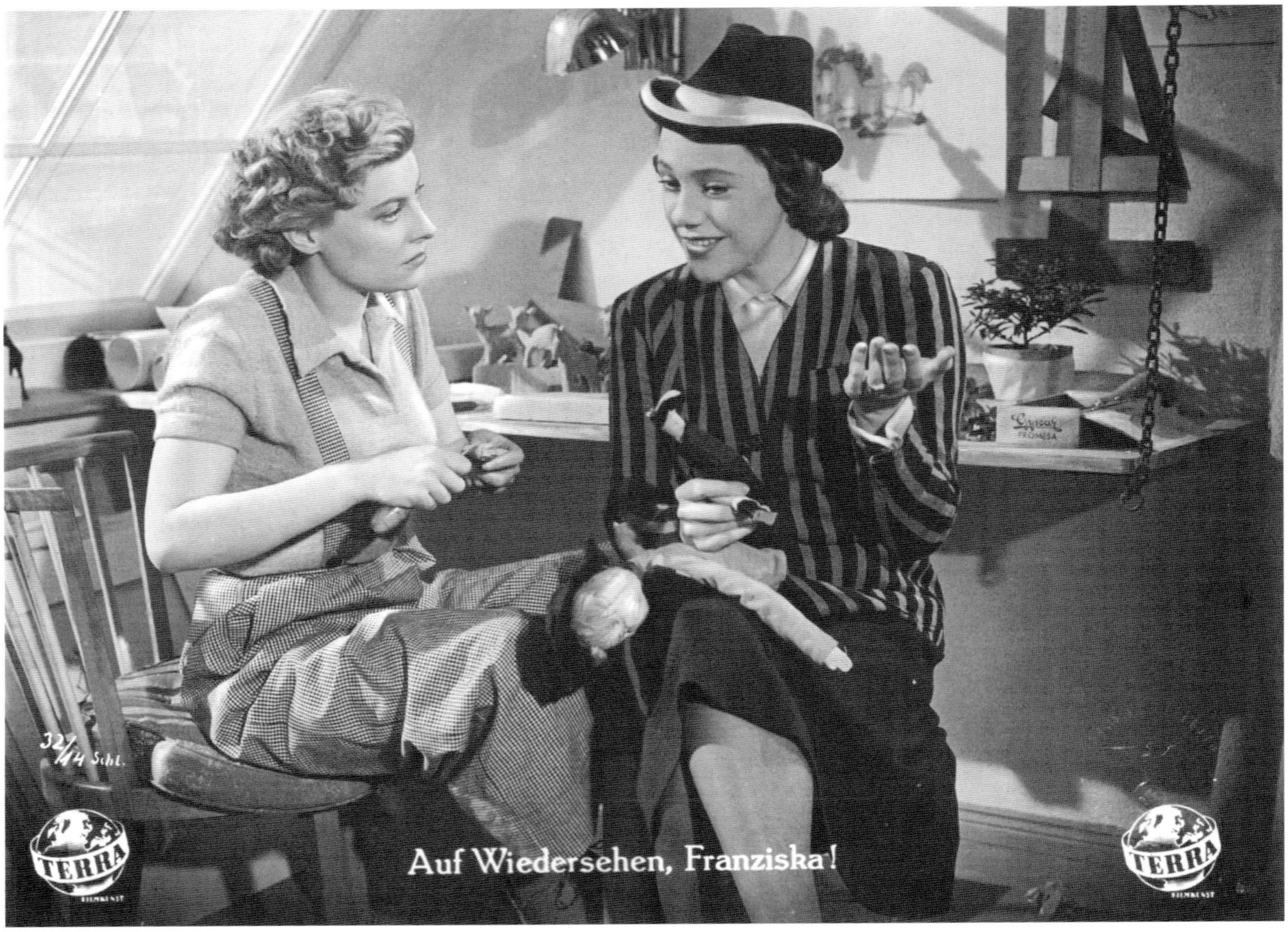

Döring Film G·M·B·H „Auf Wiedersehen, Franziska" Döring Film G·M·B·H

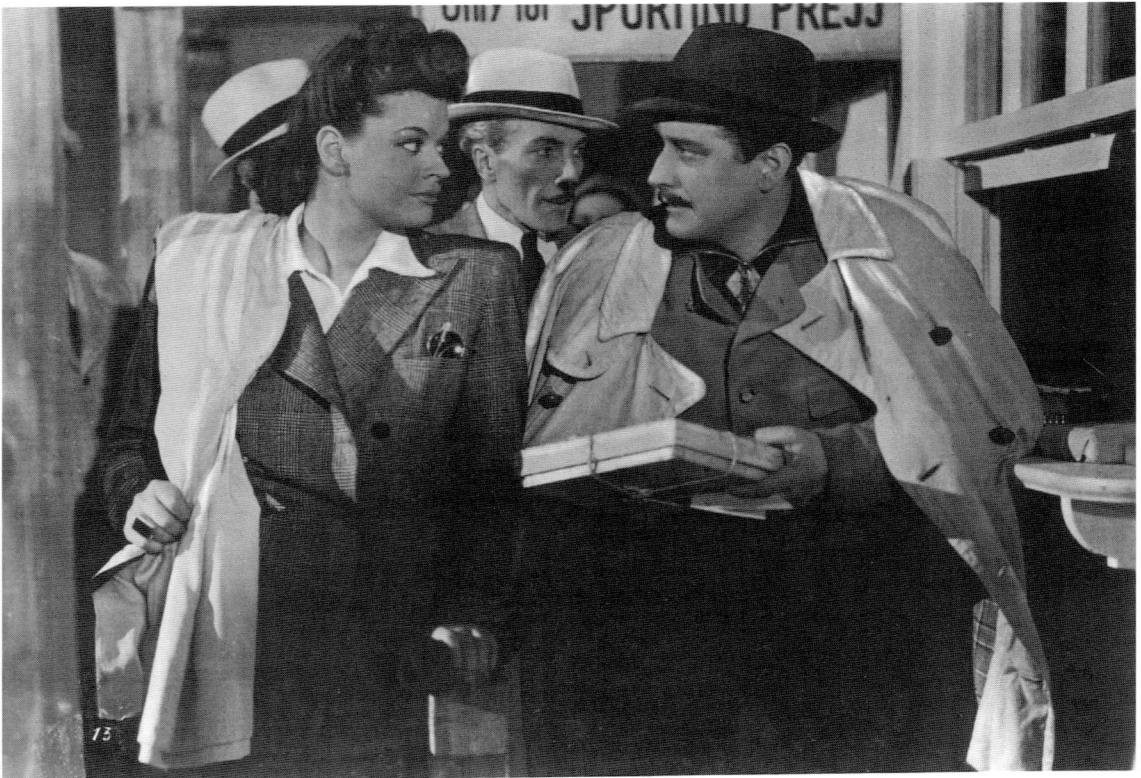

Rudolf Fernau
als Dr. Christoph Leitner

Links: Margot Hielscher als Reporterin Helen Philips.

Margot Hielscher

Während Michael, der Sensationsreporter, von Ort zu Ort eilt, darbt seine Freundin Franziska zu Hause. In knapp bemessenen Aufenthalten sagt Michael am Bahnsteig dann immer: „Auf Wiedersehen, Franziska". Sie verdient Ihren Lebensunterhalt als Kunstgewerblerin, betont emanzipiert mit Pepitahose und kurzärmeligem Wollpullover. Michael kommt unerwartet zurück und will nun endlich bleiben. Sie wird zum zweiten Mal Mutter und Ehefrau, jetzt in gemusterten Kleidern und Kragenschleife. Doch Michael hält es nur ein Jahr bei ihr aus, „irrt wieder durch die halbe Welt". Moskau und London, New York oder Shanghai, in einer Bar mit Jazz-Musik: Überblendungen demonstrieren sein hektisches Leben. Franziska dagegen möchte nicht „immer nur in Erinnerung der wenigen Stunden" leben und überlegt, die Scheidung einzureichen. In China muss Michael den Tod seines besten Freundes, eines Amerikaners (gespielt von Hermann Speelmans), im Kriegsgeschehen miterleben, dessen letzte Worte lauten, dass er nicht einmal wisse, „wofür man krepiert." Michael kommt endgültig zurück. Hier wäre der Film für den Pazifisten Käutner sinnvoll beendet.

Doch plötzlich erscheint das Hitlerdeutschland mit seinen Wehrmachtsuniformen, Hakenkreuzen und dergleichen. Zum Beispiel taucht ein Brief mit der typischen Grußformel „Heil Hitler" auf. Massenbewegungen mit Hitler selbst – wie in *Das Wunschkonzert* – werden allerdings vermieden. Es ist deshalb von Bedeutung, weil Käutner in all seinen Filmen während des Dritten Reiches, ganz im Gegensatz zu Liebermann und anderen, auf strengste den noch so geringsten Hinweis auf entsprechende Symbole wie Hakenkreuz oder Hitlergruß vermeidet. In diesen letzten neun Minuten des Films wird der Zeitgeist

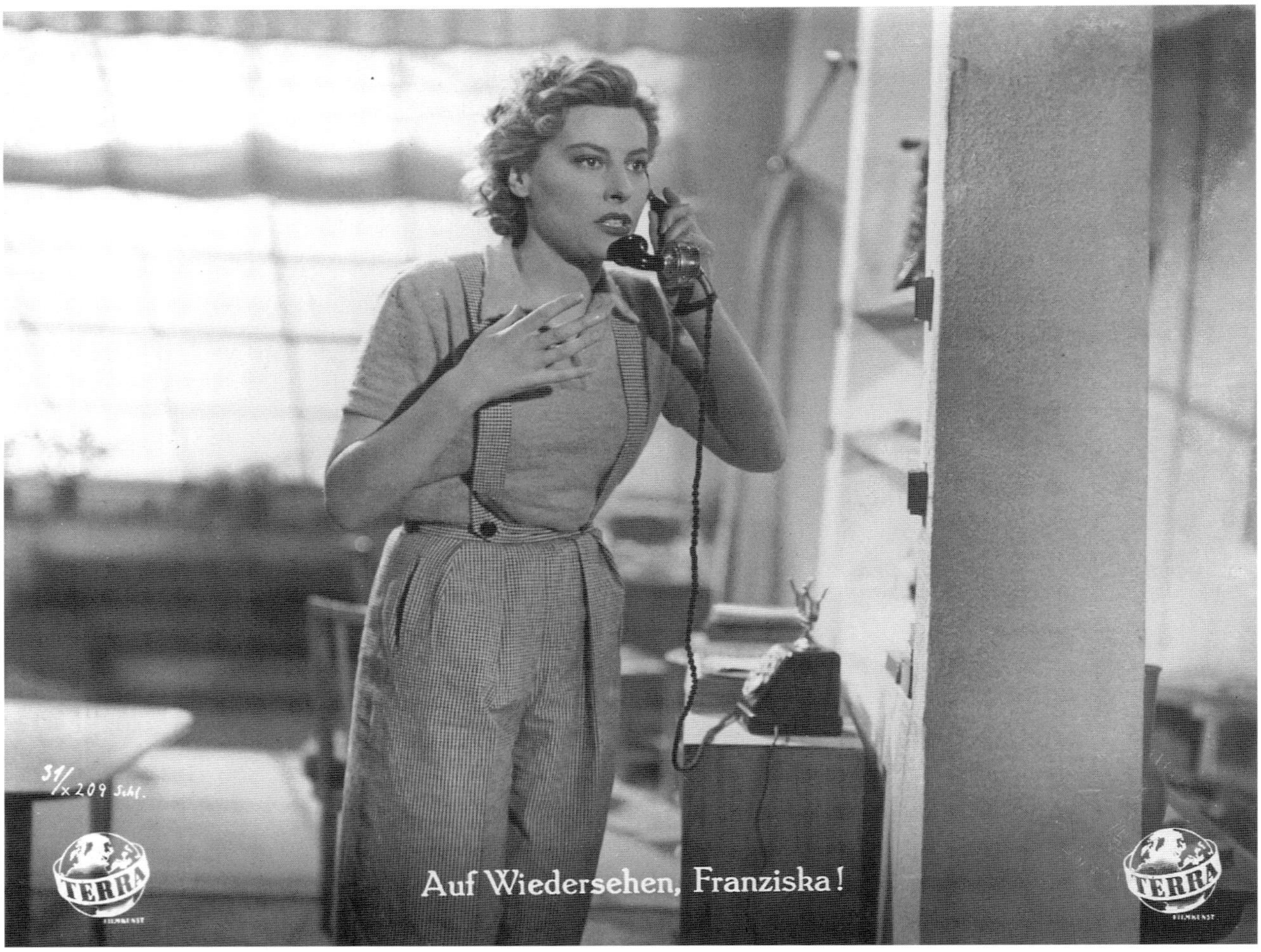

DÖRING FILM G·M·B·H „Auf Wiedersehen, Franziska" DÖRING FILM G·M·B·H

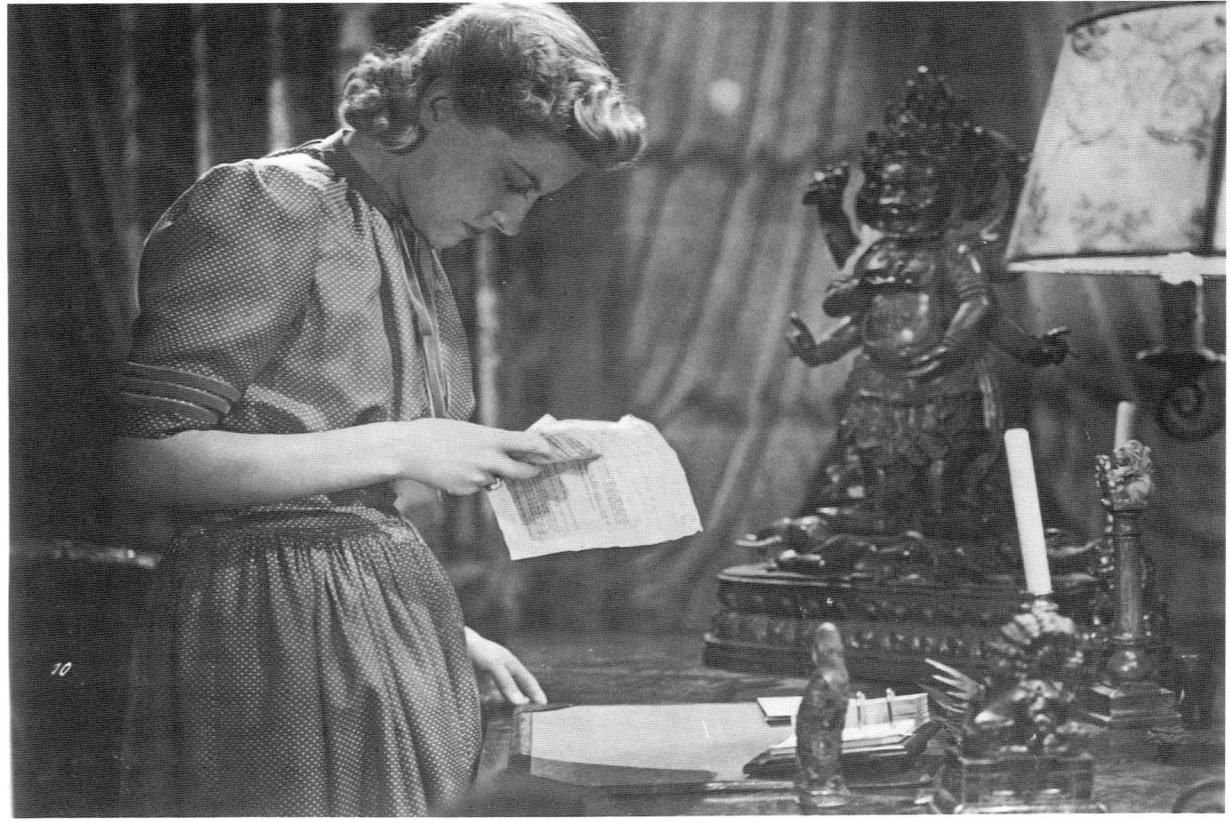

Besonders die schauspielerische Leistung von Fritz Odemar hebt die „Filmwoche" hervor und spricht von Möglichkeiten „wie sie ihm nur selten in einem Film gegeben wurden."

Hitlerdeutschland
„Du bist nichts, dein Volk ist alles."
Nach dem 30. Januar 1933 war das Hakenkreuz das allgegenwärtige Symbol der NS-Herrschaft. 1935 wurde die Flagge dann zum alleinigen Hoheitszeichen des Deutschen Reiches erhoben.

sozusagen mit Auf- und Abblende eingepackt: Der Krieg gegen Polen beginnt. Michael erhält den Einberufungsbefehl zu einer Propagandakompanie. Nun ist es seine Frau, die den Widerstrebenden hinausschickt: „Auf Wiedersehen, Michael!" Somit zeigt der Schluss, dass Franziska vorlebt, was von den Volksgenossen erwartet wird – mit Käutners späteren Worten – *dass dieser Mann sich der Pflicht bewusst sei, seinem Vaterland zu dienen, dass er eingesehen habe, dass sein ganzes Leben vorher falsch und dumm gewesen sei, dass er ein Deutscher sei und dass er bewusst als deutscher Mann für Hitler in den Krieg gehen sollte.*

Mit diesem Schachzug ist es dem Regisseur gelungen, keinen nationalsozialistischen Propagandafilm im Gewand einer zeitgenössischen Liebesgeschichte zu drehen. Dass Käutner später behauptet, er habe *auf höhere Weisung* diesen Teil *nachdrehen* müssen, dient wohl eher seiner eigenen Legendenbildung. Ferner darf nicht verschwiegen werden, dass Marianne Hoppe die „richtige Frau" verkörperte, wie sie sich auch Hitler wünschte. Die Hoppe war bei ihm häufiger zu Gast und wurde 1937 zur Staatsschauspielerin ernannt. Unter diesen Voraussetzungen konnte der vom 30. Oktober 1940 bis 15. Februar 1941 gedrehte Film mit dieser „Frauengestalt von innerer Größe" problemlos die Zensur passieren. Der „Völkische Beobachter" schreibt 1941: „Ungewöhnlicher herzlicher Beifall quittierte die Arbeit und bestätigte den Ruf des Erfolges, der dem Film von den Uraufführungsstätten im Reich vorauseilt. Marianne Hoppe, Hans Söhnker und Helmut Käutner mussten sich xmal zeigen." „Am 22. Juni 1941, dem Tag des Einmarsches deutscher Truppen in die Sowjetunion spielten 111 Berliner Kinos *Carl Peters, Spähtrupp Hallgarten, Auf Wiedersehen Franziska! U-Boote Westwärts"* (Felix Moeller)

„Attila Hörbiger war laut der österreichischen Zeitschrift „Die Bühne" aus „zwei Gründen berühmt: 1. Als Salzburger Jedermann; 2. als Mann der Wessely." (Maria Steiner)

Goebbels: „Abends beim Führer Filme. Nochmals *Julika* mit der Wessely. Derselbe Eindruck. Eine große Schauspielerin, aber eine kitschige Handlung."

„Attila Hörbigers politisches Verhalten nach 1933 ist einigermaßen schwierig zu beurteilen." (Maria Steiner) Käutner hatte im Gegensatz zur Wessely zu ihm keine Berührungsängste und wird mit ihm in *Karl May* spielen.
FILM 5: *Anuschka* (D 1942)

Zwar zählte *Auf Wiedersehen, Franziska!* nach dem Krieg zunächst zu den Propagandafilmen, doch schon bald war er, um die letzten neun Minuten gekürzt, in den bundesdeutschen Kinos zu sehen. Im Gesamtangebot von 1094 Spielfilmen im Dritten Reich steht die Produktion der Komödien mit 48% an der Spitze. Es folgen die Melodramen mit 27%, die Propagandafilme mit lediglich 14%.

Nach diesen Erfahrungen mit einem regimefreundlichen Drehbuch kommt Helmut Käutner für die Bavaria Filmkunst auf Axel Eggebrecht zurück, mit dem er schon das Drehbuch *Marguerite:3* erarbeitet hatte. Eggebrecht war im Zuge der Machtergreifung für einige Monate im Konzentrationslager Hainewalde eingesperrt.

Im gleichen Jahr wie *Auf Wiedersehen, Franziska!* kam der Film *Blut und Boden. Grundlagen zum neuen Reich* in die Kinos. Dieser Verherrlichung des Landlebens war bereits der Spielfilm *Die Julika. Ernte* (1936) mit Paula Wessely zuvor gekommen, der zur Zeit der k.u.k. Monarchie spielt. Als Magd Julika hat sie – wie angekündigt – die „Ernte" fest im Blick und ist ihrem Dienstherrn, einem Rittmeister (Attila Hörbiger), treu ergeben. Als Lieblingsschauspielerin des Führers wird sie fünf Jahre später in dem Film *Heimkehr* eine verfolgte „Volksdeutsche" in Polen spielen. Besonders perfide die Szene, wo sie am Volksempfänger der Stimme des „Führers" lauscht, der den Überfall am 1. September 1939 auf Polen rechtfertigt.

Käutner lässt auch seinen neuen Film um die Jahrhundertwende spielen, allerdings nicht in Österreich-Ungarn, sondern in einem slowakischen Dorf in der Nähe von Pressburg. Diese Stadt war in der Tat seit Menschengedenken mehrheitlich von Deutschen bewohnt und lag nicht weit von Wien entfernt. Sie wurde im März 1939 zur Hauptstadt

HILDE KRAHL
Anuschka
EIN FILM DER BAVARIA-FILMKUNST G.M.B.H.
SIEGFRIED BREUER · FRIEDL CZEPA · ROLF WANKA · ELLEN HILLE
ANTON POINTNER · ELISE AULINGER · FRITZ ODEMAR
BUCH: AXEL EGGEBRECHT · MUSIK: BERNHARD EICHHORN · HERSTELLUNGSLTG.: GERHARD STAAB
SPIELLEITUNG: HELMUT KÄUTNER
VERLEIH FÜR DEUTSCHLAND: BAVARIA-FILMKUNST VERLEIH G.M.B.H.
BAVARIA FILM KUNST

Links: Das dämonisch wirkende Plakat mit Siegfried Breuer und Hilde Kahl soll den Kinogänger offensichtlich an *Der Postmeister* erinnern.

„Dunja (Hilde Krahl) ist der Stolz des alten Postmeisters (Heinrich George). Wie oft kommt es vor, dass die Reisenden in der Postmeisterei lärmen und schimpfen, wenn keine Pferde da sind. Erscheint aber Dunja, so glätten sich die Gesichter. Eines Tages verliebt sich der Rittmeister Minskij (Siegfried Breuer) in das Mädchen und nimmt sie mit nach Petersburg. Aber Dunja bleibt nicht die Geliebte Minskijs. Sie gerät auf die schiefe Bahn, sucht und findet immer neue Liebhaber."

Siegfried Breuer

Heinrich George

des Slowakischen Staates erklärt, nachdem sich das Hitlerregime aus der Tschechislowakei, dem Nachfolgestaat der k.u.k. Monarchie, das Protektorat Böhmen und Mähren einverleibt hatte.

Die Slowakei war vom 1. September 1939 an Hitlers engster Verbündeter, welcher sogar für die Transportkosten von 57000 Juden nach Auschwitz aufkam. Als Vasallenstaat beteiligte sie sich auch am Vernichtungskrieg gegen die Sowjetunion, der am 22. Juni 1941 begann.

Die Russen waren nun wieder Feinde, so dass der ein Jahr zuvor aufgeführte Film *Der Postmeister* nicht mehr gezeigt werden durfte. Hilde Krahl spielt hier eine tragische Frauenfigur (Dunja), die den Verführungen eines Rittmeisters (Siegfried Breuer) erliegt, schließlich als Mätresse in Petersburg landet und sich dort das Leben nimmt. Sollen Krahl und Breuer durch *Anuschka* entschädigt werden? Jedenfalls nutzt Käutner die Gunst der Stunde. Er schafft mit *Anuschka* für beide eine Gegenwelt in Form einer Komödie.

Der Film beginnt – von einem volkstümlichen Lied untermalt – mit einer Kamerafahrt durch ein Maisfeld in der Nähe eines einsamen slowakischen Dorfes. Im Hinblick auf baldige Ernte wird Kukuruz – und nicht wertvolles Getreide wie bei der *Julika* – assoziiert. Die dort ansässige Bauerntochter Anuschka Hordak (Hilde Krahl) verliert den verschuldeten Hof, nachdem ihr trunksüchtiger Vater nach einem Unfall verstarb, an die hartherzige Bäuerin Nowarek, deren Sohn Jaro wiederum Anuschkas Liebhaber ist. Jaro kann sich nicht durchsetzen und Anuschka will nicht als Magd bei der Nowarek bleiben. Sie fährt nach Wien, um bei dem vielbeschäftigten Chirurgen Felix von Hartberg (Siegfried Breuer), der ihren Vater einst nach einem Unfall vergeblich operiert hatte, eine Stelle als

"Anuschka"

Dr. Sascha Wendt (Rolf Wanka) und das besagte Feuerzeug mit Eva von Hartberg (Friedl Czepa)

Hilde Kahl in *Das andere Ich* mit Mathias Wieman und Erich Ponto

Links: Wien um die Jahrhundertwende. Anuschka Hordak auf einem Wiener Ball

Dienstmädchen anzutreten. Er hatte ihr spätere Hilfe versprochen.

Durch die Schuld der Hausherrin und deren abgeblitzten Liebhaber, Rechtsanwalt Dr. Wendt, wird sie in Verdacht des Diebstahls eines goldenen Feuerzeugs gebracht. Mit Hilfe des sympathischen Bürovorstehers Virag nimmt sie den Kampf um ihren „ehrlichen Namen" energisch, aber nicht rücksichtslos, auf. Nach ausgestandenem Kampf zeigt das unkommentierte Schlussbild des Films: Anuschka und Jaro mit der Egge auf dem Acker des Hordakschen Bauernhofs bei der Arbeit. Mit dem ironischen Blut-und-Boden-Bild konnte die Zensur zufrieden sein.

Dass Hilde Krahl, als Hilde Kolaczny in Jugoslavien geboren und in Wien aufgewachsen, für diese Rolle wie geschaffen war, hatte sie zuvor mit dem Film *Das andere Ich* unter Liebeneiner bewiesen: „Hilde Krahl bezaubert uns restlos" (B.Z. am Mittag, 1941) und „Das Publikum hatte eine diebische Freude." (Berliner Zeitung, 1941) Hilde Krahl hatte Gesang studiert und ihre Fähigkeiten schon in *Lupazivagabundus* unter Beweis gestellt. Als Anuschka erzeugt sie mit ihrem Lied „Weit stand der goldene Mais" eine eigenartig schwermütige Stimmung, die keinerlei Sentimentalität zulässt. Gedreht hat Käutner vom 15. September bis Ende Dezember 1941 in den Ateliers von Rom und Prag, sowie in Kärnten. Bewährte Kräfte sind diesmal wieder der Verwandlungskünstler Fritz Odemar als Baron, Klaus Pohl in einer größeren Rolle als Arzt, sowie Michael von Newlinski und Karin Lüsebrink. Die Premiere fand am 27. März 1942 im Gloria Palast in Berlin statt. Georg Herzberg schreibt dazu im „Film-Kurier": „Als Tatsache darf wohl festgestellt werden, dass dieser Film eine ausgezeichnete regieliche und schauspielerische Leistung

"Anuschka"

"Anuschka"

Anuschka lässt sich von Dr. Wendt nicht verführen.

LINKS. Anuschka wird von Prof. Felix von Hartberg (Siegfried Breuer) des Diebstahls verdächtigt und verliert ihre Stellung.

darstellt. Der Regisseur nahm den lebhaften Beifall für die verhinderten Hauptdarsteller entgegen. Helmut Käutners starkes Gefühl für die Wirkung von Bild und Wort erweist sich auch hier. Auch den kleinsten Einstellungen merkt man an, wie sehr der Regisseur die Blickrichtung des Objektivs überlegt. Hilde Krahls Anuschka erobert sich rasch unser Herz. Sie darf mit heftigen Worten immer wieder ihrer Umwelt unsere Meinung sagen. Wenn sie die Zähne zeigt und die Augen blitzen lässt, wenn ihre Stimme ganz klar und wach wird und sie über alles umher hinauswächst, dann steht sie da wie ein Anwalt des gesunden Menschenverstandes. Siegfried Breuer ist diesmal kein Verführer und kein Bösewicht, allein aus dieser Abkehr von der Typisierung ergeben sich wirksame Überraschungen." Goebbels dagegen beurteilt in seinem Tagebuch den Film als „einen schlechten Unterhaltungsfilm."

Käutners *Anuschka* könnte man auch den Titel *Das goldene Feuerzeug* geben und würde ihn damit unweigerlich mit *Der goldenen Stadt* in Verbindung bringen. Grundlage bei Harlan war das Theaterstück *Der Gigant* von Richard Billinger, welches Gustaf Gründgens bereits 1937 herausgebracht und den die UFA für den August 1940 angekündigt hatte. Drehbeginn war aber erst am 25. Juli 1941. Mitte März 1942 war er abgedreht. Als erster bedeutender Farbfilm des Dritten Reichs wurde er am 3. September 1942 in Venedig uraufgeführt. Im Berliner UFA-Palast lief er 73 Tage. Nur *Die große Liebe* mit Zarah Leander übertrumpfte ihn um 20 Tage.

Die Hauptdarstellerin (Kristina Söderbaum) heißt Anna, genannt Anuschka. Sie ist das pure Gegenbild der Käutnerschen Anuschka. Als verträumte Tochter eines

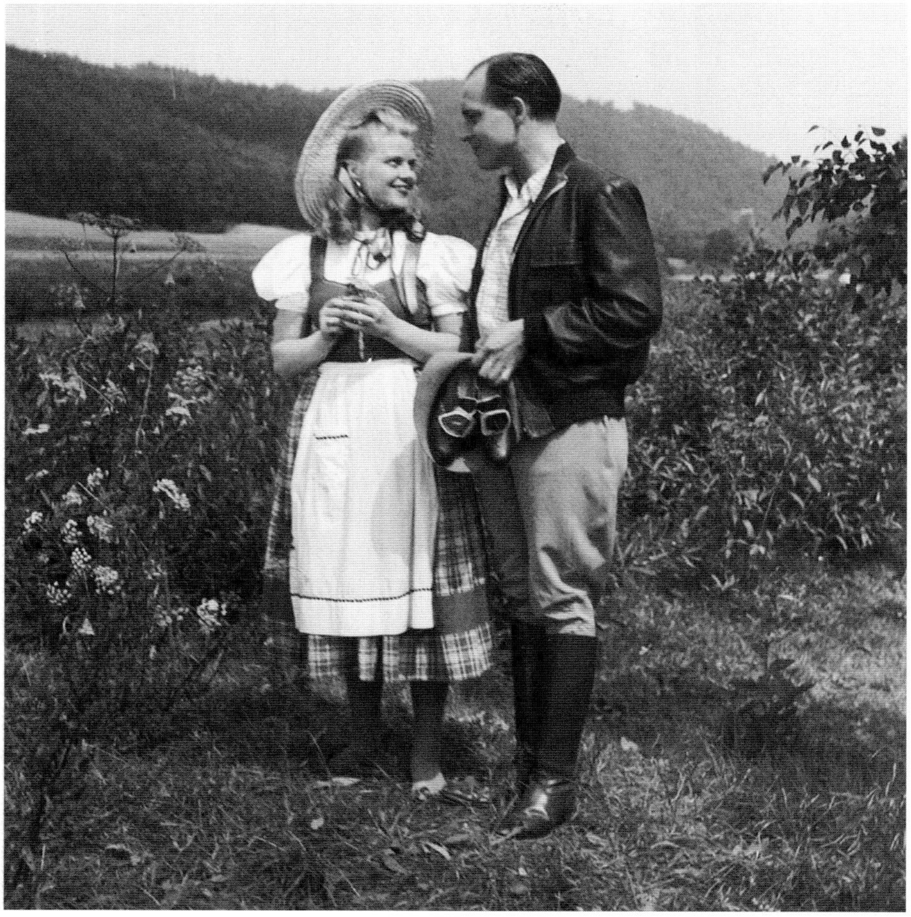

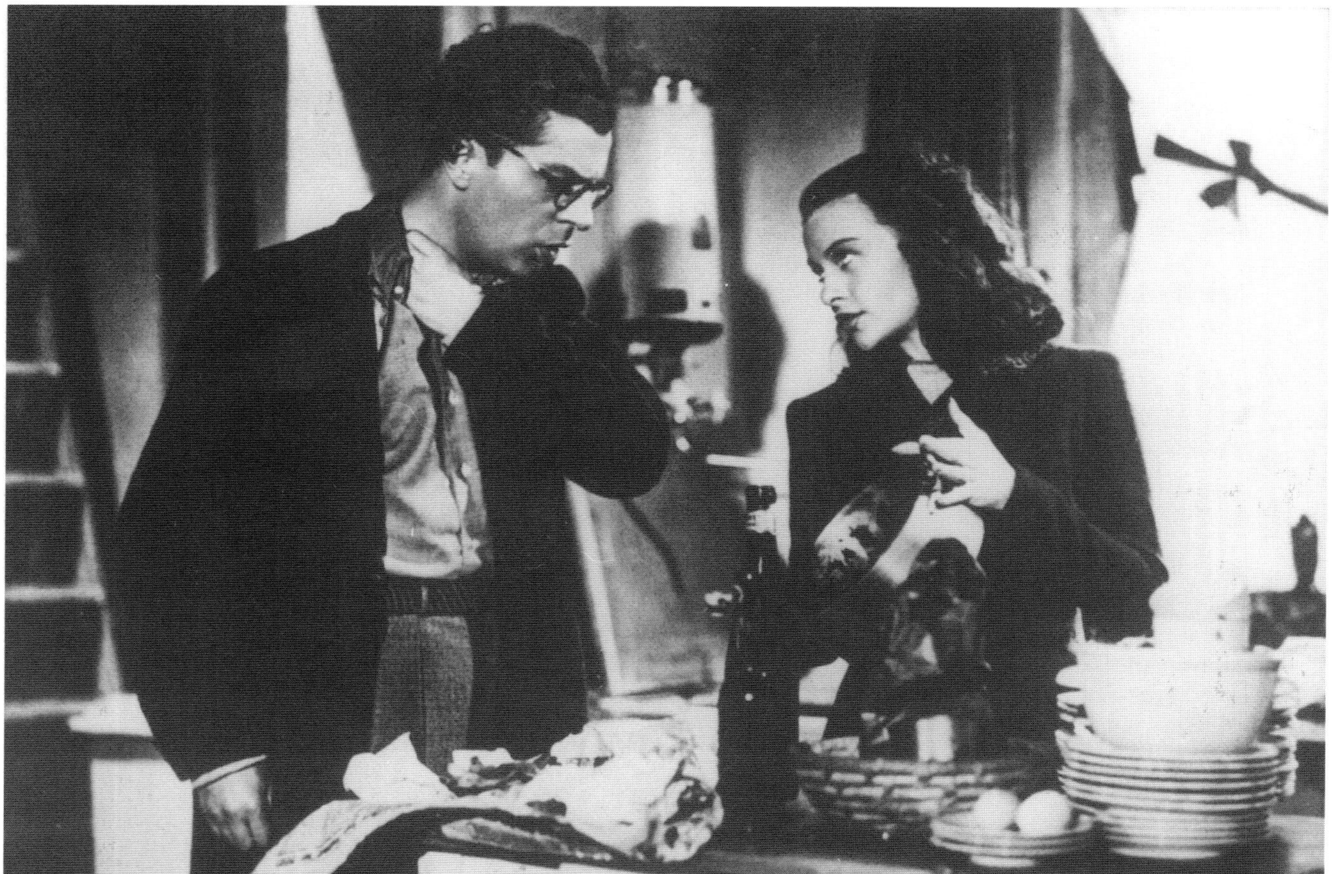

Links oben:
Die goldene Stadt von Veit Harlan mit Anna „Anuschka" Jobst (Kristina Söderbaum) und Ingenieur Christian Leidwein (Paul Klinger).

Kristina Söderbaum

Links unten:
FILM 6 *Wir machen Musik* (D 1942)

Der junge Musiker Karl Zimmermann (Viktor de Kowa) muss sich als Barpianist und Klavierlehrer mühsam sein Brot verdienen, wo doch seine eigentliche Leidenschaft der Klassischen Musik gilt. Als er vertretungsweise am Konservatorium Harmonielehre für Anfänger erteilt, lernt er Anni Pichler kennen. Sie wird seine erfolgreiche Nachfolgerin im Café Rigoletto, wo er selbst als Stimmungsmusiker Schiffbruch erlitten hat.

Anni hat mit ihren Schlagern ohnehin mehr Erfolg als ihr Gatte Karl mit seiner Oper, die bei der Uraufführung durchfällt. Durch seine Misserfolge mutlos gemacht, glaubt er annehmen zu müssen, dass Anni ihn betrügt. Seine Eifersucht bringt die beiden auseinander, doch die Unterhaltungsmusik führt sie wieder zusammen.

reichen Bauern reist sie heimlich, von verhängnisvoller Sehnsucht getrieben, in die Goldene Stadt Prag. Der Mythos von Blut und Boden bestimmt diesen Film total: Die Stadt vergiftet das gesunde Leben. „Anuschkas Illusionen werden brutal zerstört, als Toni, der Sohn der Tante Donata Opferkuch, sie verführt und anschließend im Stich lässt. Der Vater, der Bauer Melchior Jobst, verstößt sie, nachdem er sich zur Heirat mit seiner Wirtschafterin Maruschka entschlossen hat, und Anuschka geht, von allen verlassen, ins Moor. Dort hatte bereits ihre Mutter den Tod gefunden." (Frank Noack) Wenn man bedenkt, dass Harlan diesen Opfergang gar nicht wollte, sondern ihn von Goebbels aufgezwungen bekam, dann bildet dieser Film von seiner simplen Geschichte her und der farbigen Naturlandschaft die Grundlage für die nach dem Krieg so beliebten Heimatfilme.

Für die „Terra-Filmkunst" konnte Helmut Käutner für seinen nächsten Film wieder ein eigenes Drehbuch verfassen. Es basiert auf dem Lustspiel *Karl III. und Anna von Österreich* von Manfrid Rössner nach Motiven von Erich Ebermayer. So heißen die Protagonisten bei Käutner mit Vornamen Karl und Anni, gespielt von Viktor de Kowa und Ilse Werner. In den Nebenrollen setzt der Regisseur weiter konsequent auf vertraute Schauspieler wie Conrad Curt Cappi, Karin Lüsebrink, Klaus Pohl und Wilhelm Bendow, der von seinem Publikum liebevoll Onkel Wilhelm genannt wird. Viktor de Kowa kennt Käutner von dessen Film *Schneider Wibbel* her. Seine politisch auferlegte Regiearbeit mit *Kopf hoch Johannes* bezeichnet Goebbels in seinem Tagebuch als „ein Machwerk, das wir kaum aufführen können."

Kristina Söderbaum mit ihrem Ehemann, dem Regisseur Veit Harlan. Mit Helmut Käutner als Karl May spielt sie die Emma May (1974).

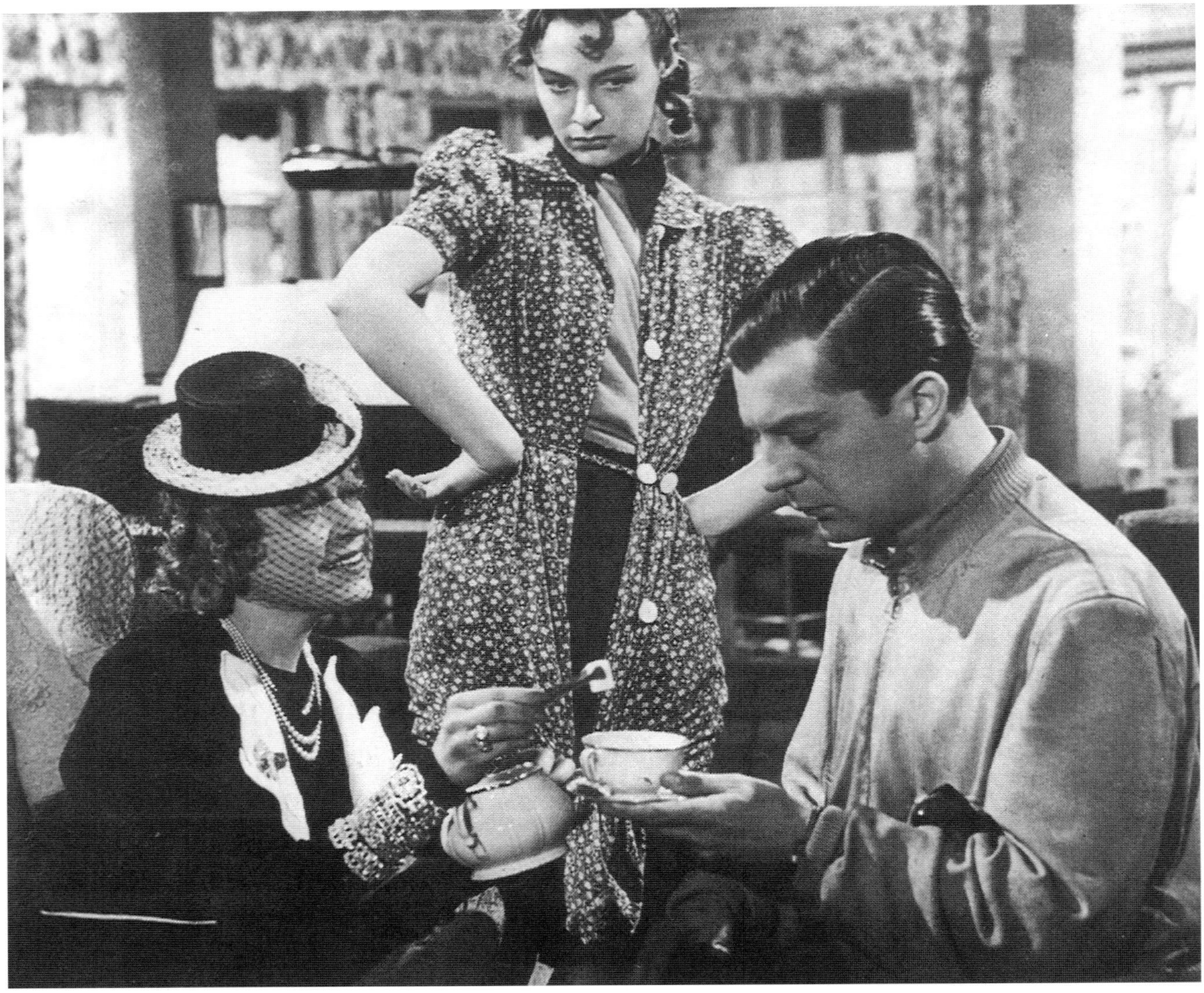

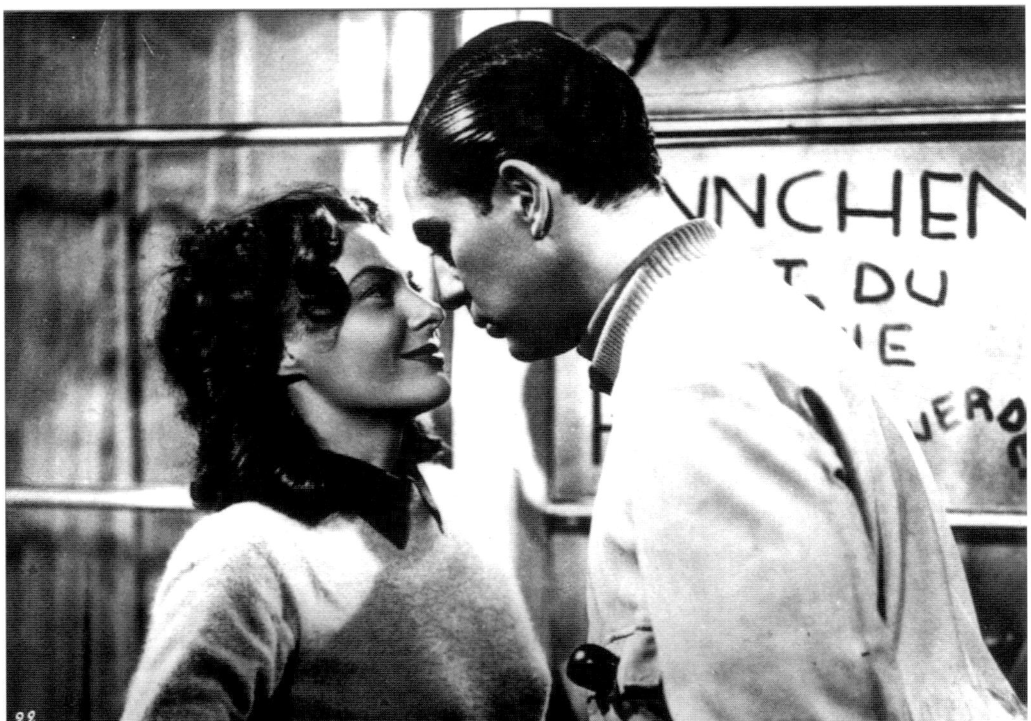
DU
22

Links: „Die kommt nie wieder." (Ilse Werner über Grethe Weiser)

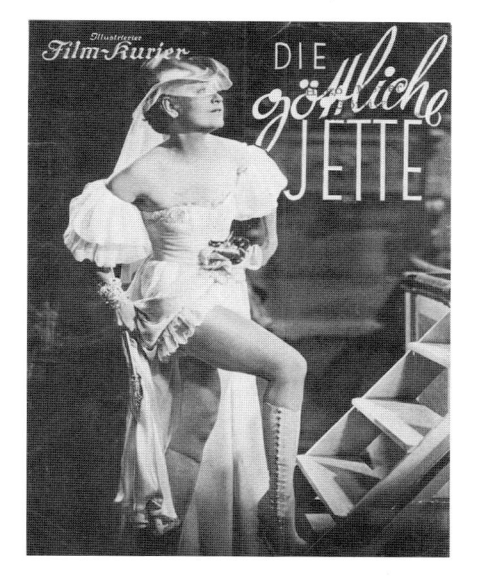

Grethe Weiser in: *Die göttliche Jette"* (1936/37)

Aus *Schneider Wibbel* übernimmt Käutner ebenfalls die Schauspieler Robert Forsch und Artur Malkowsky. Von besonderem Vorteil war, dass Viktor de Kowa bereits mit Grethe Weiser 1937 in der *Göttlichen Jette* gespielt hatte. Trat er dort als Jettes Liebhaber auf, der Unterhaltungsstücke schrieb, so spielt er hier den Opernkomponisten Karl Zimmermann, der Grethe Weiser unterrichtet.

Zu Beginn des Films stellt Karl Zimmermann sich gewissermaßen in der Rolle eines Conférenciers vor. Damit läuft zum ersten Mal das Kabarettistische durch die Produktion *und wird zum Plus*, wie Käutner sich später einmal äußern wird. „Geschwätzig, wie Männer nun einmal sind", schreibt Georg Herzberg im „Film-Kurier", „erzählt uns der Herr Notensetzer gleich die ganze Geschichte seiner Ehe, mit allem von seiner Seite beigesteuertem negativem Zubehör. Wenn dann abschließend das Frauchen in Gestalt von Ilse Werner vom Anstehen nach Marinaden heimkommt, dann wissen wir, dass diese Ehe im Frieden geschlossen und jetzt im Kriege weitergeführt wird." Seinen Lebensunterhalt bestreitet Zimmermann missmutig als Klavierspieler für Unterhaltungsmusik im Café „Rigoletto" und eben mit Privatunterricht bei Frau Bratzberger (Grethe Weiser). Seine ganze Leidenschaft gehört natürlich der Klassischen Musik. Eine eigene Oper ist in Arbeit.

Als sich schließlich der Lebensmittelgroßhändler Bratzberger herablassend äußert, dass es seine Frau gar nicht nötig habe, Klavier zu spielen, da man ein erstklassiges Radio mit Plattenspieler besitze, kommt dem Komponisten eine Urlaubsvertretung an einem Konservatorium wie gerufen, um sich nicht mehr vor Dilettanten rechtfertigen zu müssen, sondern sich vor einem Podium seiner theoretischen Grundlagen zu vergewissern: „Die Dichtkunst,

In nur fünf Jahren wurde aus der göttlichen Jette eine mütterliche Frau Bratzberger (hier mit Kurt Meisel).

Ilse Werner mit Georg Thomalla

Nach dem Krieg spielt Georg Thomalla für Käutner einen Fernfahrer, der mit seinen Interzonen-Fahrten gute Geschäfte macht.

„Wir machen Musik. Da geht euch der Hut hoch."

„Mit Musik geht Leben nur halb so schwer."

beispielsweise", doziert er, „ist dort am reinsten, wo sie musikalisch ist, also in der Lyrik. Die Schauspielkunst hat das Musikalische als Grundelement, und die Architektur schließlich ist nichts weiter als gefrorene Musik."

Im Unterricht lernt er die Schlagersängerin Anni Pichler näher kennen und will sie zur „ernsten" Musik bekehren: Vergeblich. Dennoch wird nach Ende der Dozentur geheiratet. Beruflich geht allerdings jeder seine eigenen Wege. Überraschend wie ironisch lässt Käutner die Realität in die heile Welt einbrechen, die vor allem am Konflikt zwischen U- und E-Musik gelitten hat. „Die ernste Oper des komponierenden Mannes fiel durch; die heitere Revue, von der Frau komponiert, vom Mann heimlich orchestriert, setzt sich in der Publikumsgunst durch. Käutner optiert für Unterhaltungsmusik gegen die Erbauung. Swing ist ihm gleichbedeutend mit sozialer Beschleunigung, Einübung in den Leichtsinn und in harmonisches Wohlbefinden." (Karsten Witte)

Käutners Liedtexte „Wir machen Musik" und „Mein Herz hat heut' Premiere" sind dieser Vorgabe verpflichtet. Der Komponist Peter Igelhoff brachte mit seinen Solisten den Swing in den noch heute frisch wirkenden Revuefilm. Es war seine letzte Arbeit. Die Zensur hielt seine Filmkompositionen insgesamt für zu „amerikanisch", sozusagen unzeitgemäß. Die USA waren jetzt auch als Feind in den Weltkrieg gegen Hitler eingetreten. Igelhoff wurde an die Front beordert, kam aber mit dem Leben davon. Der „Film-Kurier" lobte: „Solche Musik im Film, das lässt man sich gefallen. Ein Kompliment den Architekten Max Mellin und Gerhard Ladner. Ihre Revueausstattung kann sich sehen lassen." – „Es gab viel Beifall und Schlangen an der Vorverkaufskasse. Und es wird im Laufe der Monate

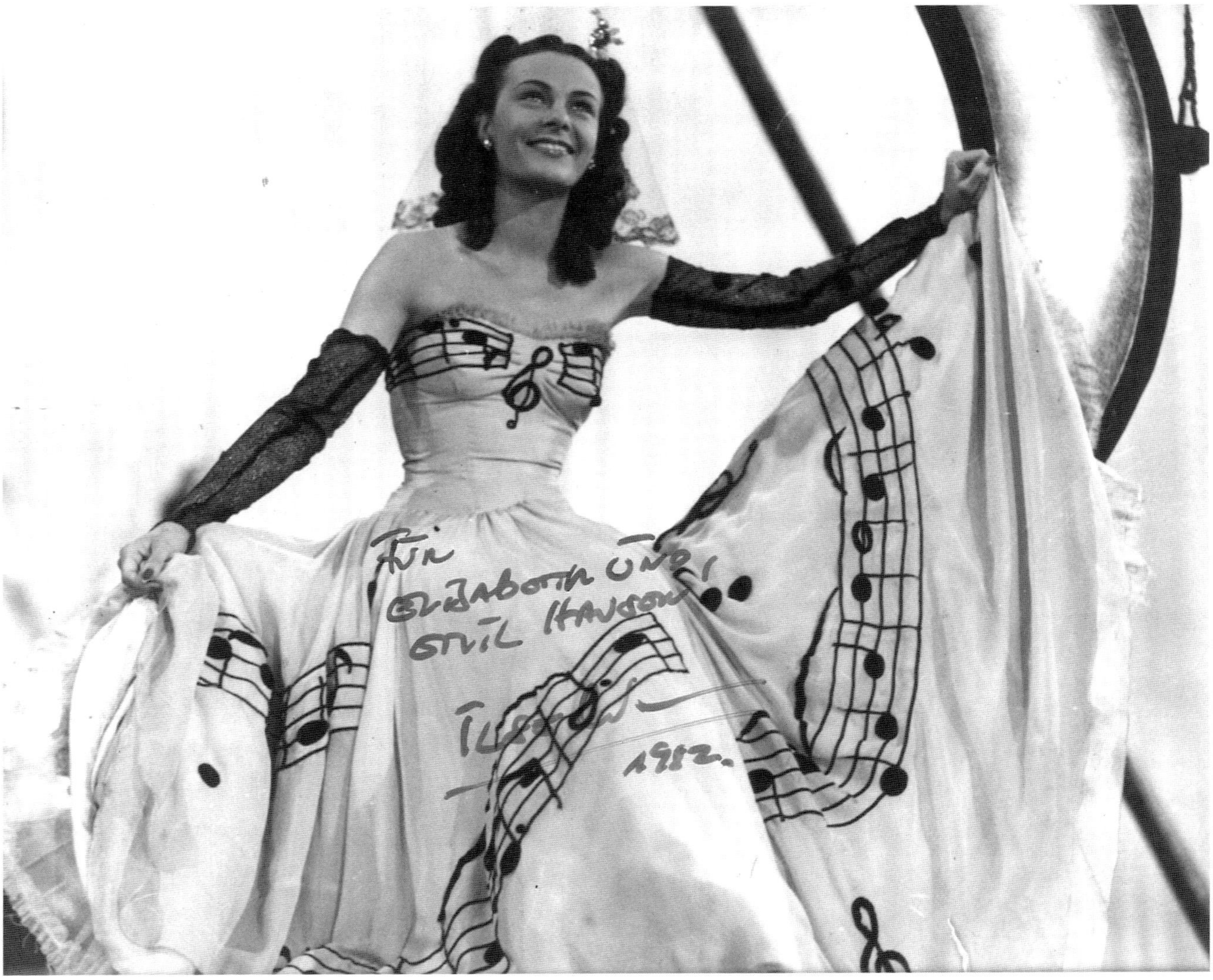
Für
Elisabeth und
Ortil Hanson
1982.

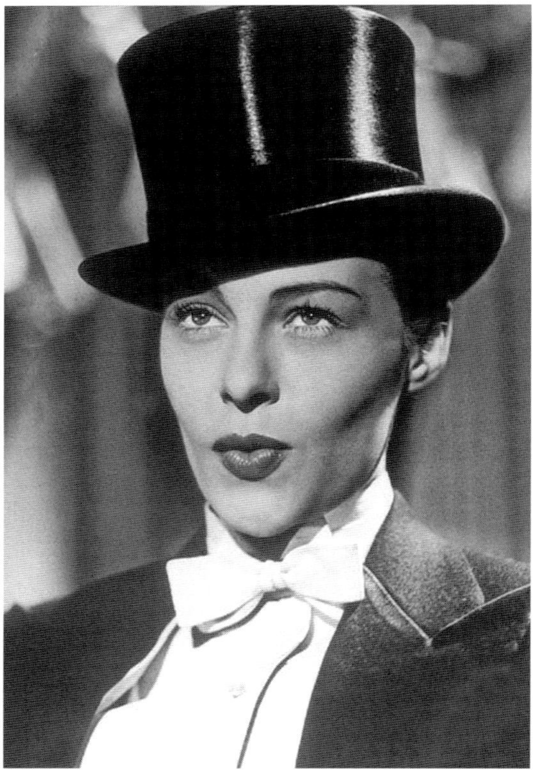

Ilse Werner in:
Die schwedische Nachtigall (1940/41)

Der Film endet mit den Worten Viktor de Kowas
„Entschuldigen Sie bitte – aber wir kriegen sonst ‚ne Anzeige."
Gleich am ersten Tag des Zweiten Weltkrieges wurde Verdunklung angeordnet und rigoros durchgesetzt. Es heißt, die Verdunklung habe nicht nur diesem praktischen Zweck gedient, sondern auch dazu, die Bevölkerung zum Gehorsam anzuleiten.

Millionen vergnügter Menschen geben, die diesen Film sehen." Damit wird mit den Worten Axel Eggebrechts deutlich: „Helmut Käutner hat als absoluter Nicht-Nazi, eine große Karriere schon im Dritten Reich gemacht."

Ilse Werner kam übrigens, wie Hannelore Schroth, noch sehr jung auf Empfehlung der UFA zu Käutner. Mit ihrer Rolle im *Wunschkonzert* (1940) hatte sie allerdings schon Berühmtheit erlangt. Dieser nationalsozialistische Film spielt während der Olympischen Spiele, mit entsprechenden Aufmärschen, Fahnen und Huldigungen an den Führer. In ihrem nächsten Film *Die schwedische Nachtigall* (1941) stand zwar die Musik im Zentrum des Geschehens, doch stammen ihre Gesangseinlagen von der Sopranistin Erna Berger. In *Wir machen Musik* zeigt Ilse Werner ihr musikalisches und schauspielerisches Können, nicht ohne Spätfolgen: Ihr ganzes Leben wird sich mit dieser Titelmusik verbinden.

Nicht um dem Zeitgeist zu frönen, sondern um der Zensur zu genügen, lässt sich Käutner wie in *Auf Wiedersehen, Franziska!* einen trickreichen Schluss einfallen: „Erstaunt fragt die von ihren Einkäufen zurückgekehrte Anni ihren Mann, mit wem er da eigentlich spreche. Mit einer Unterbrechung, die zugleich Verweis auf eine politische Situation ist, enthebt Käutner seinem Erzähler einer Antwort: Ein lauter ‚Licht aus!'-Ruf aus dem Off bringt in Erinnerung, dass man sich im Kriegsjahr 1942 befindet. Das prompte Herunterlassen der Jalousie zu Verdunklungszwecken beendet den Film – nicht ohne einen frechen kleinen Seitenhieb: ‚Entschuldigen Sie bitte – aber wir kriegen sonst 'ne Anzeige'."

Orginaldokument

Infolge einer Verordnung des hiefigen Polizei-Präfidiums find wegen etwaiger
===== Fliegergefahr =====
sämtliche beleuchteten Räume nach außen abzublenden. — Die verehrten Gäfte werden höfl. erfucht, von Eintritt der Dunkelheit ab, die Rolläden herabzulaffen bezw. die undurchfichtigen Vorhänge zuziehen zu wollen. — Bei Fliegeralarm ift das Licht fofort zu löfchen und beim Verlaffen des Zimmers dafelbe abzufchließen.
Zur Vermeidung von Diebftählen werden die verehrten Gäfte im eigenften Intereffe gebeten, die zu reinigenden
Schuhe und Kleidungsftücke
nur zwifchen die verfchloffenen Zimmertüren zu ftellen. Beim Verlaffen des Zimmers wolle man dafelbe abfchließen und den Schlüffel dem Portier zur Aufbewahrung übergeben. Andernfalls wird jede Verantwortung für etwa abhanden gekommene Gegenftände feitens des Haufes abgelehnt.

FERDINAND MARIAN
FILM · FOTO · VERLAG
869 — SERIE 1943/2

FILM 7 *Romanze in Moll* (D 1943)

„In erster Linie war es ein ausgezeichnet gespielter und fotografierter Film, dessen morbid-verführerische , mit Licht und Schatten exakt konturierte Innenszenen ein Gegengewicht zu den Zerstörungen in deutschen Städten bildete, ohne eine heile Welt vorzugaukeln. Die Leute kamen ja aus Ruinen in Kinos. Oder mussten damit rechnen, ausgebombt zu sein, wenn sie nach Hause zurückkehrten." (Petra Kohse)

Nachdem Helmut Käutner *Auf Wiedersehen, Franzika!* mit Marianne Hoppe besetzt hatte, war er auch ihr Theaterregisseur in dem Stück „Flucht vor der Liebe" (von Renate Uhl) geworden. Die Premiere war am 24. Februar 1943. Schließlich entschloss er sich in der *Romanze in Moll* die Rolle des Dichters zu übernehmen.

Der Film hatte am 8. Oktober 1942 in Berlin Premiere. „Im In- wie im Ausland leicht verständlich", notiert Goebbels schon einen Tag später in sein Tagebuch. Im Januar hatte er bereits die Gründung der Ufa-Film-GmbH beschlossen, in der alle existierenden Produktionsfirmen (alte UFA, Tobis, Terra, Bavaria, Wien-Film) zusammen geführt wurden. Im März ließ er bekannt geben, dass man in deutschen Filmen weitgehend auf den Hitlergruß verzichten müsse, um die Marktchancen der deutschen Filme in Europa nicht zu gefährden.

Als Helmut Käutner mit den Dreharbeiten seines neuen Films *Romanze in Moll* am 27. Juli 1942 beginnt, vermehren sich die Zeichen einer weiteren politischen Wende. Die verbissene Schlacht um Stalingrad vom 23. August endete mit einer Kapitulation der 6. Armee am 2. Februar 1943. *Romanze in Moll* war zwar schon am 28. Januar durch die Zensur, aber die in der Bevölkerung spürbare bedrückende Lage verzögerte die Premiere im „Gloria-Palast" in Berlin. Für Goebbels war Käutners Renommé als Meisterregisseur unbestritten. Dazu verstand er zu viel von der Filmarbeit. Er sprach in seinem Tagebuch wohlwollend von einer „außerordentlich wirkungsvollen Avantgardistenarbeit", so dass der Film das Prädikat „künstlerisch besonders wertvoll" erhielt. Doch zu einer Aufführung konnte er sich zunächst nicht entschließen. Vom 16. Januar bis 30. März litt Berlin unter verstärkten Bombenangriffen mit über sechshundert Brandherden. Ganze Stadtteile wurden zerstört. In einer 109 Minuten umfassenden Rede sah sich Goebbels am 18. Februar gezwungen, seine Zuhörer im Sportpalast und am Volksempfänger auf den „totalen Krieg" einzupeitschen.

Hoppe und Käutner am Set.

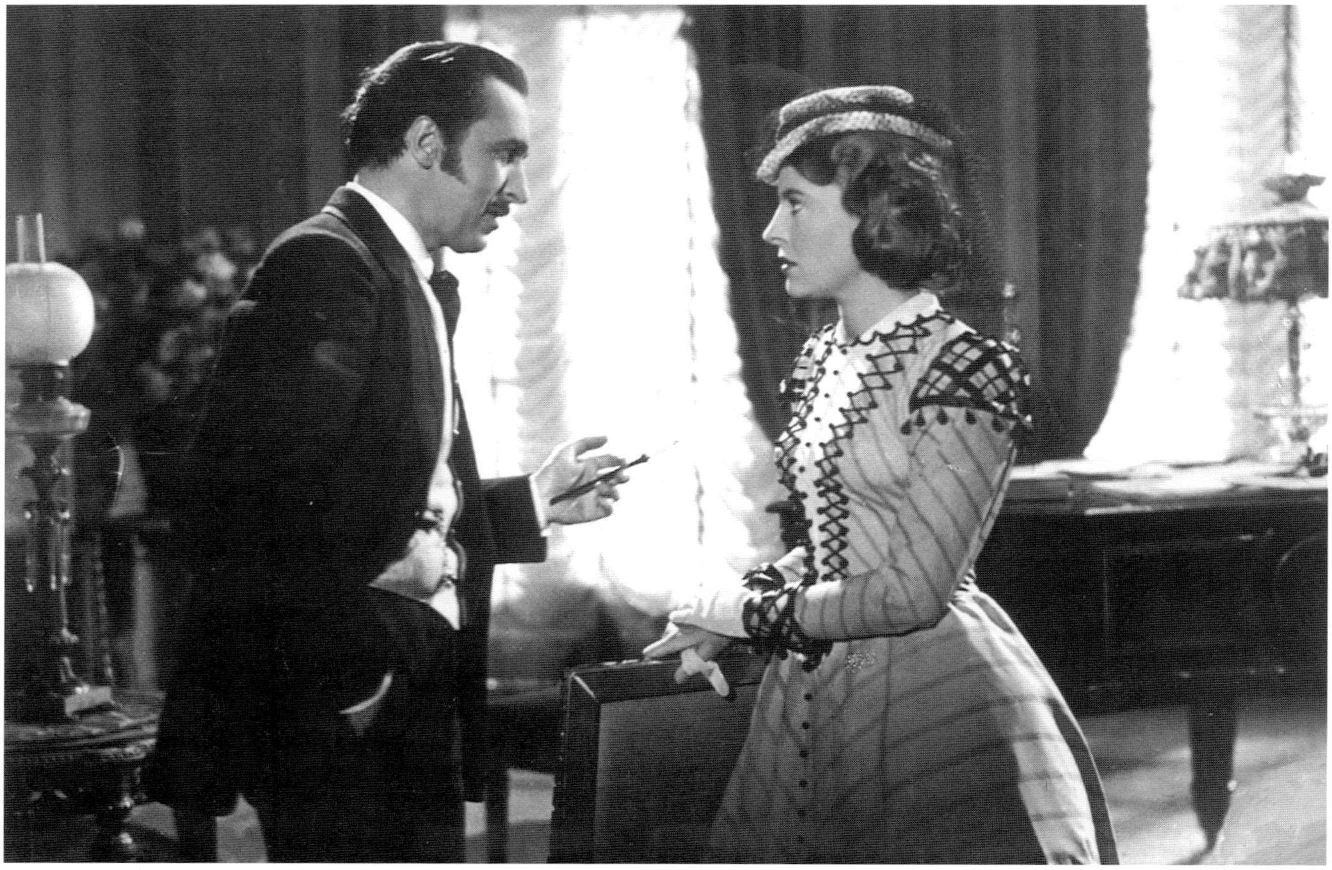

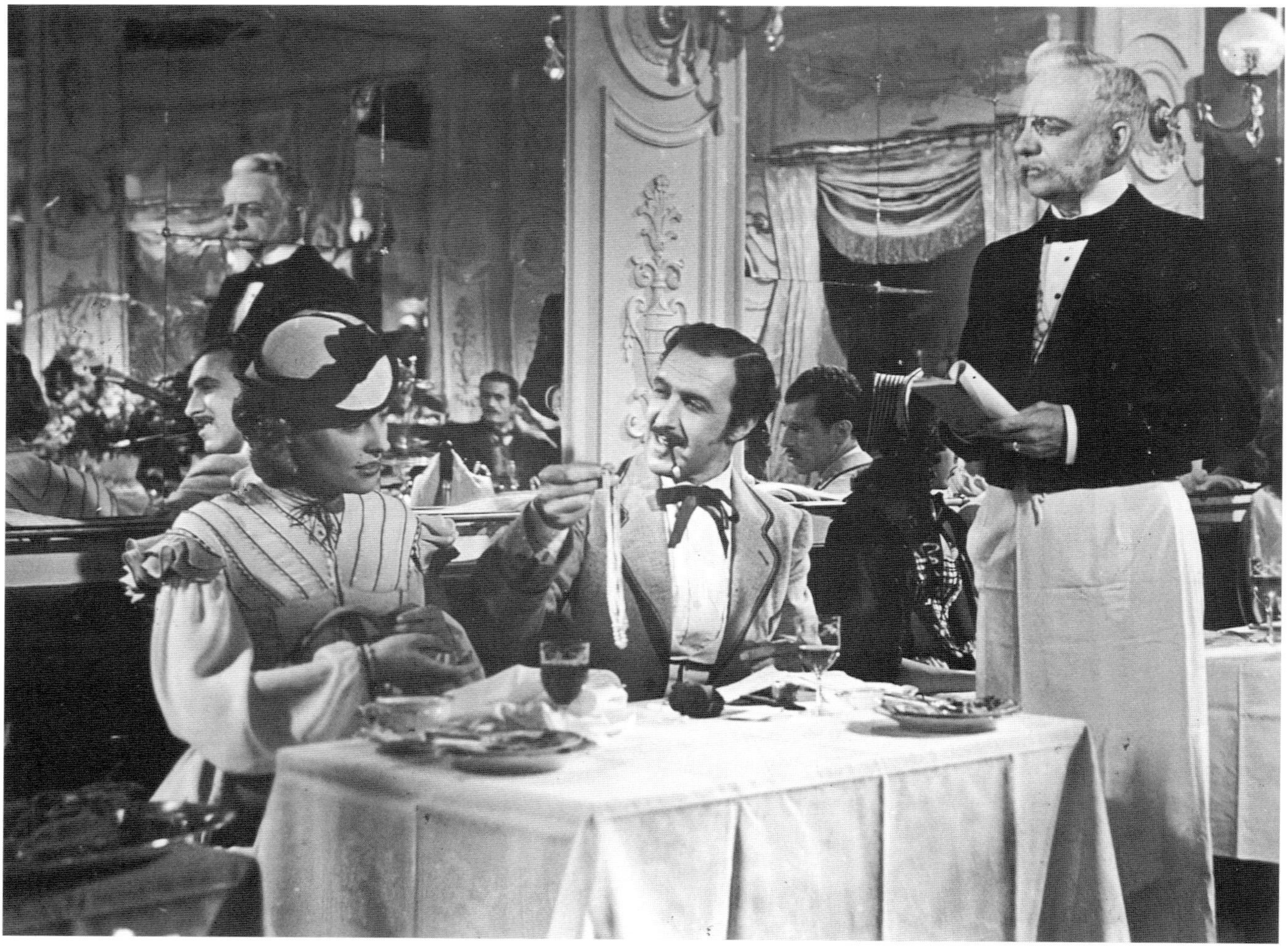

Der träumende Mund (1932)
Elisabeth Bergners letzter deutscher Film vor ihrer Emigration nach England

Anton Edthofer und Elisabeth Berger

„Käutner war vom ‚realisme poètique' der französischen Regisseure beeindruckt und inszenierte den Film im ‚ganz weichen Stil meiner Vorbilder.'" („Der Spiegel" 14/1959). Dazu gehört ganz bestimmt *Der träumende Mund* (D/F 1932) von Paul Czinner, nach dem Stück „Mélo" von Henri Bernstein.

Josef von Báky hat das Originaldrehbuch von Paul Czinner nochmals verfilmt mit Maria Schell und O.W. Fischer. Produzent Friedrich A. Mainz hatte das ursprüngliche Ende mit dem Selbstmord der Hauptfigur in ein HappyEnd umgewandelt.

Elisabeth Flickenschidt

Im Sommer wurden schließlich alle Bewohner Berlins, die keine kriegswichtige Arbeit zu leisten hatten, zum Verlassen der Reichshauptstadt aufgefordert. Goebbels verbietet *Romanze in Moll* wenige Wochen nach der Premiere am 25. Juni 1943 trotz hervorragender Rezensionen, als „defätistisch" und gab den Film nur für das Ausland und einige Frontkinos frei. Als dieser aber in Schweden den „Kritikerpreis" erhält, schreibt der „Film-Kurier": „Dieser Erfolg des deutschen Films in einem neutralen Land wird als umso erfreulicher empfunden werden, als er gegen eine größere Zahl amerikanischer, englischer und französischer Filme erzielt worden ist." Helmut Käutner durfte zwar nicht zur Preisvergabe nach Schweden, aber *Romanze in Moll* kam wieder in die Kinos. 1943 gab es immerhin noch 6300 Kinos mit einer Milliarde Zuschauern.

Romanze in Moll war noch in den intakten „Jofa-Ateliers" in Berlin gedreht worden und handelt von der aufwühlenden Liebe einer kleinbürgerlichen schönen Frau Madeleine (Marianne Hoppe) zu einem erfolgreichen Komponisten Michael (Ferdinand Marian). Das Drehbuch verfasste Käutner mit Willy Clever, stillschweigend inspiriert von der Novelle „Les bijoux" (1883) von Guy de Maupassant. Die Geschichte spielt vermutlich zur Zeit des Fin de Siècle in Paris, zumal die Hauptdarstellerin Madeleine heißt.

Obwohl immer wieder von Geld die Rede ist, bleibt die Währung unbestimmt. Die Figuren der Handlung haben keine Nachnamen. Madeleines Ehemann (Paul Dahlke), ein pedantischer Buchhalter, hat nicht einmal einen Vornamen. Der Komponist heißt lediglich Michael. Er hat einen Bruder namens Viktor, der andere Bruder hat gar keinen Vornamen, genau so wenig wie der „Diener". Ferner tauchen eine „Portiersfrau" (Elisabeth Flickenschildt) auf, sowie ein

56

Über *Jud Süß – Die Alptraumrolle* wird sich Helmut Käutner Jahrzehnte später, im Jahr 1973, in einem TV-Dokumentarfilm von Bernd Schauer in einer Gesprächsrunde äußern, an der unter anderem Paul Dahlke, Rudolf Fernau und Hans Söhnker teilnahmen.

Eric Helgar

Links: Marianne Hoppe (Madeleine) wird vom Komponisten Michael umworben.

„Langer", ein „Schwerhöriger", ein „Pfandleiher" (Klaus Pohl) und so weiter. Schließlich noch ein Dichter, von Käutner selbst gespielt. Die Handlung soll offensichtlich von einer bestimmten Zeit entbunden werden, um die Seelenabläufe besser mit der Kamera zu verdeutlichen: *Man weiß, hier ist eine Scheibe, über die Wasser läuft und die Tränen symbolisiert, sehr wohl am Platze. In einem anderen Fall ist es Kitsch.*

Auffällig ist der deutsche Name „Michael", der aus dem Hebräischen stammt und vielleicht als Anspielung auf den Film *Jud Süß* zu verstehen ist, den Ferdinand Marian 1940 spielen musste, denn Marian war kein Mitläufer. Kurios jedenfalls, dass Goebbels seinen Roman „Michael" nannte, der 1929 erschienen war. Bei Käutner ist es auf jeden Fall kein Zufall, dass der Protagonist in *Auf Wiedersehen, Franziska!* Michael heißt, denn er schreibt den Beginn jener Liebesgeschichte (Söhnker mit Hoppe) dem Komponisten (Marian mit Hoppe) geradezu auf den Leib. Eine wichtige Szene dient der Selbstreferenz. In beiden Filmen fragte Michael seine Geliebte: „Willst du meine Frau werden?" und sie antwortet: „Bin ich das nicht schon lange?"

Eine Brücke lässt sich auch zu *Wir machen Musik* schlagen. Der erfolglose Opernkomponist Karl Zimmermann erwartet vergebens Inspiration von seiner Geliebten Anni Pichler, während der erfolgreiche Komponist Michael von dem bezaubernden Geschöpf Madeleine zu einer Romanze in Moll angeregt wird. Eigentlich wollte er sie in Dur komponieren. Madeleine hat ihn zu einem Wechsel der Tonart überzeugt. Er macht ihr eine kostbare Kette zum Geschenk, die sie in der Auslage eines Juweliers bewundert hatte: „Damit Sie klar sehen, genau so wenig wie ich jemals Ihre Geliebte werde, genau so wenig werde ich jemals diese Perlen tragen." Doch sie erliegt

58

Die Darstellung eines Dirigenten ist Ferdinand Marian unvergleichlich besser gelungen als Carl Raddatz in *Immensee* aus dem gleichen Jahr. Die Musik stammt von Lothar Brühne und Werner Ekbrenner. Den Text der Romanze hat Käutner selbst geschrieben: „Eine Stunde zwischen Tag und Träumen."

Die Sängerin Tamara (Anja Elkoff) ist verstimmt, weil sie ihre Rolle als Geliebte einbüßt.

nicht nur dem Charme Michaels, sondern auch seiner Musik, seiner Romanze. Sie wird seine Geliebte und bereichert sein Leben, wie es der komponierte Text, der von Käutner stammt, als Leitmotiv besagt: „Eine Stunde zwischen Tag und Träumen will ich meine Seele zu dir wenden."

Dass Käutner den Ehebruch sehr distanziert in Szene setzt, spiegelt die Zugeknöpftheit einer Epoche wider wie verblichene Daguerreotypien. Marianne Hoppe war für diese Rolle wie geschaffen. So hatte sie unter Gustaf Gründgens, ihrem Ehemann, im Theater die „Emilia Galotti" gespielt und im *Schritt vom Wege* (1939) die „Effi Briest" verkörpert. „Ein stimmungsvoller Film, sauber und anständig gemacht", notiert Goebbels in sein Tagebuch. Das dürfte für Käutner zu wenig gewesen sein, denn als „Effi" bewegte sie sich im Film wie eine Bühnenschauspielerin. Sie musste mit *Auf Wiedersehen, Franziska!* zunächst einmal die notwendige seelische Größe für solch eine Filmrolle unter Beweis stellen.

In der Tat konnte sie sich als Madeleine in der *Romanze in Moll* voll entfalten. Als kleinbürgerliche Hausfrau ist sie mit einem Buchhalter verheiratet, wird geliebt von einem Komponisten und schließlich erpresst von einem Bankier (Siegfried Breuer, der auch Regieassistenz übernimmt). Er ist der Vorgesetzte ihres Mannes, „erfährt von ihrem Doppelleben und nutzt sein Wissen, um Madeleine zu erpressen. Sie gibt sich ihm hin und nimmt sich noch am selben Abend mit Schlaftabletten das Leben." (René Ruppert) Die Rückblende der grandiosen Aufführung der „Romanze" im Musiksaal mit dem gleichzeitigen Bildersturz des Geschehens im Seelenleben der Protagonistin bildet den Höhepunkt des Films. Der „Film-Kurier" schrieb dazu am 1. Juli 1943: „Ferdinand Marian spielt den Komponisten

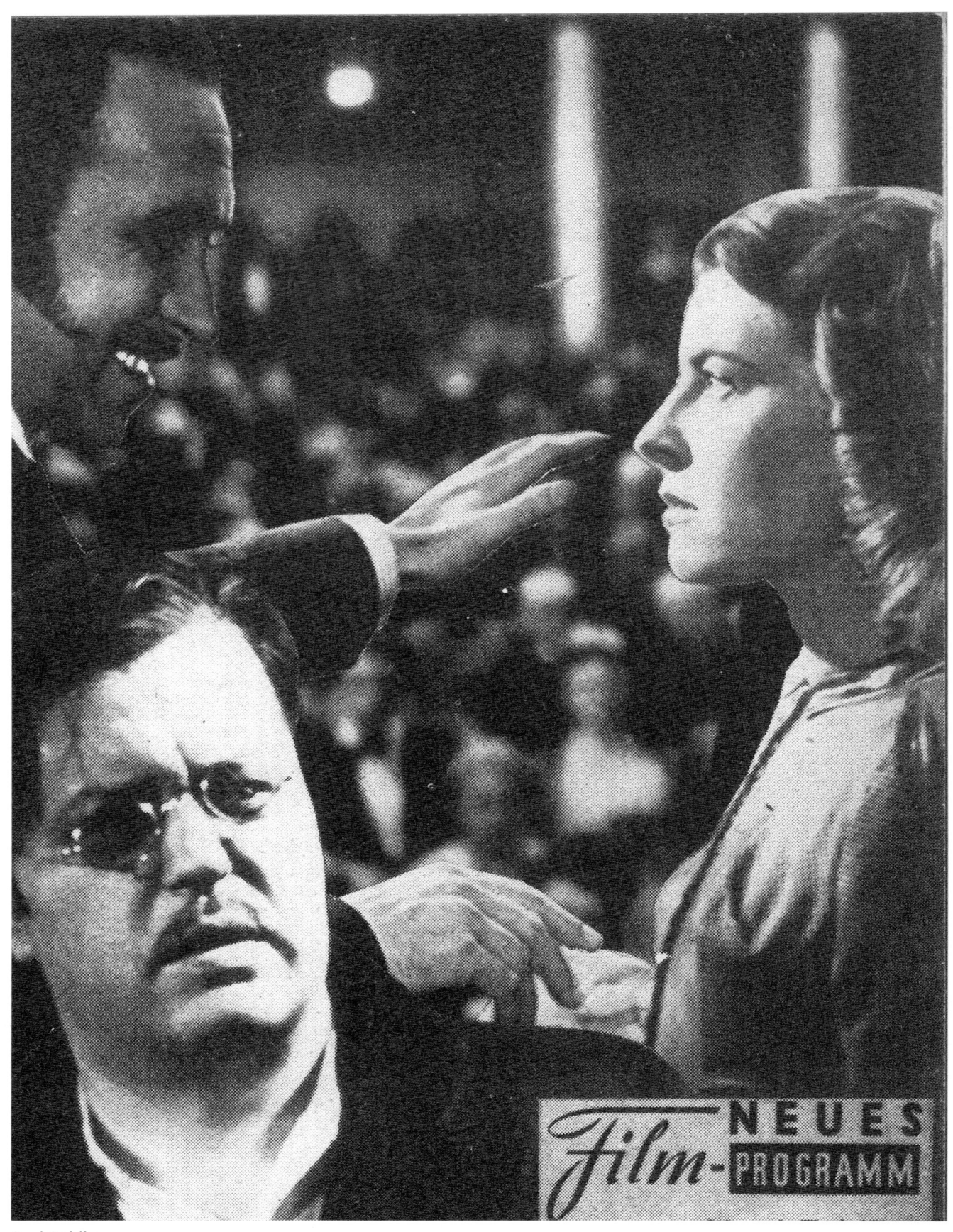

Paul Dahlke

Eine merkwürdige Zusammenfassung des Films im Programmheft: „In der Geschichte der Madeleine wird die sich ständig wiederholende Tragödie unserer eigenen mangelhaften Menschlichkeit lebendig: das schuldlose Schuldigwerden, das sich so oft aus dem Zwiespalt zwischen Pflichtgefühl und Herz ergibt. In *Romanze in Moll* bleibt das Herz Sieger, mehr noch, es behält recht! Denn das Schicksal nimmt Madeleines Opfer nicht an, sie wird leben und mit Michael glücklich werden."

höchst glaubwürdig, suggestiv. In seinen Dirigierbewegungen (mit einem großartigen Fingerspitzengefühl für jede musikalische Nuance!) wird das künstlerische Porträt plastisch. So unterstützt nicht nur die Musik, sondern auch der Schauspieler Marian jede ins Musikalische abschwingende Schwenkung der Kamera." Die Kritik lobt denn auch die Musik von Lothar Brühne und Werner Ekbrenner, die „sich wie ein samtener Teppich über die zauberhafte Magie der Kamera legt."

Überhaupt erinnert die weit ausholende Kamerabewegung zu Beginn des Films in ihrer Poesie an *La Habanera (D 1937)*. Offensichtlich will Helmut Käutner das Melodrama mit Ferdinand Marian in einer positiven Rolle auf einen Gipfel führen: „Vorbei an dunklen Häusern, über einen kleinen Platz, den ein nächtlicher Heimkehrer überquert, gleitet die Kamera an einer Fassade entlang zu einem offenen Fenster, vorbei an einer vom Luftzug bewegten Gardine, wendet sich in den Raum hinein und blickt auf eine regungslos im Bett liegende Frau; der Wind weht ein beschriebenes Blatt Papier von ihrem Nachttischchen. Erst dann erfolgt der erste sichtbare Schnitt: Der Spätheimkehrer betritt das Zimmer, und es wird noch einige Momente dauern, bis er und mit ihm die Zuschauer wahrnehmen, dass die Frau im Bett im Sterben liegt." (Hans Günther Pflaum)

Rückblenden führen die verstrickte Liebesgeschichte vor Augen, als der Ehemann nach ihrem Tod den Nachlass ins Pfandhaus bringt; darunter auch jene Kette, von der er glaubt, sie sei von geringem Wert. Hier erst erfährt er, welche Kostbarkeit seine Frau besaß. Die letzte Einstellung zeigt Michaels Hand, welche die Perlenkette zum Abschied auf Madeleines Totenbett legt. Der Liebhaber

REEPERBAHN
HANS ALBERS · ILSE WERNER · HANS SÖHNKER
Große Freiheit Nr. 7
EIN FARBFILM
VON HELMUT KÄUTNER
GUSTAV KNUTH · GÜNTHER LÜDERS · HILDE HILDEBRANDT
VIKTORIA
FILMVERLEIH

FILM 8 *Große Freiheit Nr. 7* (D 1944)

Hans Albers war Staatsschauspieler wie Heinrich George, Mathias Wieman und Paula Wessely, aber nicht politisch manipulierbar. Es gibt von ihm keine Fotos mit Parteigrößen.

Albers lehnt öffentliche Auftritte ab. Spielt kein Theater. Nimmt nicht am „Wunschkonzert der Deutschen Wehrmacht" teil.
Reichsfilmintendant Hans Hinkel: „Albers verdient meines Erachtens eine wirksame Dusche, damit er sich auch als Staatsschauspieler unseres Reiches einmal bewusst wird, was Deutschland für ihn darstellt."

Ilse Werner auf der *Großen Freiheit*

Dem Phänomen Hans Albers kommt Hans-Christoph Blumenberg mit seinem Film *In meinem Herzen, Schatz* (1989) am Nächsten.

lässt einen verzweifelten Ehemann zurück. Fünfzehn Mal drehte Käutner den Schluss: Den Einklang mit Dahlkes knarrenden Schuhen, der Pendeluhr und den regenüberströmten Fenstern, um dem Stil des französischen Kinos zu huldigen. Ganz im Sinne von Jean Renoir, der einmal gesagt hat: „Der Kontakt mit den Schauspielern, dem Dekor, den Requisiten öffnet einem die Augen für Aspekte, die man nicht geplant hat."

Goebbels schreibt am 29. Juni 1943 in sein Tagebuch: „In deutschen Spielfilmen zu viele Ehekrisen und Ehescheidungen." Vor diesem Hintergrund nimmt es nicht Wunder, dass sich für Käutner die Suche nach einem neuen Filmstoff als äußerst schwierig erweist: *Beinahe wäre es unangenehm geworden, denn ich hätte kaum die Möglichkeit gehabt zu sagen, ich mache es nicht – es sei denn, ich verzichte überhaupt und gehe an die Front. Ich bekam die Anfrage vom Propagandaministerium, einen Film zu machen, und zwar diesmal direkt an mich adressiert. Da ich ein paar Mal mit Musik gute Erfolge gehabt hatte, sollte ich einen Film über das deutsche Volkslied machen. Also einen Heimatfilm, der das deutsche Volkslied in den Mittelpunkt stellt – oder deutsche Lieder jedenfalls. Und dann fiel mir ein, man könnte vielleicht aus Seemannsliedern und aus Matrosenliedern, einschließlich ‚Rolling home' und diesen Dingen, das vermischt sich ja ziemlich international in Hamburg, etwas machen, was der kitschigen Gefahr der deutschtümelnden Verherrlichung aus dem Wege geht. Und ich fand einen Matrosen, Richard Nicolas, mit dem ich zusammen diese Geschichte schrieb, die ein handfestes, derbes Hamburger Volksstück erzählte. Und aus den deutschen Volksliedern wurde ein Schlager von diesem wunderbaren Berliner Schauspieler, Ralph Arthur Roberts – ‚Auf der Reeperbahn*

Ilse Werner und Ulrich Tukur in: *In meinem Herzen, Schatz*.

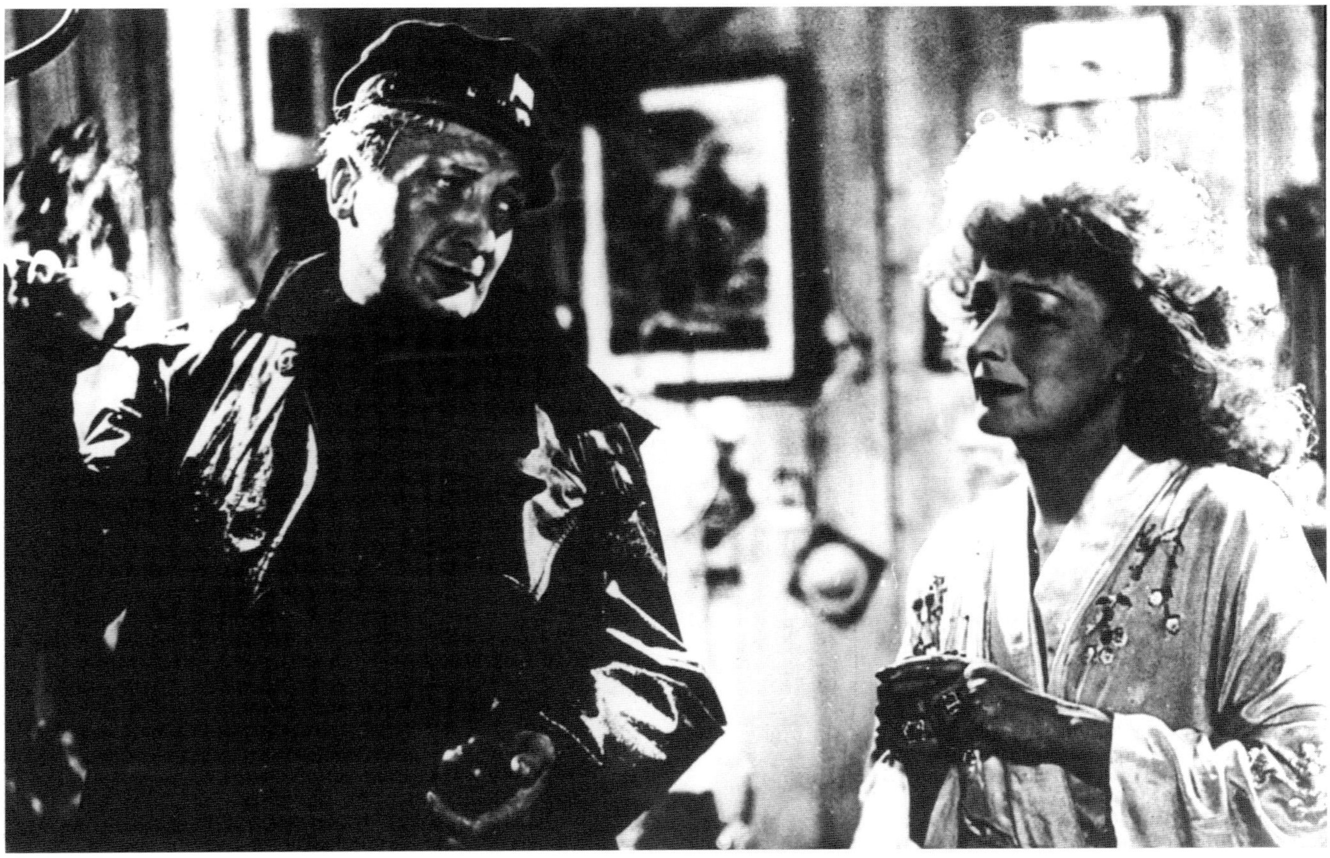

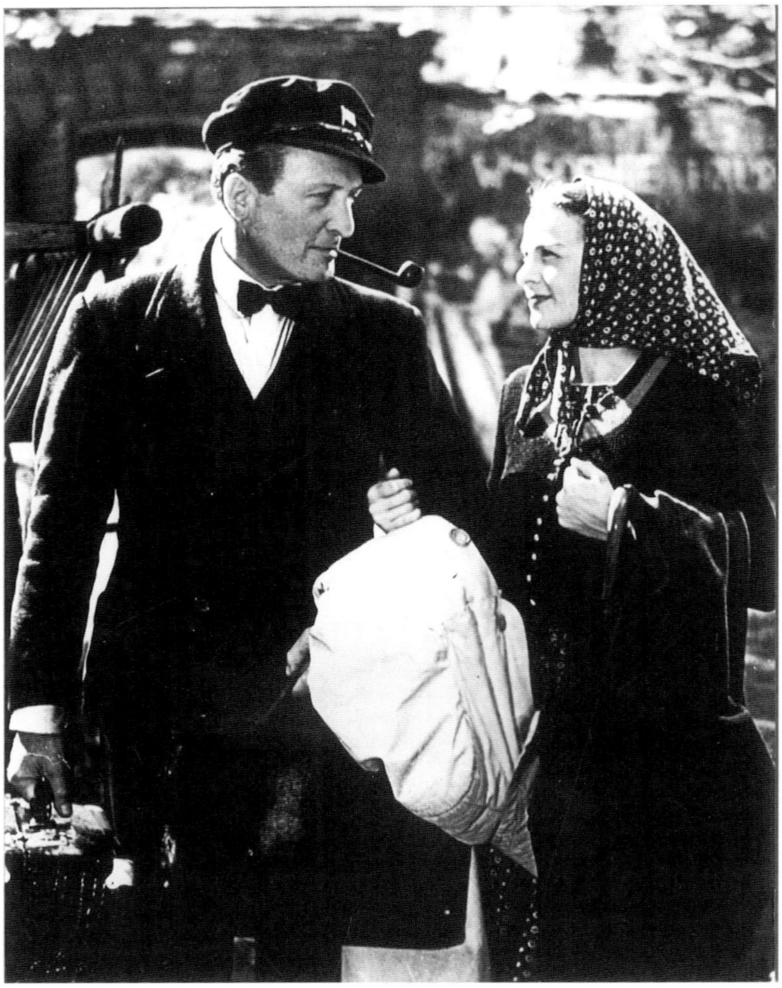

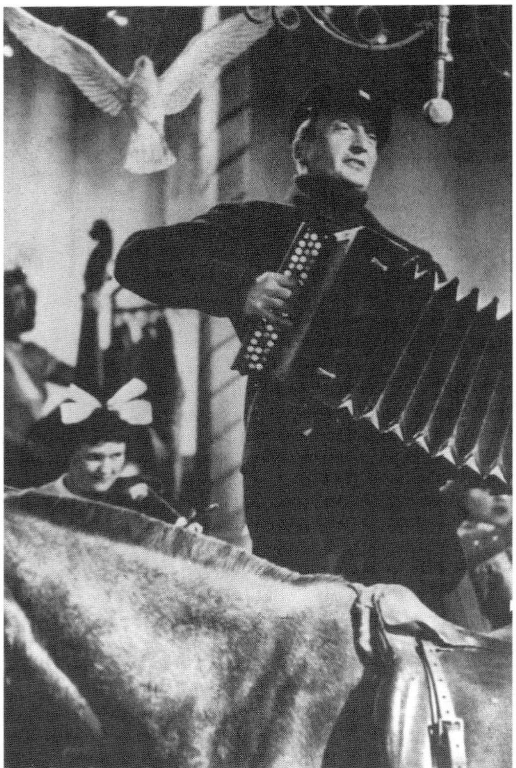

Hans Albers mit Hilde Hildebrand

Hans Albers, „ein deutsches Phänomen, zusammengesetzt aus Sentimentalität und etwas Kitsch, aus Draufgängerei und Ahnungslosigkeit. Aber von großmütiger Art, von einem schönen Schwung echter Naivität, die das Rührselige anrührend und das Kleinbürgerliche märchenhaft macht." (Karena Niehoff)

Während der Dreharbeiten

Aus dem Programmheft:

nachts um halb eins', dann schrieb ich noch das Chanson dazu für Hilde Hildebrand: ‚Beim ersten Mal, da tut's noch weh, da glaubt man, dass man das nie verwinden kann, dann geht die Zeit, und peu à peu gewöhnt man sich daran.' Dann schrieb ich für ‚La Paloma' einen neuen Text. Er handelte von der Großen Freiheit, die eine Straße war. Unser Film sollte ‚Große Freiheit' heißen, dieser Titel wurde nicht genehmigt. Geschichtlich betrachtet handelt es sich nämlich bei der Großen Freiheit um eine Freistatt, die 1601 von Graf Ernst von Schaumburg gegründet wurde, für alle, die aus religiösen Gründen von der Ansiedlung in Städten ausgeschlossen worden waren. *Wir hatten dann,* so Käutner weiter, *die eulenspiegelhafte Idee, die Straßennummer hinzuzufügen, und es wurde ‚Große Freiheit Nr. 7' daraus, in dem sich das Hippodrom befand, in dem die Handlung spielte.*

Hans Albers spielte den singenden Seemann und bekam für diese Rolle die Höchstgage von 460000 Reichsmark. Dieser Schauspieler überzeugte schon 1929 im ersten langen „sprechenden" Film *Die Nacht gehört uns*. Der Volksschauspieler mit der markanten Stimme habe „als ein unbefangener, frecher Kerl die Tonfilmsprache erfunden", schrieb der Kritiker Rudolf Arnheim. Weitere Filmtitel wie *Der Draufgänger (1931)* und *Der Sieger (1932)* verkündeten Programm. Damit entsprach er zwar früh der „nationalsozialistischen Vorstellung vom Helden" (Michaela Krützen): „Dieser Albers ist ein Teufelskerl" (Joseph Goebbels, 1932). Doch selbst als „Staatsschauspieler" hielt er Distanz zu den Machthabern und spielte, um Begegnungen zu vermeiden, im Dritten Reich kein Theater mehr. Überhaupt stand er unter ständigem Druck, weil er mit der Jüdin Hansi Burg liiert bleiben wollte. Vielleicht spielte er auch deshalb in Propagandafilmen mit

66

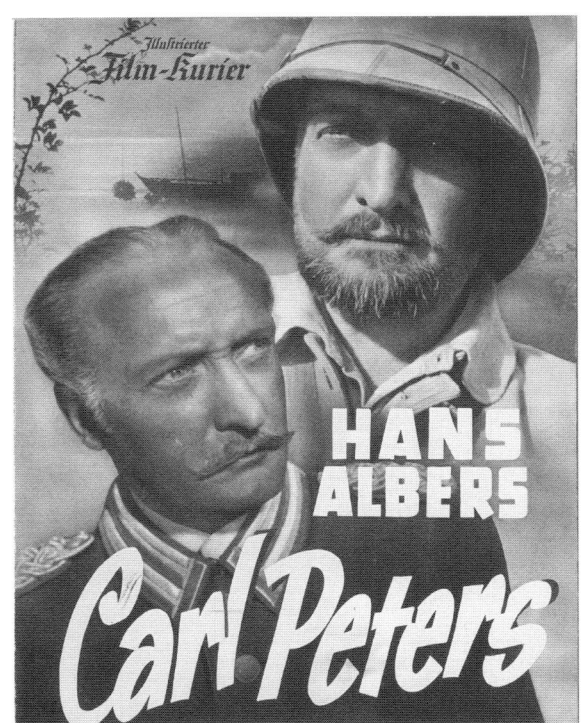

„Das Final des Films wird zeigen, wie der weitsichtige und tatkräftige deutsche Kolonialpionier Peters in seinen Tagebuchblättern die folgerichtige Entwicklung der politischen Machtkämpfe voraussieht und wie ihn schon damals die große Auseinandersetzung des um seinen Lebensraum kämpfenden Deutschlands mit dem Weltbedrücker England naturbedingt erschien."

Der Film nimmt es mit der historischen Wahrheit nicht so genau wie *Ohm Krüger,* hat aber nicht dessen Niederträchtigkeit.

„Kein Film mit Hans Albers ist brauner." (Matthias Wegner)

Carl Peters (1941)
Albers wollte einen historischen Helden spielen.
„Der Kampf zwischen der deutschen Volksgemeinschaft und der britischen Plutokratie." Mai 1940, „Filmwelt".

wie *Flüchtlinge* (1933), wo er sich als charismatischen Held zeigte, der verirrte Wolgadeutsche ins Vaterland zurückbringt. Weitere dubiose Führerfiguren stellte er in *Peer Gynt* (1934) und *Carl Peters* (1940/41) dar. Als die UFA zum 25. Jubiläum ihren aufwendigsten und teuersten Film drehte, kam niemand anders als er in Frage, der den Lügenbaron Münchhausen in dem gleichnamigen Film von Josef von Báky verkörpern konnte. Allerdings fiel dort der mehrdeutige Satz von Hermann Speelmans, dass „die Zeit kaputt" sei. Es war der bisher aufwendigste Farbfilm mit über sechshundert Statisten.

Der Volksschauspieler erkannte sofort, dass er erst mit der Hauptrolle in Käutners neuem Film den Zenit seiner schauspielerischen Laufbahn erreichen würde. Hatte Helmut Käutner mit der *Romanze in Moll* die Sehnsucht einer bürgerlichen Frau in den Mittelpunkt gestellt, so handelt die *Große Freiheit Nr. 7* von der Sehnsucht eines alternden Ex-Seemanns, der sich als Sänger auf der Reeperbahn durchschlägt und von einer Zukunft mit der jungen Geliebten seines verstorbenen Bruders träumt. Auffällig ist, dass wie in der *Romanze in Moll* die tragenden Rollen wieder nur Vornamen haben, allerdings für Hamburg typische. „Im Hamburger Hafen hat der Viermaster ‚Padua' angelegt. Vollmatrose Jens (Günther Lüders), Schiffskoch Fiete (Gustav Knuth) und Leichtmatrose Karl (Helmut Käutner) zieht es auf die ‚Große Freiheit', die Hauptstraße des Vergnügungsviertels von St. Pauli, zu ihrem ungekrönten König, dem Hannes (Hans Albers). Früher fuhr er mit den dreien zur See, jetzt aber ist er Stimmungssänger im ‚Hippodrom' und mit seiner Chefin Antita (Hilde Hildebrand) liiert; er nimmt es aber nicht so ernst mit der Treue." (Peter Cornelsen) Hatte Hans Albers

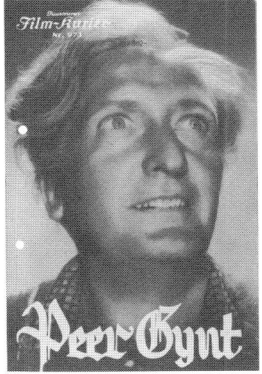

„Große Freiheit Nr. 7"

Hannes Kröger (Hans Albers) verliebt sich in die wesentlich jüngere Gisa (Ilse Werner), die sein Werben jedoch nicht ernst nimmt. Als Prinzessin Isabella hatte sie sich noch bedenkenlos für Münchhausen entschieden.

Münchhausen (Albers), der von Cagliostro (Marian) in dem gleichnamigen Märchenfilm das Geschenk der ewigen Jugend erhalten hatte, entführt die venezianische Prinzessin.

Hans Albers in der „Ballade von der Waterkant."

Hans Albers in *Der Mann, der Sherlock Holmes war* (1937)

(als Münchhausen) bei Ilse Werner (als Prinzessin Isabella d'Este) noch leichtes Spiel, da ihm der Magier Cagliostro (Ferdinand Marian) die ewige Jugend zum Geschenk gemacht hatte, bekommt Hannes es bei Gisa (Ilse Werner) mit einem jüngeren Nebenbuhler namens Willem (Hans Söhnker) zu tun.

Käutner überrascht mit neuen Bildideen: *Ich wollte hinweisen, dass Farbe kein Mittel ist, um uns die Realität näher zu bringen, sondern vielmehr ein Instrument der Phantasie und des Traumes.* Nach einem expressiven Albtraum, in dem Gisa als rettender Engel erscheint, ist Hannes entschlossen, sie zu heiraten, unwissend, dass Gisa sich längst für Willem entschieden hat. Als er davon erfährt, zerbricht das Glas in seiner Hand und der Ring rollt auf den Boden. Um die *Darsteller als Handelnde und Charaktere deutlich vom farbigen Hintergrund abzuheben*, verwendet der Regisseur *nichtfarbige* Kleidung. *Ein Mittel, das dem Schweigen im Tonfilm vergleichbar ist.*

Als die Dreharbeiten in Hamburg am 5. Mai 1943 begannen, sollte der Film nichts mit der aktuellen Wirklichkeit zu tun haben. *In den Bildtotalen und Großaufnahmen mit Hafenhintergrund ließ ich künstlichen Nebel legen, so dass kein Hakenkreuz mehr sichtbar war.* Das galt auch für Schiffe mit Tarnnetzen. Doch schon am 24. Juli begannen die bislang schwersten Angriffe der Alliierten in der Geschichte des Luftkrieges. „Wir konnten gar nicht so schnell drehen, wie uns die Bomben die Motive zerfetzten." (Gustav Knuth) Eine wochenlange Hitzewelle trug dazu bei, dass die Bomben Feuerstürme auslösten. „Ein glühender Schmelztiegel verschlang 30.000 bis 50.000 Menschen, darunter Tausende von Kindern." (Elke Fröhlich) Die Illusion einer intakten Stadt und eines intakten Hafens waren schnell dahin.

Hans Albers als *Ein Mann auf Abwegen*

„Münchhausen"

„Mit einer Sondergenehmigung schrieb Erich Kästner (der seit der Bücherverbrennung von 1933 Arbeitsverbot hatte und als Unperson galt) das Drehbuch. Er brachte darin zahlreiche Anspielungen auf das Kriegshandwerk, auf die Allmacht der Inquisition und diktatorische Machtspiele unter. Infolgedessen musste der Film mehrfach gekürzt werden." F.-B. Habel) Albers überließ Kästner einen Teil seiner beträchtlichen Gage.

Münchhausen reitet auf einer Kanonenkugel ins türkische Lager

Münchhausen bestach vor allem durch hervorragende Trickaufnahmen und „sollte die Leistungsfähigkeit der UFA auch in Kriegszeiten unter Beweis stellen." (Michaela Krützen)

Münchhausen war der dritte abendfüllende deutsche Farbfilm. Hier Hermann Speelman mit Hans Albers.

Berühmte Zitate:
„Die Zeit ist kaputt."

„Seien Sie trotzdem versichert. Die Staatsinquisition hat zehntausend Augen und Arme, und sie hat die Macht, Recht und Unrecht zu tun – ganz wie es ihr beliebt."

Hermann Speelmans

In den Tempelhofer Ufa-Ateliers in Berlin wird die „Große Freiheit" in einer Länge von 70 Metern nachgebaut. Doch „das Gesetz des Handelns war schon in die Hände der Alliierten übergegangen." (Ulrich Herbert) Ein Bombenangriff legte auch hier die ganze Dekoration in Schutt und Asche. Die Dreharbeiten wurden im November 1943 in Prag beendet. „Helmut Käutner und der Kameramann Werner Krien haben damals das Unmögliche möglich gemacht, denn sie zauberten dennoch die Illusion einer intakten Stadt auf die Filmleinwand." (Hans Söhnker) 1975 sagte der Regisseur in einem hier in diesem Buch häufig zitierten Interview: *Wenn ich es mir recht überlege, so entsprang das, was wir taten, der Verbissenheit von Cineasten, die partout nicht wollten, dass irgendetwas von dem Grauen, das sie umgab, in die Arbeit kroch, die sie taten.*

Der Film wurde aufgrund einer Intervention der Kriegsmarine in Deutschland verboten: *Dönitz vertrat die Meinung, der Film verstoße gegen die See- und Weltgeltung Hamburgs, und im Übrigen würden sich deutsche Seeleute nicht betrinken. Und deutsche Frauen nicht auf den Strich gehen.* In der Tat wird im Hippodrom „gesoffen, was das Zeug hält, die Frauen sind käuflich, man prügelt sich oder reitet auf einem störrischen Esel, ein Pferd leert einen Maßkrug mit Bier." (Hans Günther Pflaum) Die Uraufführung war von daher erst ein Jahr nach Drehende am 15. Dezember 1944 in Prag. Als „Überläufer" wurde er von den Alliierten im Sommer 1945 für Berlin und Westdeutschland freigegeben: „Diese Geschichte hat alles, was zu einem guten Film gehört. Sie ist einfach, fast simpel. Obwohl nichts Weltbewegendes vor sich geht, wird viel gezeigt, immer ist Leben

Hans Albers

72

Horst Caspar und Heinrich George in dem Film *Kolberg*.

Die Premiere war mäßig besucht. Am 31. Spieltag kamen in den 1053 Plätze umfassenden „Berliner Tauentzienpalast" zur Vormittagsveranstaltung nur 91 Besucher, während jede Vorstellung von *Münchhausen* ausverkauft war.

und Bewegung, immer ist Aktion auf der Szene", schreibt Felix Henseleit anlässlich der Premiere. „Der Film besticht noch heute durch detailreiche Raumausstattung, sorgfältige Kameraführung, narrativen Einsatz der Schlagermusik und experimentelle Lichtregie. Das Erzähltempo ist sehr hoch, Aktion und Effekte sind reichhaltig gesetzt, und die schillernde Vielfalt des Hippodroms tut ihr Übriges, um der Schicksalhaftigkeit der Geschichte einen – wenn auch naiven – Fluchtraum zu eröffnen. Das farbenfrohe Reeperbahn-Melodram gerät so zum kriegsvergessenen Kabinettstückchen mit parodistischer Färbung, das in vielerlei Hinsicht typisch ist für Helmut Käutners kabarettistisch inspirierten Stil." (Jim Heller)

Am 28. Oktober 1943, also zu der Zeit als Käutner die *Große Freiheit Nr. 7* beendete, war Drehbeginn für *Kolberg* (1943/44), den teuersten Film, der je in Hitler-Deutschland gedreht wurde. Goebbels „ermächtigte" den Regisseur Veit Harlan „alle Dienststellen von Wehrmacht, Staat und Partei, soweit erforderlich, um ihre Hilfe und Unterstützung zu bitten und sich darauf zu berufen, dass der hiermit von mir angeordnete Film im Dienste unserer geistigen Kriegsführung steht." Harlan bestätigte in einer Rede diesen Auftrag: „Ich will dem Publikum von heute das Heldentum seiner Vorfahren vor Augen führen, will ihm sagen: Aus diesem Kern seid ihr geboren, und mit dieser Kraft, die ihr von Euren Ahnen ererbt habt, werdet ihr auch heute den Sieg erringen." Der Film wurde schließlich am 30. Januar 1945, dem 12. Jahrestag der Machtergreifung in Berlin und in der umkämpften Atlantikfestung La Rochelle uraufgeführt.

Kristina Söderbaum

Das zerstörte Berlin: Ruinenfelder. Deutschland im Bombenhagel.

Filme sollen ablenken:

Hilde Krahl mit Mathias Wieman.

Siegfried Breuer

Im Juni 1944 waren die Alliierten in der Normandie gelandet, am 20. Juli war das Attentat auf Hitler. Goebbels wurde Reichsbevollmächtigter für den totalen Kriegseinsatz und ließ eine 60-Stunden-Woche einführen, Verbände des „Volkssturms" aufstellen, Theater, Varietés und Museen schließen. Doch die Kinos blieben, soweit sie nicht zerstört waren, für Durchhaltefilme wie *Kolberg* oder *Die Degenhardts* geöffnet. Allerdings konnten auch zarte Filme innerhalb der verstaatlichten Filmindustrie namens Ufa entstehen, die das Biedermeier beschwören wie *Nora* oder *Träumerei* (von Harald Braun) oder *Am Abend in der Oper* (von Arthur Maria Rabenalt) oder solche, die die grausame Wirklichkeit zu einer heilen Welt erklärten wie *Eines Tages* (von Fritz Kirchhoff). Der Produktionschef der Ufa war Wolfgang Liebeneiner, ein alter Studienkollege Käutners, der sich dafür einsetzte, dass dieser wieder Regie führen durfte. *Unter den Brücken* wurde *ganz ohne Schminke, ohne Doubles und ohne Atelier gedreht. Er ist ganz real.* Und zwar in einer Zeit, von Mai bis Oktober 1944, wo geordnete Außenaufnahmen in Deutschland immer schwieriger wurden.

Es gibt einen Film von mir, erinnert sich der Regisseur, *den ich sehr liebe und von dem ich beinahe glaube, dass er mein bester ist, das ist* Unter den Brücken. *Das Buch hat Walter Ulbrich geschrieben. Ich habe es nicht angerührt, in nichts. Der Dialog ist original, wie er war, die Geschichte ist original, wie sie war. Ich habe nichts bearbeitet, aber ich habe die linke Seite gemacht, ich habe also die Optik gemacht. Wer ihn heute sieht, wird überhaupt nicht begreifen können, dass damals, als es eigentlich keine Zukunft mehr gab und der völlige Zusammenbruch Deutschlands nur noch eine Frage von Tagen war, Menschen in der Lage waren, eine so stille, einfache, fast idyllische Geschichte zu verfilmen. Viele Wochen lang, während der Ring um Berlin immer enger wurde,*

Heinrich George

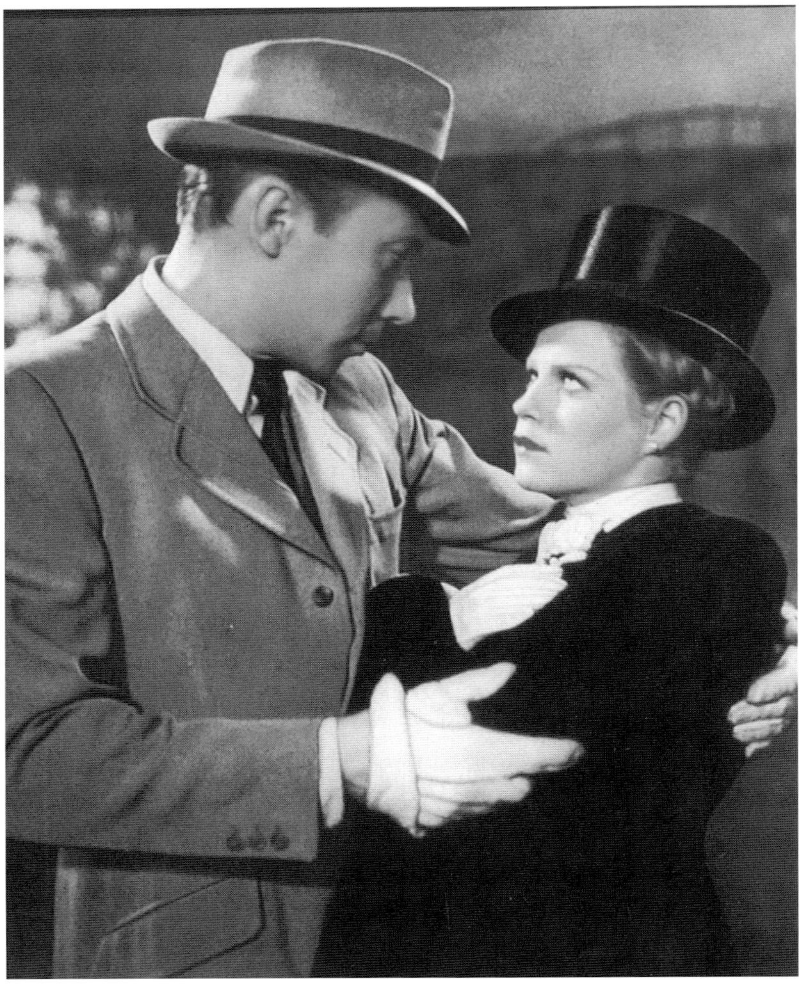

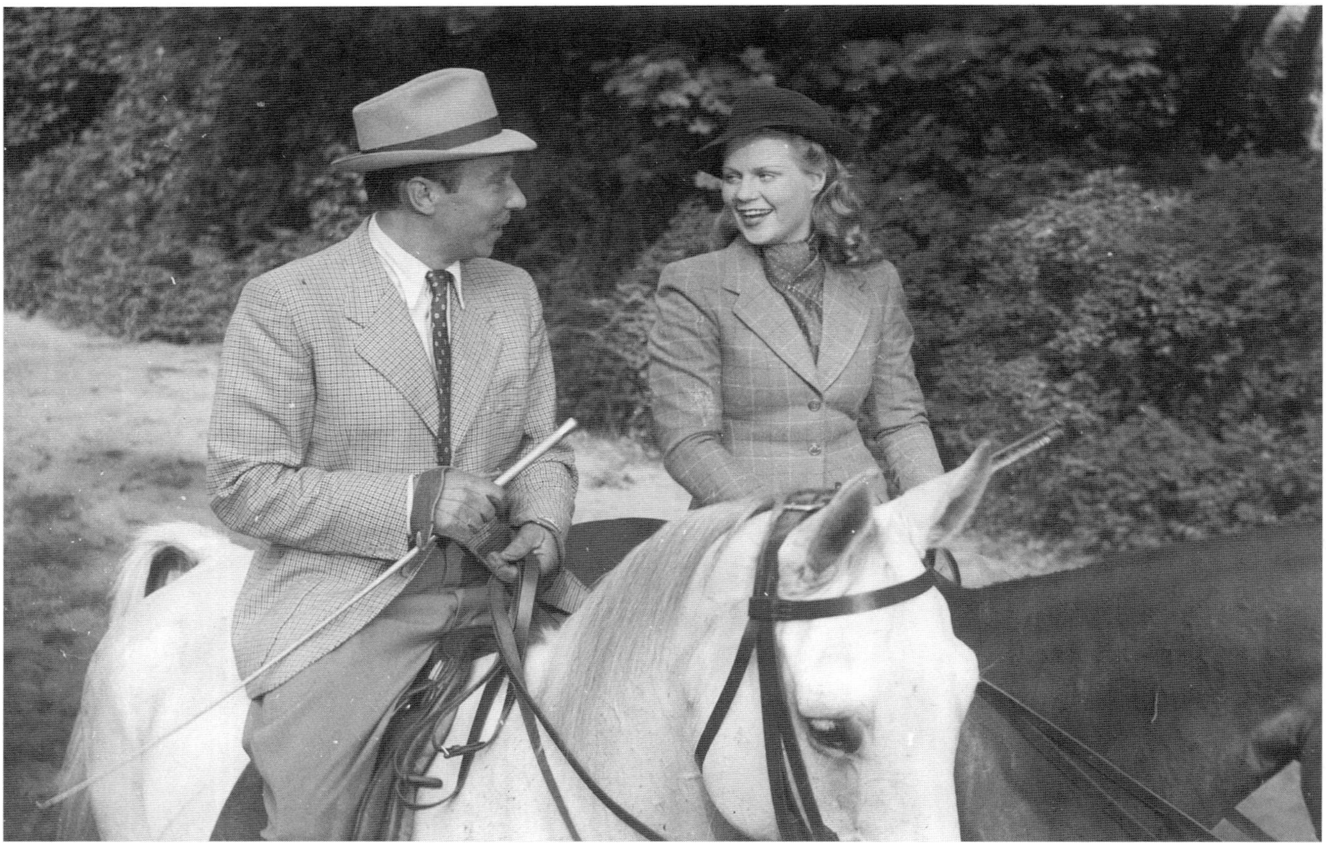

FILM 9 *Unter den Brücken* (D 1944/45)

Jud Süß – Der große König – Die goldene Stadt – Immensee – Opfergang – Kolberg – das sind die Stationen der Schauspielerin Kristina Söderbaum. In *Opfergang* spielte Karl Raddatz sogar die Hauptrolle.

Nun spielte Raddatz in *Eine Frau für drei Tage* (1943/44) für die Ufa Filmkunst mit Hannelore Schroth. Für Käutner waren dies hervorragende Voraussetzungen für seinen neuen und letzten Film im Dritten Reich.

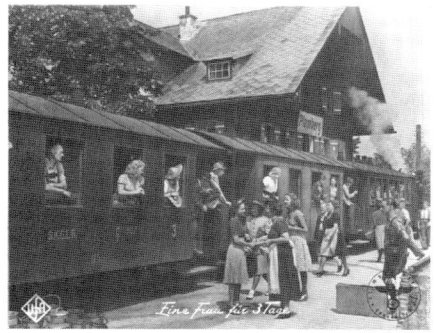

haben wir draußen im Havelländischen gedreht, bei Rathenow, Havelberg und Potsdam. Oft mussten wir uns neue Motive suchen, weil die alten inzwischen durch Bomben zerstört waren. „In *Unter den Brücken* wird das Episodische, die Kleinteiligkeit der Erzählform, zum Star der Wirklichkeit. Das Beiläufige, die Nebenhandlungen erhalten so viel Eigengewicht wie die Dinge und die Blicke." (Karsten Witte)

Hendrik (Carl Raddatz) und Willy (Gustav Knuth) sind Besitzer und gleichzeitig Mannschaft eines Schleppkahns. Sie wollen ihr unabhängiges Leben nicht aufgeben, trotz einer übergroßen Sehnsucht nach einem erfüllten Leben mit einer Frau. Sie lernen Anna (Hannelore Schroth), auf einer Brücke stehend, kennen. Diese wirft einen Zehnmarkschein von dort ins Wasser. „Sie wissen nicht, dass Anna das Geld loswerden wollte, sie hat es beim Modellstehen für ein Aktbild verdient. Die junge Frau hatte gehofft, der Maler sei an ihr interessiert und wurde enttäuscht, an Selbstmord hat sie jedoch nicht gedacht." (René Ruppert) Als sie später diese Geschichte erzählt, erleben die Zuschauer wie bei Madeleine in *Romanze in Moll* einen Bildersturz beschleunigter Montage. „'Ich hätte es getan', sagt sie zu Willy, und meint damit, dass sie bereit gewesen wäre, mit dem fremden Mann zu schlafen. Käutner nimmt ihre Bedürfnisse und Wünsche ernst und zeigt Sympathie für ein Frauenbild, das nicht in die Zeit passen will." (René Ruppert) Beide verlieben sich in die junge Frau. Nur einer erringt ihre Gunst, aber die drei bleiben zusammen auf dem Schiff, das sie von „Liese" in „Anna" umbenennen. Der Film erhält dadurch keine prekäre, sondern eine eindeutige Lösung. „In *Unter den Brücken*, wo eben diese Kategorien von Film und Figuren ignoriert werden, scheint ein glückliches Ende für alle Figuren möglich. Doch hat nicht bereits Lubitsch mit *Design for Loving*

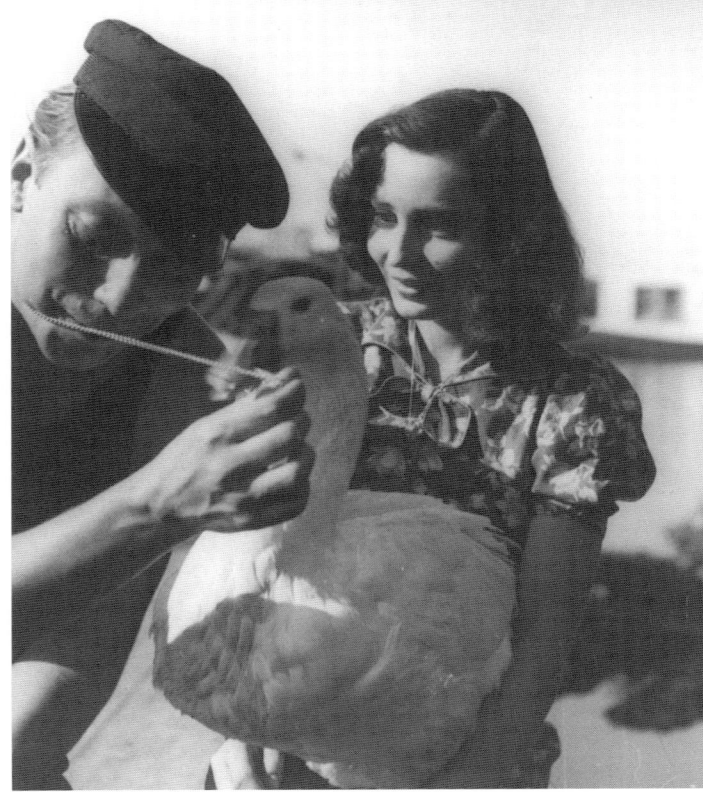

Unter den Brücken

„Einzelne Sequenzen werden zu suggestiven Studien, die man ‚Abend am Fluss' oder ‚Nebel über dem Wasser' nennen könnte, die aber den balladenhaften Rhythmus des Films niemals stören." (Reclams Filmführer)

Die beiden Männer schließen ein Abkommen: Wer Anna für sich gewinnen kann, muss auf seinen Anteil am Kahn verzichten.

Carl Raddatz und Hannelore wurden auch privat ein Paar. Eine Zeit zumindest.

„Käutners Film ist stark lyrisch gefärbt." (Reclams Filmführer)

(*Serenade zu dritt*, USA 1933) Zweifel an einer ähnlichen Freundschaftskonstellation geäußert?" (René Ruppert) Helmut Käutner hat jedenfalls als Fernsehregisseur eine eindeutige Antwort gegeben. Er hat Goethes *Stella* (1967) in der Urfassung und in der veränderten Fassung gezeigt.

Unter den Brücken spielt fast nur auf dem Wasser, mit wenigen Dialogen und fast keiner Handlung, dazu ein Lied von Käutner getextet: *Es sprach die Sonne muschemusch, / da lagen sie im Sand. / Die Wellen sprachen muschemusch / und küssten dir die Hand, / die Wellen sprachen muschemusch, muschemusch / und muschemusch / und küssten dir die Hand.* Man riecht förmlich das Wasser. *Manchmal*, so Käutner, *saßen wir stundenlang im Boot und warteten bis ein Baumwipfel durch das Drehen des Bootes im Strom ins Bild kam.* Die Fotografie wird zur Poesie. Die Kamera erzählt. Der Film nennt sich eine deutsche Romanze. „Ohne Wasser", hat einmal Jean Renoir gesagt, „kann ich mir das Kino nicht vorstellen. Die Bewegung des Films hat etwas Unausweichliches, das an den Lauf von Bächen und das Dahinströmen von Flüssen denken lässt."

„Von der Nacht hat Raddatz was verstanden, denn nie hat ein Schauspieler die verwirrende Geräuschkulisse an einem nächtlichen deutschen Fluss schöner, sinnlicher, einleuchtender erklärt, akustisch herbeigezaubert, als er es für Hannelore Schroth tat, und das im Jahr 1944. Raddatz entfaltet dabei heute noch eine tiefe Sehnsucht in uns, es möge doch mehr wie ihn gegeben haben." (Dominik Graf)
„In der Schlussphase des Krieges entstand dieser ganz private Film, wohl der beste, der im Dritten Reich gedreht wurde." (Reclams Filmführer)

Potsdam, Glienicker Brücke.

Im Schleppkahnmilieu der Havelschiffer (Untertitel: Eine deutsche Romanze).

„Es bleibt alles wie es war, und am Ende treibt wieder ein Schleppkahn auf dem Strom, nur dass sich zu den Freunden ein Mädchen gesellt hat. Willy ist einsam wie zuvor und schaut hinauf zu den Brücken, über die das pulsierende Leben geht."

Potsdam. Glienicker Brücke und die Havel. Hier spielt ein großer Teil des Films.

Unter den Brücken zeigt inmitten von Krieg und Zerstörung eines totalitären Regimes moderne Menschen mit freier Willensentscheidung und der Film passiert im März 1945 tatsächlich noch die Zensur! Er wird im Juni aufgeführt. Der Film geht in den Kriegswirren verloren, doch wird er in Locarno im Juli 1946 uraufgeführt: *Ich habe eine Kopie nach Schweden geschmuggelt und von schwedischen Freunden dann später zurückbekommen, mit schwedischen Untertiteln, die wir dann mühsam herausmanipuliert haben.*

Die Kritiker überschlagen sich. *Unter den Brücken* wird „bei seiner schwedischen Premiere im November 1946 als ‚Gruß aus einem anderen besseren Deutschland' gerühmt." (René Ruppert) Die westdeutsche Premiere fand im Mai 1950 statt. Wilhelm Stecker schreibt im „Film-Kurier": „Die kleinen Dinge sind es, die das Große ausmachen."

Käutners Wohnung in Berlin war zerstört. Den Untergang des Dritten Reichs überlebte er zusammen mit Ernst Schnabel auf einem deutschen Vorpostenboot bei der Marine in Hamburg. Dort schrieben sie gemeinsam an einem Drehbuch, *das bereits geschrieben war, ehe das Dritte Reich zu Ende war. Wir warteten auf das Ende, auf einen endgültigen Zusammenbruch.* Die Schauspielerin Ida Ehre, die 1933 als Jüdin Berufsverbot und „Schutzhaft" überlebt hatte, scharrte Bühnen- und Filmleute um sich und eröffnete bereits am 10. Dezember 1945 die Hamburger Kammerspiele. Ernst Schnabel ging als Chefdramaturg zum Rundfunk. Käutner inszenierte Bühnenstücke und Hörspiele. So auch *Unter den Brücken* mit Karl John und ihm als Sprecher. Aber er wollte in erster Linie sein Drehbuch verfilmen.

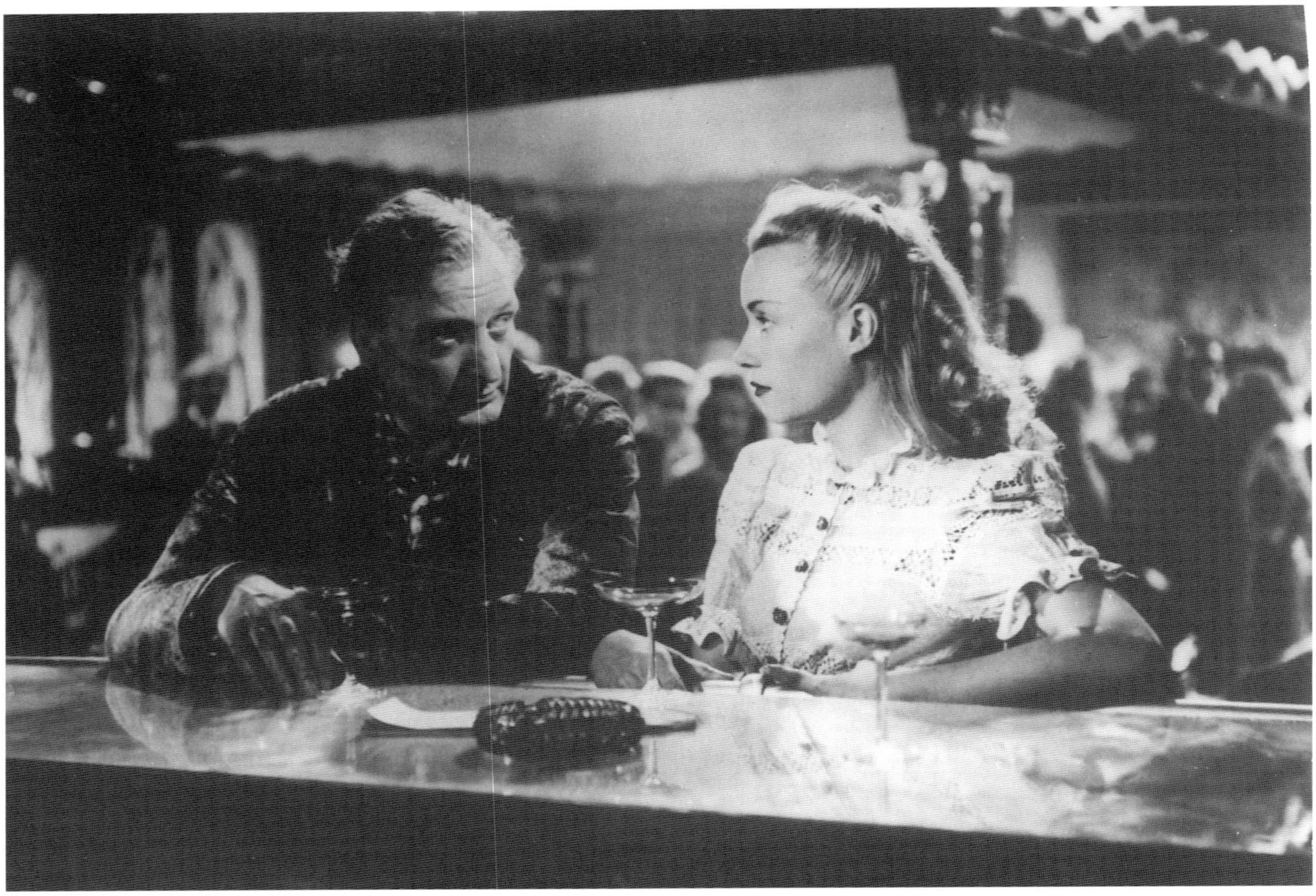

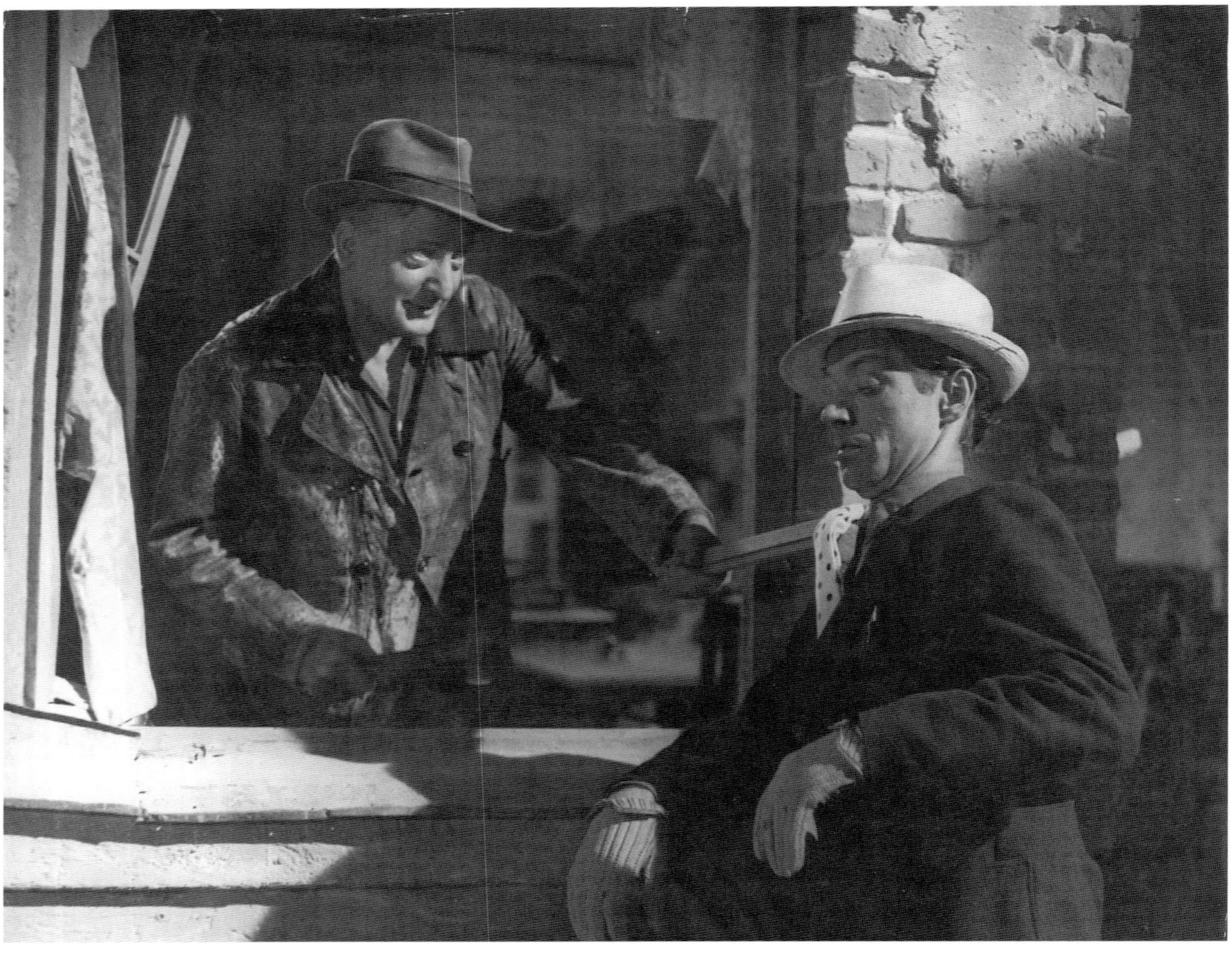

„Das deutsche Selbstmitleid der ‚Stunde Null' und der Wunsch, alles zu vergessen und einfach neu anzufangen." (Matthias Wegner)

und über uns der Himmel (1947): Hans Richter (Hans Albers) findet es nicht richtig, dass Mizzi (Heidi Scharf) in einem Berliner Schieberlokal verkehrt. Er selber hat sich allerdings auch mit Schwarzhändlern eingelassen und lebt nicht schlecht davon.

Staudte konnte für *Die Mörder sind unter uns* eine perfekte Trümmerlandschaft im Studio nachbauen.

„In der sowjetischen Besatzungszone wurde der Film von vier Millionen Menschen gesehen. In Westdeutschland kam er hingegen erst 1959 in die Kinos, während die Amerikaner ihn bereits 1948 im Kino zeigten." (Petra Roch)

Es gab zwar keine Studios in Hamburg, aber es gelang ihm mit dem Berliner Konfektionär Helmut Beck und einem ehemaligen Produktionsleiter in Hamburg die „Camera-Film GmbH" zu gründen; als erste Lizenz der britischen Besatzungszone: *Es gab keine andere Möglichkeit nach dem Krieg, Filme zu machen. Ich wäre von mir aus nie auf die Idee gekommen, ein selbständiger Produzent sein zu müssen, aber eine Lizenz zum Herstellen von Filmen gab es nur über diesen Umweg.*

Wie kam man an Drehmaterial und die passenden Schauspieler? Filmstars war es verboten, in der Öffentlichkeit aufzutreten. Im Sommer 1945 wurden die Kinos geöffnet. *Post gab es damals noch nicht, und als sie wieder funktionierte, dauerte es oft Wochen und Monate, bis ein Brief seinen Empfänger erreichte. Telefon gab es nicht, und als die Anschlüsse repariert waren, konnte man nur innerhalb der Stadt anrufen, nicht aber zum Beispiel von Hamburg nach München oder Berlin.*

Es sind die später sogenannten Trümmerfilme, die sich in trostloser Gegenwart mit der Vergangenheit auseinandersetzen. Josef von Báky zeigt als erste amerikanische Lizenz in *und über uns der Himmel* das rücksichtslose Leben eines Kriegsheimkehrers (Hans Albers), der vom Schwarzmarkt lebt. Als erste russische Lizenz weist Wolfgang Staudte mit *Die Mörder sind unter uns* „die Existenz der Unmenschlichkeit an einem kaltblütig befohlenen Massenmord nach." (Peter Peyer) und fordert damit Sühne für die Gräueltaten des Naziregimes. Harald Braun schildert in *Zwischen Gestern und Morgen* das Leben im Dritten Reich, um die Zuschauer mehr oder weniger zu unterhalten. Helmut Käutner will mit *In jenen Tagen* Menschen im Dritten Reich zeigen, denen es gelang, humanitäre Verhaltensweisen zu bewahren. Konnte

Prädikat:
BESONDERS WERTVOLL
IN
JENEN
TAGEN
1933 -45
EIN FILM von HELMUT KÄUTNER
M. MARCKS
verleih:
neue filmform
FSK

FILM 10 *In jenen Tagen* (D 1947)

„Die deutsche Gesellschaft am Kriegsende war hochgradig durcheinander gewirbelt." (Dietmar Süß)

Aus dem Programmheft:
„Was kann ein altes Auto schon erzählen!", denkt der eine. Für ihn ist es nichts als ein Objekt zum Ausschlachten, ein Haufen altes Eisen, ein paar Drähte und ein bißchen morscher Gummi. Aber dem anderen erzählt er viel, sehr viel, aus jenen Tagen, die schließlich zum Untergang führten…"

Als erster deutscher Film wurde *In jenen Tagen* auf dem Internationalen Filmfestival in Locarno gezeigt.

Staudte eine perfekte Trümmerlandschaft in den ehemaligen UFA-Studios nachbauen, so musste Käutner gänzlich unter freiem Himmel drehen. Aber es kam ihm zugute, dass er das mit seinem Film *Unter den Brücken* gelernt hatte, allerdings nicht unter unwirtlichen Bedingungen, denn der Film geht im Winter 1946/47 in Szene. Die Temperaturen fielen bis auf minus 26 Grad.

Das Drehbuch beginnt folgendermaßen:
„Die Kamera blendet auf.
Ein Auto (Modell Opel Kadett) fährt ins Bild direkt auf die Kamera zu. Es stoppt. Ein Scheinwerfer des Autos wird eingeschaltet. Sein Licht gleitet im Nacheinander über eine Reihe schwarzer Tafeln, die neben der Straße aufgestellt sind und auf denen in weißer Schrift die Titel des Vorspanns erscheinen.
Danach blendet die Kamera ab.
Rahmengeschehen:
Aufblenden:
Die Kamera schwenkt langsam über ein großes Trümmergrundstück. Im Hintergrund erscheinen Ruinen und ausgebrannte Häuser, im Vordergrund gehen ein alter Mann und eine alte Frau durch das Bild. Sie schleppen ein großes Bündel Reisig und Abfallholz. Hinter ihnen humpelt ein einbeiniger Kriegsversehrter den Weg entlang.
Im weiteren Schwenk erfasst die Kamera einen großen Autofriedhof, auf dem zwei Männer in Monteurkitteln arbeiten. Es sind Willi und Karl; sie sind gerade dabei, das Auto auszuschlachten. Es ist Spätherbst und kalt. Willi und Karl frieren, sie hauchen sich ab und zu in die Hände.
Willi: *Na, denkste wieder, Karl?*
Karl: *Ich kann gar nicht anders!*

ERICH SCHELLOW

Links
1954 setzt Käutner Erich Schellow in *Bildnis einer Unbekannten* ein und 1956 in *Der Hauptmann von Köpenick*.

Erich Schellow spielt den „Karl" der Rahmenhandlung. Sein erster Film.

Willi: *Na, ich kann, gib' mir lieber 'ne Kippe!*
Karl: *Haben!*
Willi: *Ach, du hast doch noch!*
Karl: *Denkste!*

Karl macht einen verschlossenen und nachdenklichen Eindruck. Willi dagegen trägt eine gewisse Nonchalance zur Schau. Sie arbeiten weiter. Nach einer Pause sagt

Karl: *Sauleben!*
Willi: *Ach so, die alte Platte, was? Nichts zu rauchen, nichts zu trinken, nichts zu essen, keine Kohlen, kein richtiger Beruf, keine Wohnung, kein Geld, keine Nachricht von Susanne, keine Zukunft, keine Illusionen, keine … keine…keine…!*
Karl: *Keine Menschen! Es gibt keine Menschen mehr! Mir langt's!*

Sie sind gerade dabei, die noch unzerstörte Windschutzscheibe des Wagens abzunehmen.

Karl: *Keine, Willi! Genauso wie es keine gegeben hat in all den verfluchten Jahren. Deshalb sind wir so heruntergekommen.*
Willi: *Deshalb kommen wir jetzt nicht mehr hoch, meinste?*
Karl: *Alles, was wir machen und tun, um Ordnung zu schaffen, um uns herum – vor allen Dingen in uns, ist sinnlos. Es gibt keine Menschen mehr!*
Willi: *Sag mal, Karl, was verstehst du eigentlich unter „Menschen", wenn du immer sagst, es gibt keine mehr? Du bist doch gebildet, nicht? Was ist'n Mensch?*

Auf der Windschutzscheibe ist in einer Ecke deutlich die Zahl 30133 zu erkennen. Die Kamera fährt auf den Kühler des Wagens zu.

Eine Stimme sagt: *Entschuldigen Sie mich, wenn ich mich in Ihre Unterhaltung mische. Sie können mich zwar nicht hören, denn das Schicksal hat Sie mit Verständnislosigkeit geschlagen uns gegenüber, die Sie die toten Gegenstände nennen. Aber ich*

Der Verlorene
EIN PETER-LORRE-FILM
DER PRESSBURGER-PRODUKTION IM VERLEIH DER NATIONAL

Links: Karl John in *Der Verlorene* (1950/51). Er spielt in der einzigen Regiearbeit von Peter Lorre einen ehemaligen Nazibeamten und in *Liebe 97* von Wolfgang Liebeneiner mit Hilde Krahl.

1. Episode:
Karl John spielt den Peter Kaiser. Werner Hinz spielt in der ersten Episode den Steffen, der aus Hitlerdeutschland fliehen muss.

Hinz spielte im Dritten Reich in Filmen wie *Der Fuchs von Glenarvon*, *Bismarck*, *Ohm Krüger* und *Die Entlassung*.
Käutner wird Hinz in keinem seiner weiteren Filme einsetzen. Erst mit Käutners letztem Fernsehauftritt in der Serie *Eichholz und Söhne* ist es offensichtlich zu einer Aussöhnung gekommen.

Winnie Markus

Auch zu Winnie Markus bleibt Käutner auf Distanz, die übrigens im Dritten Reich mit Hinz gespielt hat.

höre Sie schon seit vielen Tagen, nämlich, seit Sie mich ausschlachten, meine Herren, bin ich Zeuge der unerquicklichen, depressiven Überlegungen, mit denen Sie Ihre Untüchtigkeit zu entschuldigen versuchen, und Ihre Ungerechtigkeit gegen Ihresgleichen. Ein Automobil hat keine Meinung zu haben – nach Ihrer Meinung. Ich will mich auch gar nicht erst in Ihre Diskussion mischen, ich will nur... – Sie sprachen vom Menschen und fragten, ich glaube, Herr Willi war's, was ein Mensch sei, und Herr Karl, wenn ich nicht irre, behauptete, es gäbe keine, heute nicht und schon gar nicht in jenen Tagen, die mein Leben waren. Lassen Sie mich Ihnen ein paar Geschichten erzählen auf meine Art, die nicht Menschenart ist. Lassen Sie mich sachlich, vorurteilsfrei oder herzlos berichten, wie es einem toten Gegenstand zukommt. Mein Leben liegt hinter mir, ich habe, sozusagen, meine Augen für immer geschlossen.

Das Klingen ist unterdessen in Musik übergegangen, die Stimme spricht über Hall. Im Bild erscheinen jetzt die Scheinwerfer des Wagens, die abmontiert in einer Ecke liegen.
Die Stimme: *Als ich jung war ...*
Überblendung:
Montage von der Herstellung des Wagens. Bilder von den verschiedenen Arbeitsgängen werden schnell ineinander geblendet.
Die Stimme: *Als ich jung war, glaubte ich, mein Leben würde 1000 Jahre währen, es würde köstlich sein.*

(Quelle: Peter Peyer)

Das Auto berichtet mit der Stimme Helmut Käutners anhand von sieben Requisiten, die die Arbeiter beim Ausschlachten finden, über menschliche Schicksale aus dem Dritten Reich. Ähnliches hatte er mit einem seiner ersten

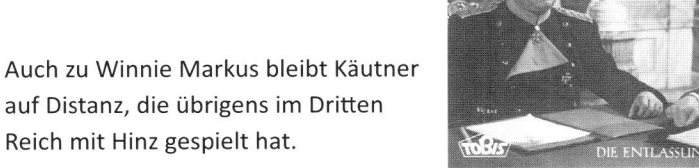

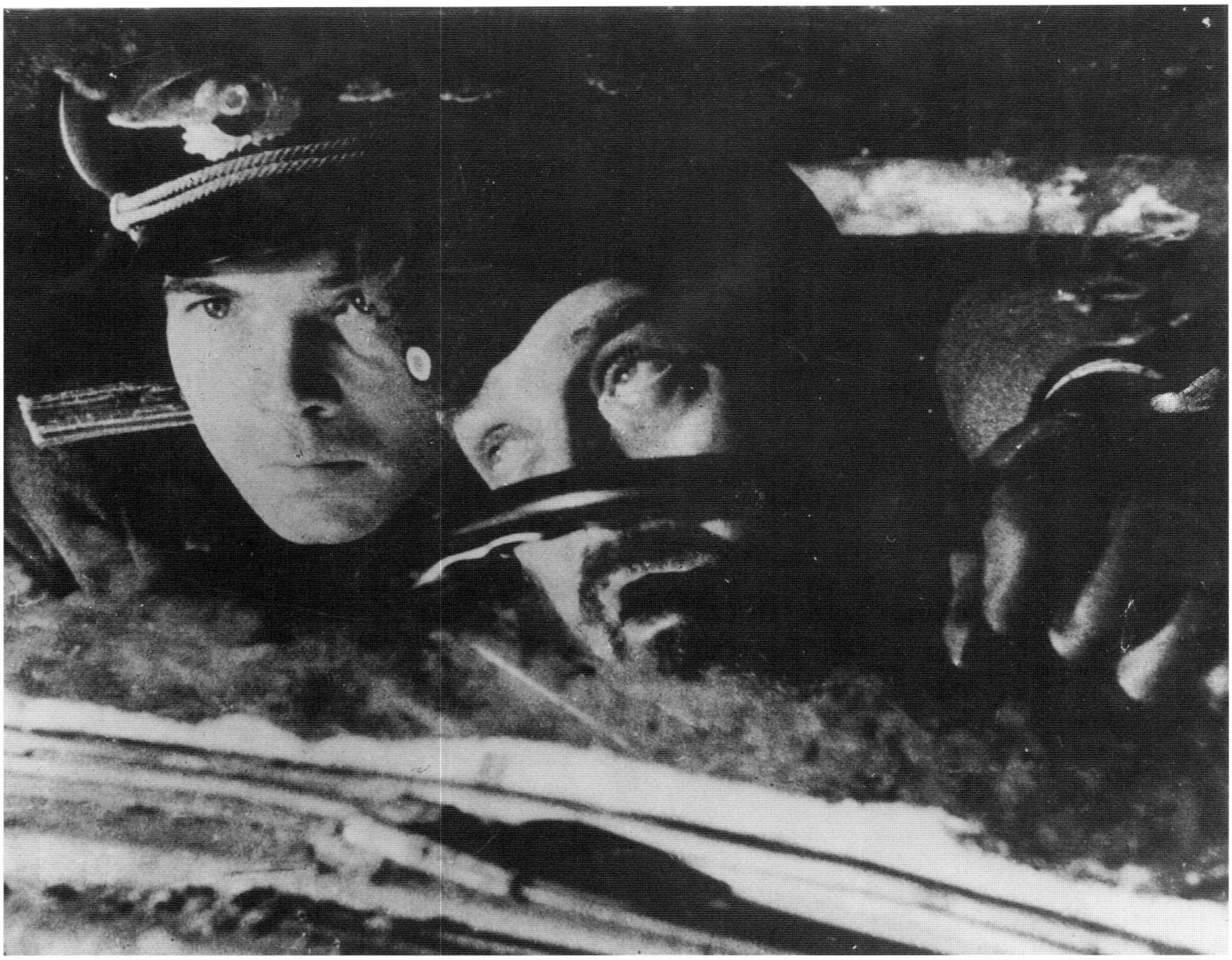

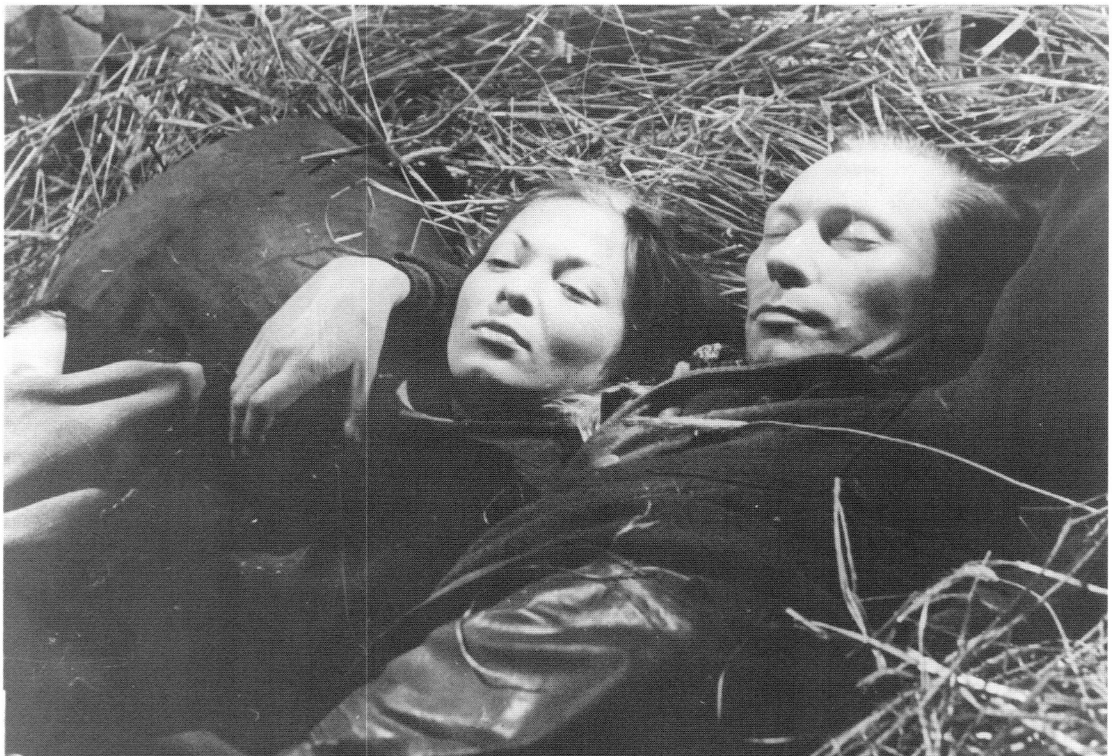

Drehbücher *Salonwagen E 417* versucht: *Ein Film, der die Geschichte eines Vehikels erzählt, das für kaiserliche Zwecke und für die Heirat einer Prinzessin gebaut worden war, sehr verkitscht geschmückt, und das nun durch die Zeiten lief.*

Interessant scheint mir auch ein Hinweis auf den Stummfilm *Die Abenteuer eines Zehnmarkscheines* (K13513) aus dem Jahre 1926 von Berthold Viertel zu sein. Episoden reihen sich auf dem Weg eines Zehnmarkscheines, der am Anfang gekennzeichnet und am Ende von einer Katze gefressen wird.

In jenen Tagen schildert sieben gravierende Einschnitte durch die Hitlerdiktatur in chronologischer Linie und die damit verbundene Geschichte von jeweils verschiedenen Menschen, die die Besitzer des Automobils waren:

1. Episode: 30. Januar 1933. Beginn mit der Berufung Hitlers als Reichskanzler. An diesem aparten Datum fährt das neue Auto los und erzählt von einer mit diesem Tag verbundenen Geschichte vergeblicher Liebe. Die politischen Ereignisse zwingen nämlich Sybille (Winnie Markus) sich gegen Peter (Karl John) und für Steffen (Werner Hinz) zu entscheiden. „Die Zeit zwingt Steffen und Sybille zwar, ihre Heimat zu verlassen, ist aber nicht stark genug, ihre Liebe zueinander zu zerstören." (Peter Peyer) Bedrohlich marschierende Männer in Kampfstiefeln überblenden die Szene.

2. Episode: 1936. Das Diktat künstlerischer Unfreiheit durch die Düsseldorfer Beschlüsse zur Entarteten Musik vernichtet das Lebenswerk des Komponisten Grunelius (Hans Nielsen). Dieser hat, der *Romanze in Moll* nicht unähnlich, eine Affäre mit einer verheirateten Frau (Alice Treff).

3. Episode: 1938. Die Reichskristallnacht und der damit verbundene Selbstmord eines Ehepaares „wird glaubhaft

---

5. Episode:
Hermann Speelman: „Es sind wirkliche Menschen, in die man hineinschießt."

7. Episode:
Bettina Moissi als Marie
Carl Raddatz als Josef

2. Episode:
Hans Nielsen als Komponist Grunelius

2. Episode:
Alice Treff (Sie spielte schon für Käutner in *Frau nach Maß*).

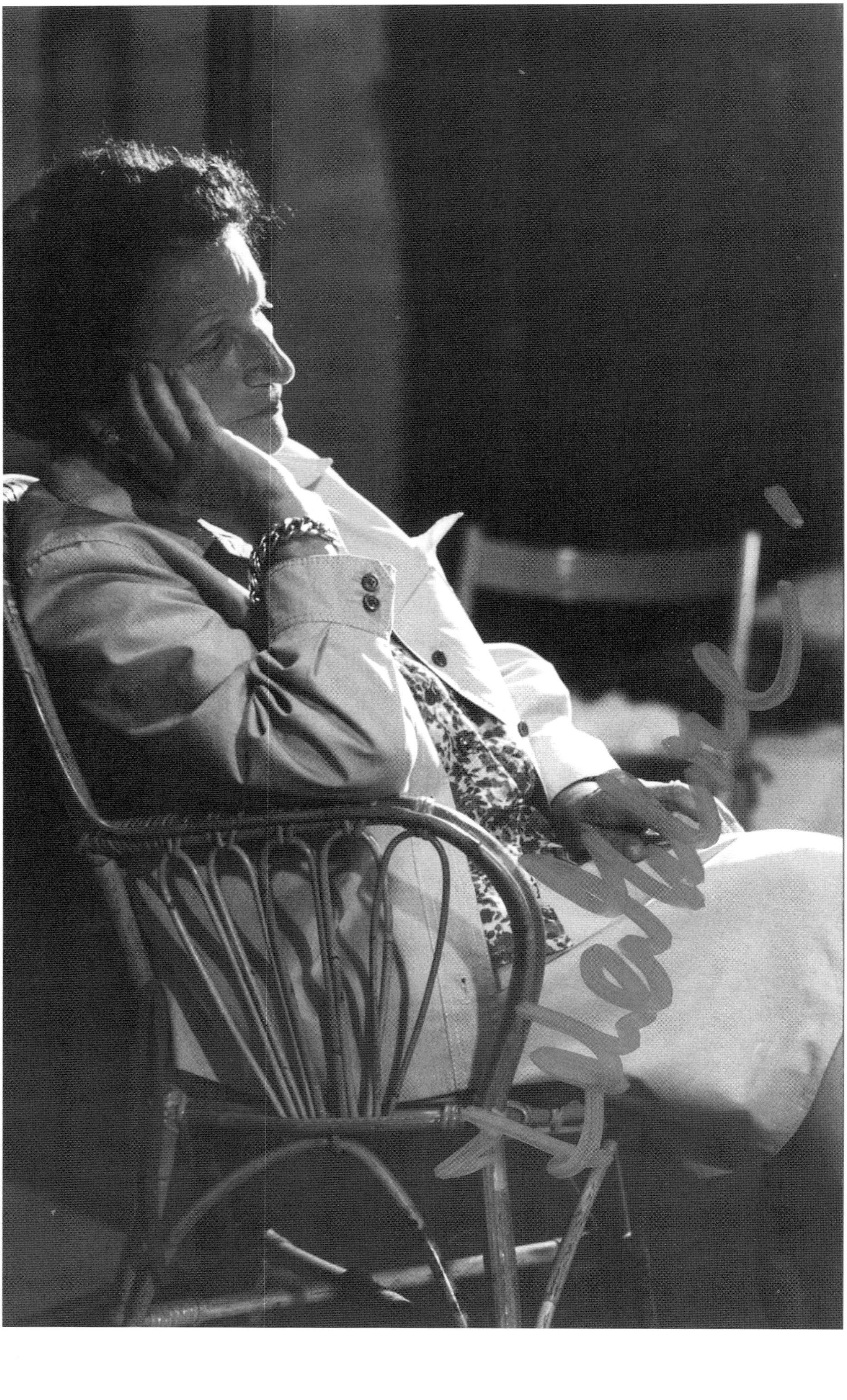

3. Episode:

„Überall im Reich berichteten die Blätter in ihren Lokalteilen von gewalttätigen Zusammenstößen, Verhaftungswellen, antisemitischen Ausschreitungen und nächtlichen Überfällen." – „Als direkte oder indirekte Folge der Pogrome kann man wohl von etwa 1300 bis 1500 Todesopfern und 1406 zerstörten Synagogen ausgehen. 30756 jüdische Männer wurden verhaftet und in Konzentrationslager gesteckt." (Dietmar Süß)

Ida Ehre als Mutter Courage

motiviert." (Peter Peyer) Sie lebte als „Jüdin" mit dem „Arier" Wilhelm Bienert (Willy Maertens) in „Mischehe". Der Vorname der Ehefrau (Ida Ehre) wird offensichtlich aus Respekt nicht mit Sarah, sondern mit Sally angegeben.

In diesem Zusammenhang ist eine Erinnerung von Hardy Krüger von großem Wert. Käutner hatte ihm erzählt, dass er Zeuge der sogenannten Reichskristallnacht geworden war und Mord und Totschlag mit habe ansehen müssen, „wie es ihn zuvor im Berliner Leben niemals gab. Vom brutalen Verprügeln deutscher Juden hatte er bis dahin nur gehört.' 'Und du?', habe ich ihn gefragt. ‚Hast du auch eingegriffen?' ‚Nein', war die Antwort. Sie kam leise."

4. Episode: 1939. Dorothee Wieland (Erica Balqué) meldet ihren Mann Jochen als vermisst und erfährt vom Widerstandskampf ihres Mannes und dass dieser von den Nazis auf der Flucht erschossen wurde. „Sie warnt ihre Schwester und gibt ihr die Gelegenheit zur Flucht, lässt sich an ihrer Stelle verhaften." (Peter Peyer)

5. Episode: 1942/43. Krieg in Russland. Partisanen werden als Feinde bezeichnet. Ein Soldat (Hermann Speelmans) stellt dieses Denken, wie schon in *Auf Wiedersehen, Franziska!* in Frage.

6. Episode: 20. Juli 1944. Das Attentat auf Hitler und die „Sippenhaft". Eine Baronin (Margarete Haagen) soll verhaftet werden, weil ihr Sohn zu den Verschwörern gehörte. Käutner zeigt „die Menschlichkeit am Beispiel von Personen, die ihre eigene Freiheit und sogar ihr Leben riskieren, um anderen zu helfen." (Peter Peyer)

7. Episode: 1945. Kriegsende als Neubeginn. Ikonographie des Stalls zu Bethlehem als Ort der Rückbesinnung: Ein ehemaliger Kradmelder namens Josef (Carl Raddatz)

94

4. Episode:
Erica Balqué als Dorothea Wieland.
Balqué ist die Ehefrau Käutners.
In seinem sechsten Film nach dem Krieg 1953 übernimmt sie die Regie-Assistenz zu *Die letzte Brücke.* Käutner wird sie in vielen seiner Filme einsetzen. 1960 übernimmt sie sogar für den Film *Zu jung für die Liebe?!* die Regie. Käutner trägt allerdings die Verantwortung für die Dialoge und spielt den „Rechtsanwalt Dr. Bienheim."

ERICA BALQUÉ

Links:
6. Episode:
Baronin von Thorn (Margarete Haagen) und Erna (Isa Vermehren).
Isa Vermehren war deutsche Kabarettistin, Filmschauspielerin und später Ordensschwester.

bringt eine Flüchtlingsfrau namens Maria (Bettina Moissi) mit ihrem Kind nach Hamburg – anstatt auf dem kürzesten Weg zu seiner Truppe zurückzukehren. Seine Hilfsbereitschaft und seine langsam wachsende Zuneigung zu Maria sind die Motive für sein Handeln. Nachdem er auf dem Rückweg von einer Feldgendarmeriestreife als Deserteur verhaftet worden ist, lässt ihn der Posten, der ihn bewachen soll, fliehen und beweist menschliche Größe.

Ja, meine Herren, so endet die Stimme des Autos, *ich habe nicht viel von jenen Tagen gesehen, keine großen Ereignisse, keine Helden, nur ein paar Schicksale. Und auch davon nur Ausschnitte. Aber ich habe ein paar Menschen gesehen. Und nach denen fragten Sie doch, Herr Willi, nicht? Die Zeit war stärker als sie, aber ihre Menschlichkeit war stärker als die Zeit. Es hat sie gegeben, diese Menschen, und es wird sie immer geben, zu allen Zeiten! Denken Sie daran, wenn Sie an Ihre Arbeit gehen, und bitte, entschuldigen Sie noch einmal, dass ich, ein toter Gegenstand, mich in Ihre Unterhaltung gemischt habe.* (Quelle: Peter Peyer)

Staudtes Film *Die Mörder sind unter uns* weist auf Sühne, die erst zwanzig Jahre später mit dem Auschwitzprozess einsetzte. Käutners Frage dagegen beschäftigt uns noch heute: Wer waren die mutigen Menschen, die zum Beispiel in Berlin 5000 Juden versteckten und damit ihr eigenes Leben aufs Spiel setzten?

In jenen Tagen wurde ein Erfolg, „auch wenn die Reichweite begrenzt war, denn es waren nur vier Kopien im Umlauf." (Robert R. Shandley) Die Uraufführung war am 13. Juni 1947 in Hamburg. In Westberlin am 17. Juni und dann

96

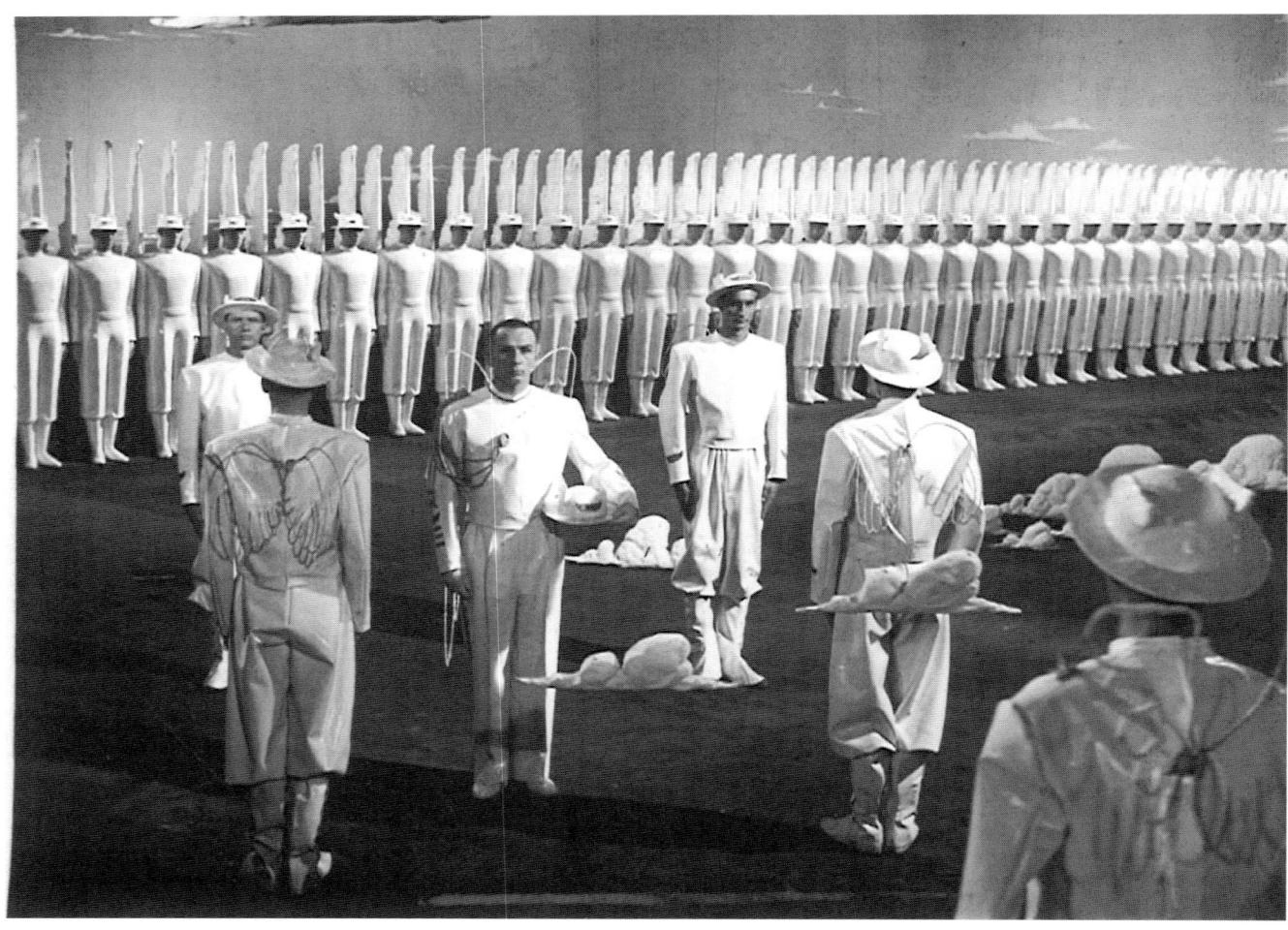

FILM 11: *Der Apfel ist ab* (D 1948)

Bettina Moissi

Joana Maria Gorvin

Irene von Meyendorff

sogar am 17. September 1947 in Ostberlin. Der Filmkritiker Wolfdietrich Schnurre: „Seit dem 13. Juni 1947 gibt es wieder einen ernst zu nehmenden deutschen Film.

Dagegen wurde der nächste Film, *Der Apfel ist ab,* der erste Totalverlust unter den Nachkriegsfilmen. Willi Schaeffers wohnte der Premiere am 23. November 1948 im Hamburger Waterloo-Kino bei und berichtet, „dass bei der Feier alle lügen mussten. Jeder wusste, dass es ein Misserfolg war, und keiner wollte und konnte es offen sagen." Schaeffers hatte zuvor den Petrus in dem gekürzten Einakter-Sketch auf der Bühne mit Erfolg gespielt, zu der Musik von Erwin Bootz. Das Kabarettistisch-Textliche stand naturgemäß im Vordergrund, während literarisches Kabarett und Trümmerfilm eindeutig nicht zueinander fanden.

Helmut Käutner hatte bekanntlich Sketche und Stücke für das Kabarett „Die Nachrichter" geschrieben, deren Mitglied er auch war. Stücke wie „Der Esel ist los" und „Hier irrt Goethe". „Der Apfel ist ab" erhielt 1935 Aufführungsverbot.

„Dieser Film, der also auf das Stück des Kabaretts ‚Die Nachrichter' zurückgeht, ist eine sehr freie Nachgestaltung des biblischen Stoffes von Adam und Eva, die mit einem in der Nachkriegszeit spielenden Rahmengeschehen umgeben ist: Der Apfelsaftfabrikant Adam Schmidt ist seiner Frau Lily und seiner Sekretärin Eva gleichermaßen zugetan und kann sich für keine der beiden Frauen entscheiden. Nach einem missglückten Selbstmordversuch geht er in die Klinik des Professors Petri, dessen therapeutisches Rezept darin besteht, die Menschen durch Abkehr von der Trümmerwirklichkeit psychisch zu regenerieren. Adam erklärt sein Problem, wird als Patient aufgenommen und erhält einen

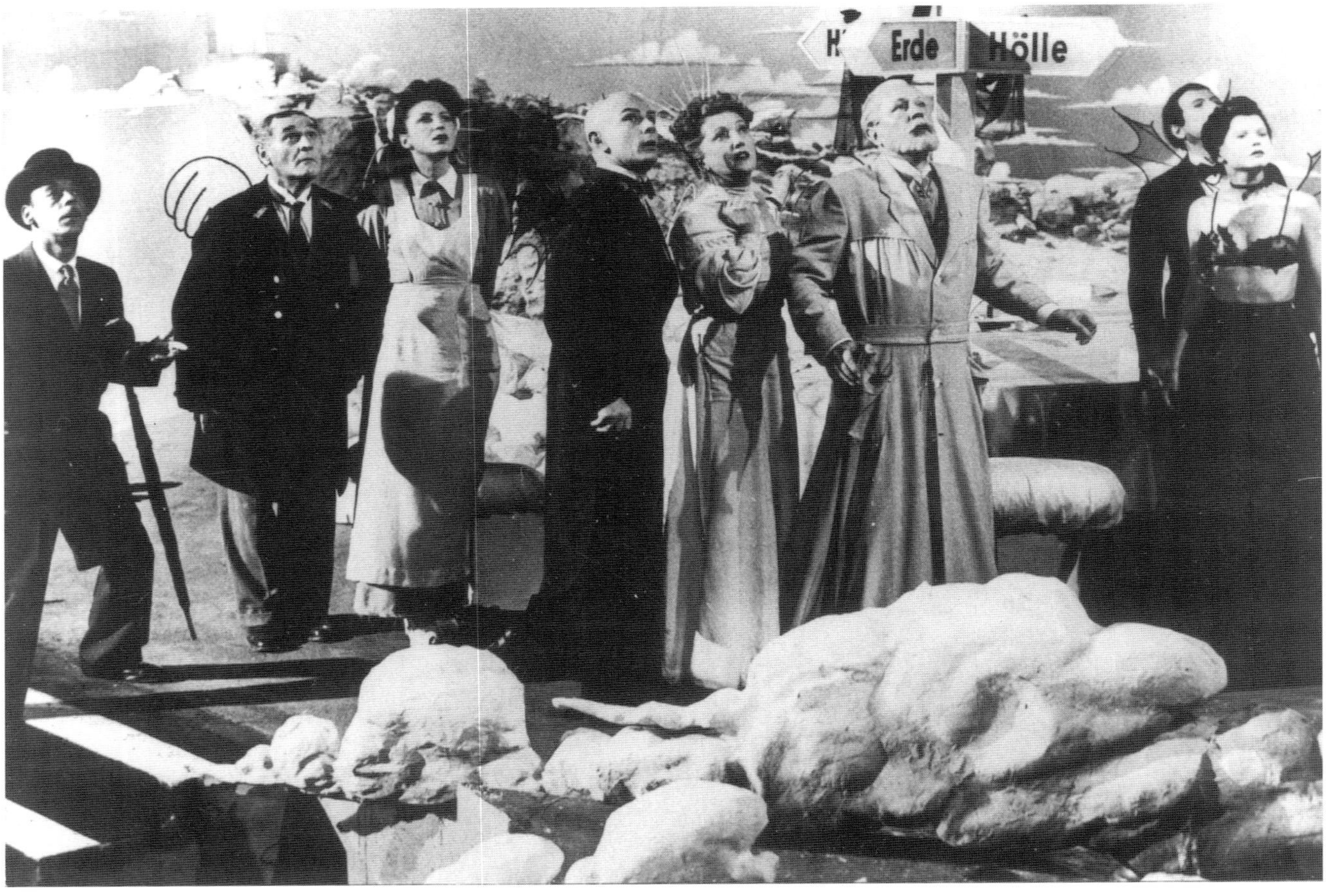
Erde
Hölle

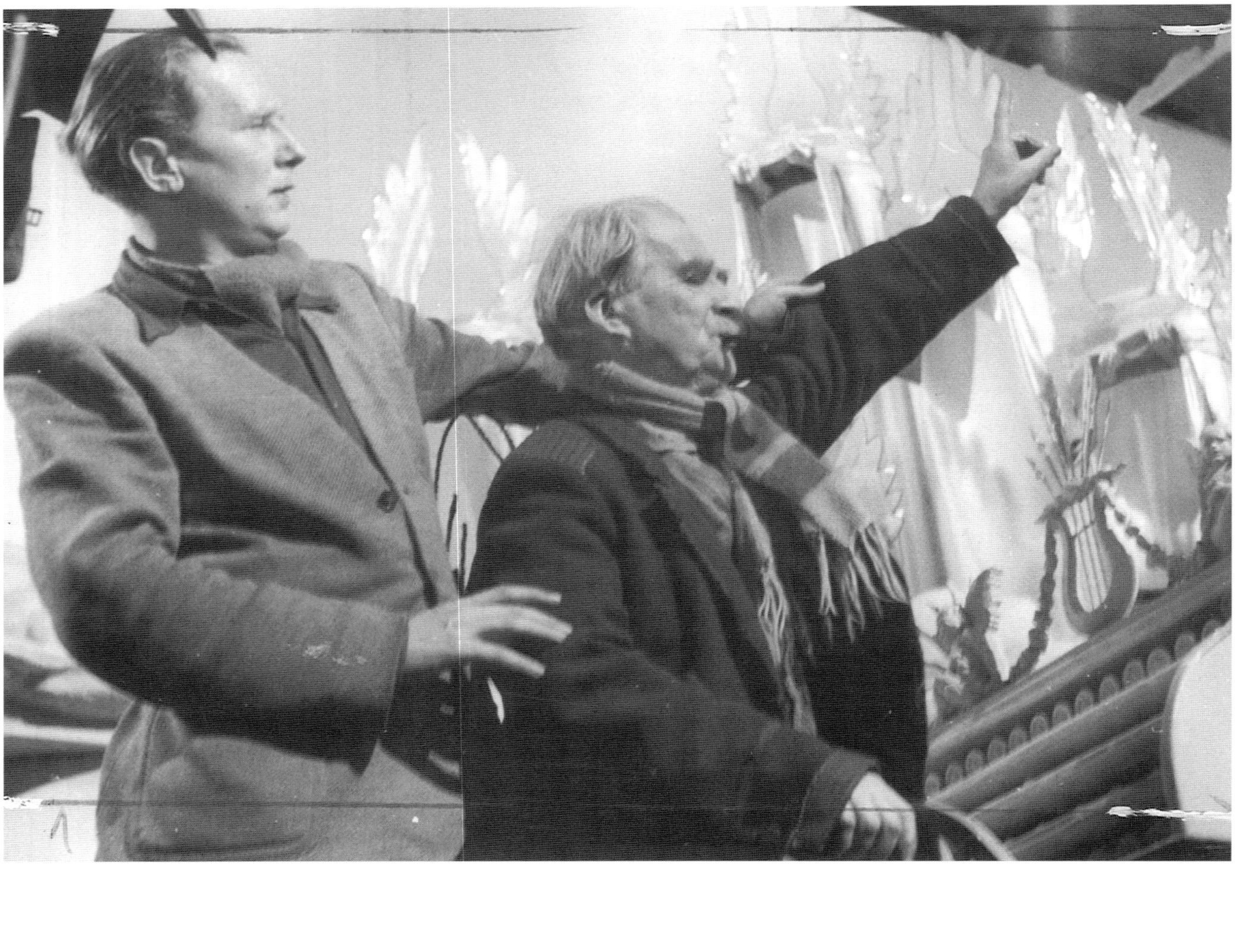

Erstaunt erleben alle Beteiligten unter ihnen auch Luzifer (Arno Assmann) und Petrus (Helmut Käutner), wie die beiden Frauen auf einer Wolke entschwinden.

Links: Käutner bei den Proben.

Helmut Käutners Der Apfel ist ab wurde für den großen Preis der Internationalen Filmfestspiele von Cannes nominiert. 1946 hatte dort *La Belle et la Bête* von Jean Cocteau Premiere. Eine deutsche Fassung brachte die Rex-Film bereits 1947 in die Kinos.

Aber Käutner hatte sich mit seinem „Märchenfilm" verspekuliert. Egon Vietta spricht von einem „Schlachtfeld von Einfällen."

Für „Die Zeit" war der Film lediglich „ein kabarettistisch-intellektualistisches Märchen mit fadenscheiniger Hintergründigkeit."

Arno Assmann als Dr. Lutz/Luzifer
Margarethe Haagen spielte des Luzifers Großmutter.

Apfel, den er zur Übung der Selbstdisziplin nur anschauen, aber nicht essen darf. Am Abend geht er zunächst mit Eva, dann mit Lily aus. Als er in die Klinik zurückkehrt, isst er – durch die Erlebnisse des Abends wieder mit seinem offenbar unlösbaren Problem konfrontiert – den Apfel. Er muss die Klinik verlassen. Da die letzte Straßenbahn schon abgefahren ist, schläft er in der Vorhalle der Klinik. Im Traum verwandelt sich die Klinik in einen überirdischen Bereich, und Adam findet sich als erster Mensch im All wieder. Er besucht Petrus (Professor Petri), der gerade mit Luzifer (Adams Steuerberater Lutz) über die Gestaltung der Erde berät. Adam spielt mit dem Modell der Erde, es fällt von seinem Sockel und zerbricht. Die Konferenz wird vertagt, da Petrus die Erde erst wieder kitten muss. Petrus und Luzifer nehmen Adam mit in die himmlische Werkstatt und zeigen ihm das Modell von Eva. Adam zeigt sich desinteressiert, ihm liegt nur daran, dass das ebenfalls schon vorbereitete Modell des Dackels lebendig wird.

Bei einem Spaziergang im All trifft Adam die unterdessen geschaffene Eva. Sie verabreden für den Abend ein Rendezvous auf der Milchstraße. Luzifer trifft Eva und beginnt, unzweideutig mit ihr zu flirten. Petrus wird Zeuge dieser Szene. Er ruft die himmlischen Heerscharen zum Apell zusammen, Luzifer wird degradiert und ausgestoßen. In einer Rauchwolke fährt er zur Hölle hinunter. Am Abend belustigen sich Adam und Eva auf dem Sternenkarussell der Milchstraße. Petrus verbietet ihnen dieses Spiel und weist sie ins Paradies ein, wo sie sich ebenso langweilen wie im All. Am nächsten Abend machen beide, von Luzifer verführt, einen Besuch in der Hölle, die sich als exklusive Bar

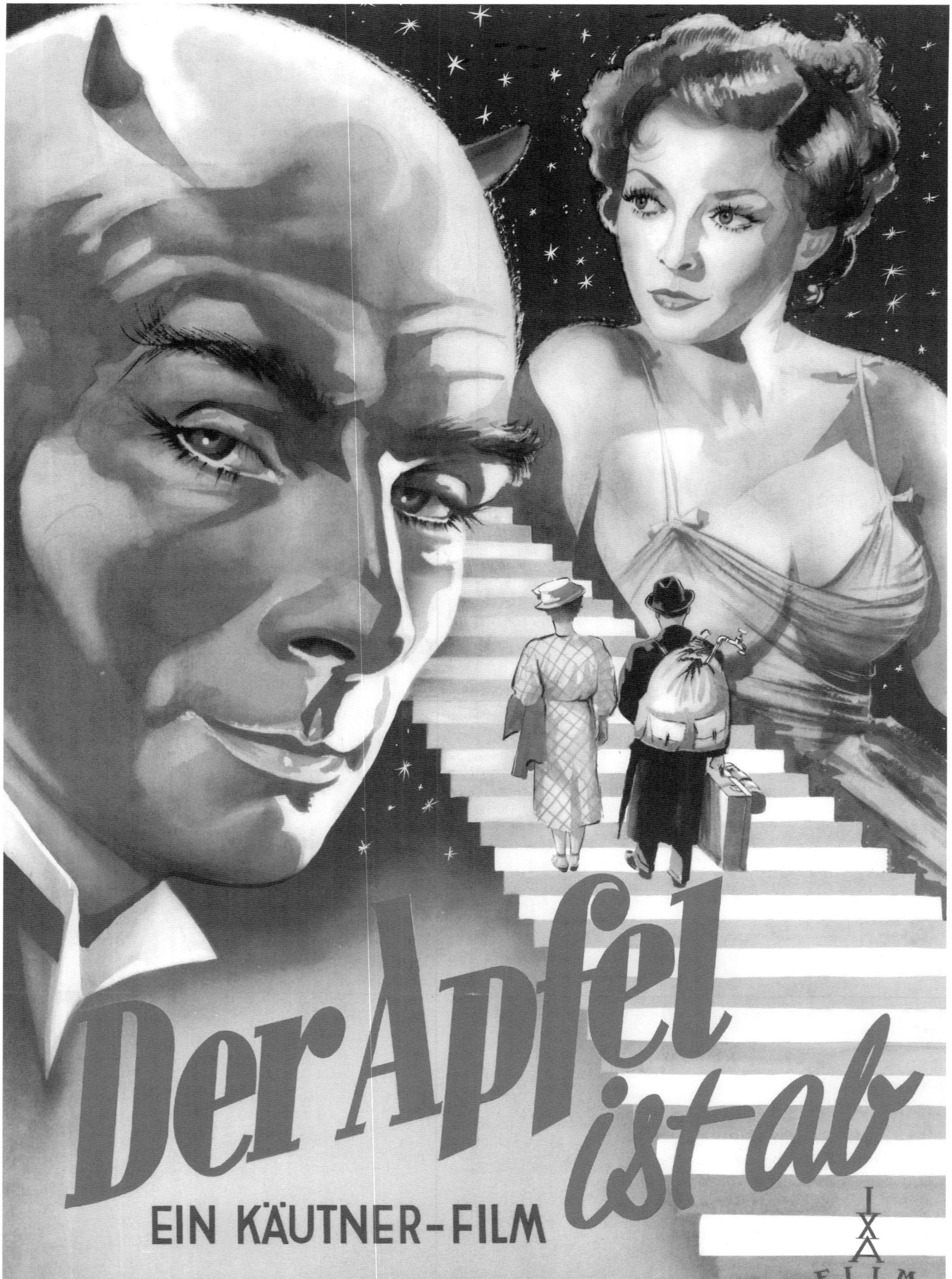
Der Apfel ist ab
EIN KÄUTNER-FILM
IXA
FILM

Lins: Arno Assmann
Joana Maria Gorvin

Käutner drehte den Film im Februar/März 1948 in den Bavaria Ateliers in München.

Dem „Spiegel" war Joana Maria Gorvin eine Titelseite wert.

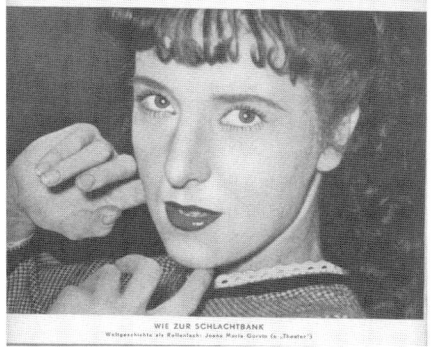

Betonen die Filmzeitschriften die „Seriosität" des Films, so zielt das Plakat offensichtlich auf ein sexuell orientiertes Publikum.

„Das selige Lächeln", so heißt es im Programmheft, „mit dem er erwacht, vertieft sich, als er an der Straßenbahnhaltestelle leibhaftig die Frau aus seinem Traum erblickt, mit der er fortan glücklich leben wird."

darbietet. Sie essen und trinken; Luzifer sorgt für Unterhaltung. Schließlich präsentiert er ihnen die Rechnung. Da sie kein Geld haben, sollen sie mit dem Apfel zahlen, der vom Obstbaum des Paradieses nicht gepflückt werden darf. Adam lehnt ab, und Luzifer schickt die Schlange ins Paradies, die die Gestalt von Lily annimmt. Während Eva schläft, verführt sie Adam, den Apfel abzupflücken. Adam und Lily werden aus dem Paradies vertrieben und auf die Erde geschickt.

Da Petrus gerade die rosarote Brille des Optimismus trägt, hält er Lily für Eva. Als Luzifer sich auf der Erde von Adam als Steuerberater engagieren lässt, schickt Petrus Eva nach. Sie soll einen guten Einfluss auf Adam ausüben, der sie als Sekretärin einstellt. Die Tatsache, dass Adam nun zwei Frauen hat, führt zu einer Konferenz im All, an der Petrus und Luzifer mit Gefolge, sowie Adam, Eva und Lily teilnehmen. Petrus trägt wieder die rosarote Brille und stimmt deshalb dem Vorschlag zu, dass Adam beide Frauen behalten darf. Erst der himmlische Pförtner macht ihn darauf aufmerksam, dass dieser Zustand Bigamie und damit ungesetzlich sei. Da erscheint plötzlich eine riesige Hand von oben und entführt die beiden Frauen. Danach versammeln sich alle Angehörigen des Himmels und der Hölle im All. Die Hand entschwebt nach oben und gibt den Blick frei auf eine Retorte, in der Eva und Lily miteinander gemischt werden. Aus ihnen entsteht eine neue Frau. Sie lächelt Adam zu, und er schließt verzückt die Augen. An dieser Stelle wird Adam vom Pförtner der Klinik geweckt. Er geht zur Straßenbahnhaltestelle und trifft dort die Frau, die in seinem Traum der Retorte entstieg. Sie lächeln sich glücklich zu und besteigen gemeinsam die Bahn."
(Quelle: Peter Peyer)

GERT FRÖBE

Als Otto Normalverbraucher in „Berliner Ballade" 1948

FILM 12 Königskinder (BRD 1950)

Hindernisse und Gegensätzlichkeiten müssen die Königskinder Jenny Jugo und Peter van Eyck überwinden.

In Arresthaft: Prinzessin Ulrike (Jenny Jugo) und Paul (Peter van Eyck) mit der Hofdame (Erika von Thellmann).

Der Regisseur konnte auf bewährte Kräfte zurückgreifen wie Beppo Schwaiger, Thea Thiele und Rudolf Schündler.
Gegen Ami-Zigaretten zeigt Jenny Jugo Zivilisten und amerikanischen Soldaten weitere Sehenswürdigkeiten.

Während der Dreharbeiten des Film *Königskinder* gratulieren Friedrich Schönfelder, der Kameramann Reimar Kuntze und der Regisseur Helmut Käutner der Hauptdarstellerin Jenny Jugo.

zunächst das luxuriöse Leben der Prinzessin Ulrike von Brandenburg, dann ihre Flucht aus Schlesien mit „adelsstolzen Hofdamen" (Gunter Groll) im Gefolge. Unterwegs werden sie von Tieffliegern beschossen, man verliert die Schmuckschatulle, die von einer Brücke in einen Fluss fällt. Wie in den *Nibelungen* von Fritz Lang wird dieses Geschehen aufwendig mit einer Unterwasserkamera gefilmt.

Die fürstlichen Flüchtlinge residieren in einem dekorativ verfallenen Stammschloss in Süddeutschland, bemüht, die Wirklichkeit zu ignorieren. Jugo dagegen entscheidet sich schließlich nicht für den Traumprinzen Sascha Alexander von Thessalien, sondern für den bürgerlichen Paul König (Peter van Eyck), mit dem sie eine Existenz aufbaut. Beide verdienen ihren Lebensunterhalt damit, dass sie vor allem Amerikaner gegen Zigarettenwährung durch das Schloss führen. *Das ursprüngliche Drehbuch war reizend und hatte die Anlage, eine Komödie à la Lubitsch zu werden. Der Verleih verlangte Änderungen*, begründet Käutner den Misserfolg. *Es wurde versüßlicht und sentimentalisiert, ein anderer Schluss geschrieben und der Reinfall war komplett.* Dass die Bevölkerung mit ganz anderen Flüchtlingsproblemen zu kämpfen hatte, kommt Käutner nicht in den Sinn.

Er trägt sich jetzt viel mehr mit dem Gedanken, die Filmtätigkeit auf den zweiten Platz zu verdrängen und wieder hauptsächlich zum Theater zurückzukehren. Bela Barlog, sein früherer Regieassistent, hatte ihn ans Berliner Hebbel-Theater geholt, wo er mit Fritz Kortner, der aus Amerika zurückgekehrt war, den „Tod eines Handlungsreisenden" inszenieren sollte. Dann kam doch wieder ein Filmangebot, nämlich von Artur Brauner, den Film *Epilog* noch im Sommer 1950 in den CCC-Ateliers mit prominenter Besetzung zu drehen.

EPILOG
Das Geheimnis der Orplid

Illustrierte Film-Bühne Nr. 905

Käutner produzierte im Juli 1949 in München und Umgebung mit seiner „Camera-GmbH" den Film *1x1 der Ehe* unter der Regie von Rudolf Jugert – um offensichtlich Kasse zu machen – mit Irene von Meyendorff, Hans Söhnker, Gustav Knuth, Bobby Todd und Grethe Weiser. Es ist das Thema aus *Frau nach Maß:* Während der Ehemann der Ansicht ist, eine Frau habe Haus und Kinder zu hüten, will Kitty auch als verheiratete Frau auf der Bühne stehen. Schließlich sind es drei Männer, die Sorgen wegen ihrer Frauen haben.

Rudolf Jugert mit Madelon Truss bei den Proben zu *1x1 der Ehe.*

Karl John in *Liebe 47*

Kirche den Film an wegen der „Verletzung des Dogmas." Der Münchner Weihbischof Neuhäusler sprach in seiner Predigt von einer „Filmproduktion voll unglaublicher Kabarettierung des biblischen Schöpfungs- und Sündenfallberichtes und einer Darstellung abscheulicher Perversitäten". Ein Jesuitenpater und offizieller Vertreter für Zensurfragen in Bayern entwendete das Manuskript.

Das Ergebnis war ein Kommuniqué, in dem Käutner der Öffentlichkeit versicherte, er habe nicht die Absicht, blasphemisch gegen die Kirche zu wettern. Die Kirchen versprachen für ihren Teil, mit jeglichen Kommentaren zu dem Film bis zu dessen Uraufführung zu warten. Fünf Monate später, als der Film in die Kinos kam, nahmen die Kirchen ihre Beschwerden zurück. Von der Kritik verrissen, scheiterte der Film sowieso an der Kinokasse.

Für den deutschen Film bin ich ein toter Mann seit meinem Reinfall mit Der Apfel ist ab. Als Regisseur im Dritten Reich habe er es leichter gehabt: *Bitte, missverstehen Sie mich nicht – aber damals gab es nur eine Stelle, die dreinredete. Die kannten wir allmählich und konnten uns auf sie einstellen: das Propagandaministerium.* Heute seien es die Banken, Verleiher, Dramaturgen und Schauspieler. Um überhaupt weiter Filme zu machen, „tarnt" der Filmemacher sich, wie es Gunter Groll in einer Besprechung treffend feststellte, „als Durchschnittsroutinier und tut so, als wäre er gar nicht Käutner." In Wirklichkeit will er aber seinen kabarettistischen Ansatz weiter verfolgen, zumal mit *Liebe 47* die Trümmerfilme moralischen Zuschnitts enden: „Wir gehen nicht ins Kino, um dort Alltag und Trümmer zu sehen, sondern um Alltag und Trümmer zu vergessen." (Leserbrief einer Frauenzeitschrift)

Links unten: Bobby Todd, Gustav Knuth, Hans Söhnker, Grethe Weiser

106

Film ohne Titel wurde vom 15. September bis 8. November 1947 in Dannberg an der Elbe gedreht.

Regisseur (Peter Hamel), Autor (Fritz Odemar) und der Schauspieler Willy Fritsch diskutieren über Form und Thema. Das Filmteam möchte eigentlich eine Komödie drehen, aber kann man das so kurz nach dem Krieg? Ein Buch existiert nicht. Man streitet sich um die Inhalte des Films.
Drehbuchautor: Ich stelle mir eine Komödie vor, die mit beiden Beinen auf der Erde steht ...
Schauspieler: Vor dem düsteren Hintergrund der Zeit ...
Regisseur: Also, so kommen wir doch nicht weiter.
Drehbuchautor: Fangen wir noch mal von vorne an. Es soll kein Trümmerfilm sein, haben Sie gesagt.
Schauspieler: „Vom Schwarzen Meer zum Schwarzen Markt."
Regisseur: Und kein Fraternisierungsfilm.
Schauspieler: Und auf keinen Fall ein Antinazifilm.
Drehbuchautor: Das wäre ja taktlos, nicht?
Regisseur: Kein politischer Film, kein Propagandafilm, kein Bombenfilm.
Schauspieler: Überhaupt kein Film für oder gegen etwas.
Drehbuchautor: Was für ein Film soll es denn nun sein?
Regisseur: Eine zeitnahe Komödie ...
Schauspieler: ... die mit beiden Beinen auf der Erde steht ...
Drehbuchautor: ... vor dem düsteren Hintergrund der Zeit.

1936 hatte die Komödiantin Jenny Jugo in *Mädchenjahre einer Königin* ihren größten Erfolg. Dieser Film galt als Höhepunkt absoluter Englandfreundlichkeit im Dritten Reich, deren Schlussstein sozusagen Käutners *Kitty und die Weltkonferenz* bildete. Gezeigt werden die Thronsetzung der Prinzessin Victoria von Kent zur Königin Victoria und ihre Liebesheirat mit dem jungen Prinzen Albert von Sachsen-Coburg. Adolf Hitler hatte diesen Film auf dem Berghof archiviert. Jugo wurde von Hitler häufig eingeladen, wurde aber im September 1944 wegen defaitistischer Äußerungen denunziert.

Produziert wurden die *Mädchenjahre einer Königin*, unter der Regie Erich Engels, von Eberhard Klagemann, der 1934 eine eigene Firma gegründet hatte. Klagemann lebte seit 1941 mit Jenny Jugo zusammen und bot Käutner jetzt an, mit ihr einen neuen Film in Anspielung auf die *Mädchenjahre* zu drehen.

Käutner überlässt aufgrund dieses Angebots die Regie von *Film ohne Titel* seinem langjährigen Assistenten Rudolf Jugert, behält sich aber die künstlerische Oberleitung vor. „Drei Filmemacher spielen die Varianten einer Geschichte durch, die sie aus der Kriegszeit erzählen möchten." (Fritz Göttler). Diese Filmkomödie zitiert die *Große Freiheit Nr. 7* und sogar Käutners nächsten Film *Königskinder* und wurde der erfolgreichste deutsche Film des Jahres 1948, offensichtlich, weil er nicht – wie es im Film heißt – „an allem, was geschehen ist, einfach vorbeilügt."

Die *Königskinder* fallen dagegen beim Publikum im Januar 1950 durch. Der Film beginnt mit dem Zusammenbruch des Dritten Reiches und zeigt vor diesem Hintergrund Trümmer, dann Volkssturm und Tiefflieger, schließlich Jeeps, verhaftete Landräte. Wir sehen in der Rückblende

Erich Ponto

Hans Söhnker

Willy Fritsch

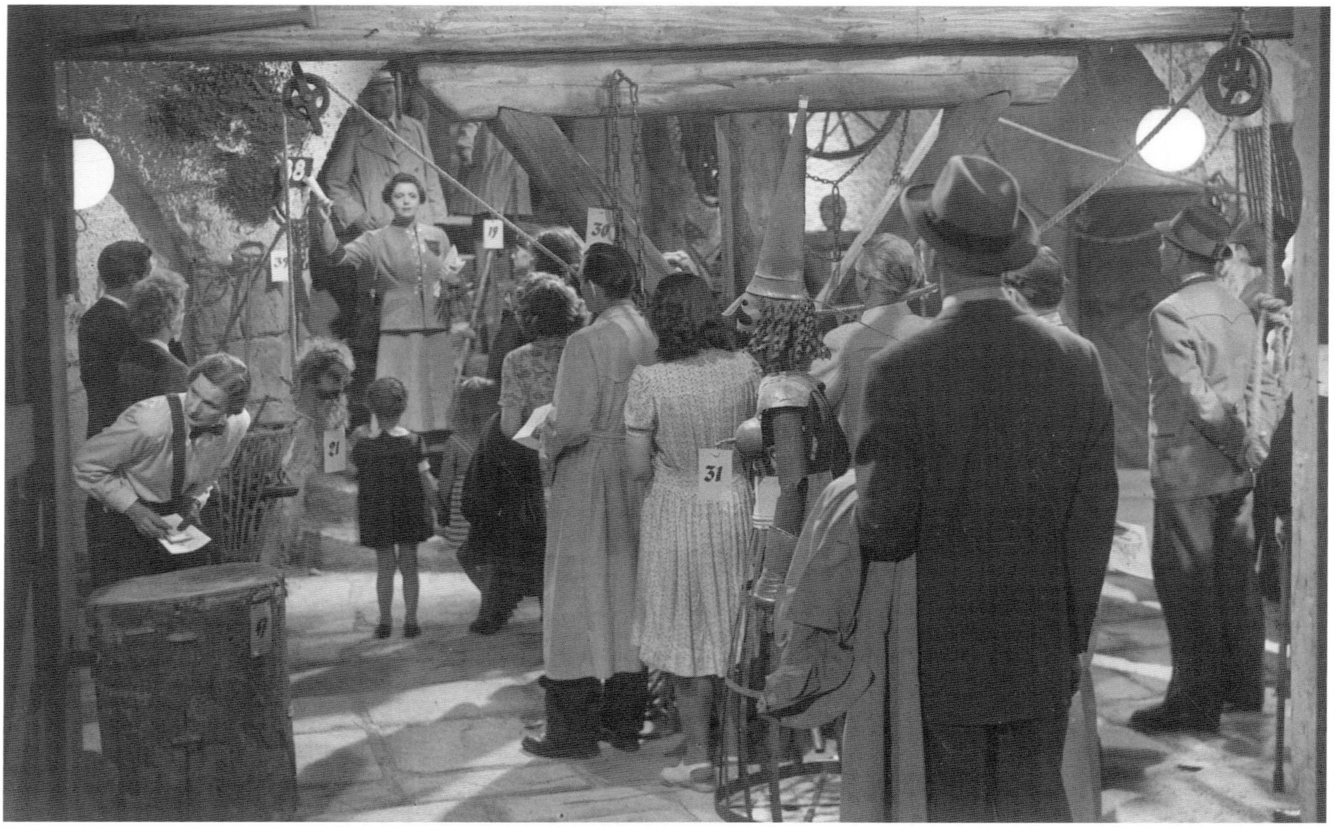
30
19
21
31

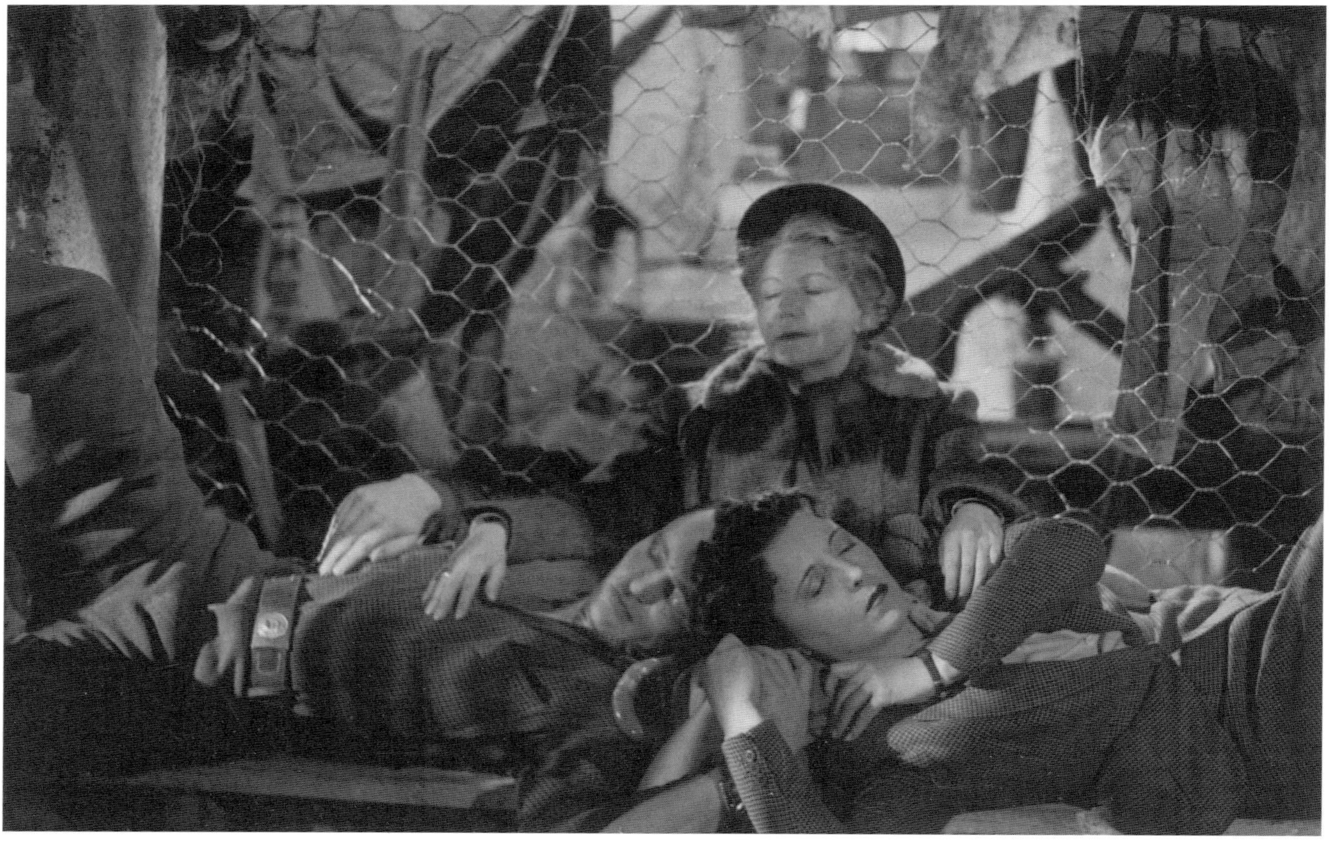

FILM 13 *Epilog* (BRD 1950)

Im Vorspann des Films wird mit Schrifttafeln auf mehrere rätselhafte Schiffsunglücke und Flugzeugabstürze in der letzten Zeit hingewiesen, die offenbar einen politischen Hintergrund haben.

An Bord einer Jacht befand sich eine Bombe, die den internationalen Waffenhändler Mr. Hill (Fritz Kortner) töten sollte, der Geschäfte im Nahen Osten machte.

Aus dem Programmheft:
„Bei einem Austausch von deutschen und ausländischen Journalisten im Frühjahr 1950 kommt der Reporter Peter Zabel nach London. Durch Zufall erblickt er im Schaufenster eines Antiquitätengeschäftes Zeichnungen der „Orplid", deren mysteriöser Untergang im Herbst 1949 die Öffentlichkeit erregte."

Eine Kriminalsatire auf der Grundlage eines „Kolportageschmökers" hat Helmut Käutner zwanzig Jahre später für das Fernsehen realisiert: *Tagebuch eines Frauenmörders* (1969) mit Helmut Qualtinger.

Reinhard Koldehoff spielt den Funker. Bei Käutner wird er noch in *Ein Mädchen aus Flandern* und *Der Hauptmann von Köpenick* spielen.
Visconti wird ihn in *Die Verdammten* brilliant einsetzen.

Fritz Kortner hatte seine Situation als Emigrant in *Der Ruf* auf den Prüfstand gestellt: „Es gibt weder ein Volk von Verbrechern noch ein Volk von Helden." Im *Epilog* zeigte er sich als eleganten wie gerissenen Waffenschieber, gemäß dem Motto, dass „die Rüstung die einzige Branche ist, wo es immer aufwärts geht." Mit einem Monokel wirkt er extrem dämonisch, seine Stimme knarrt förmlich. Dazu seine Frau (Hilde Hildebrand) und seine Geliebte (Irene von Meyendorff), Peter van Eyck, Carl Raddatz, Bettina Moissi, Paul Hörbiger, Arno Assmann und Horst Caspar, bekannt durch seine beeindruckende Rolle in *Kolberg*. Mit seiner markanten Stimme führt er als Conférencier, als Reporter Peter Zabel, durch die Handlung. Schon hier wird deutlich, dass es sich um keine Anlehnung an *Den dritten Mann (GB)* handeln kann, wie häufig vermutet wurde, sondern um verstecktes Kabarett, welches die Handlung mit ihren Personen gar nicht ernst nimmt. *Es fehlt der klare politische und psychologische Hintergrund*, gibt Käutner später selber zu bedenken.

Die Story: Eine Luxusjacht namens „Orplid" – das ist auch der Name einer mythischen Insel in einem Gedicht von Eduard Mörike – die am 14. August 1949 mit einer reichlich buntgemischten Hochzeitsgesellschaft, von Hamburg nach Schottland unterwegs, spurlos verschwunden war. Ein junger Reporter recherchiert und als er alles Material beisammen hat, wird er, bevor er es publizieren kann, aus dem Weg geräumt. Die Dokumente verschwinden. In Rückblenden erfährt der Zuschauer die merkwürdige Geschichte in Form eines „Kolportageschmökers". Ein riesiges Aufgebot an Filmgrößen rettet den Film auch nicht. „Überspannte Spannung. Das lähmt", schreibt Gunter Groll in der „Süddeutschen Zeitung vom 7. Oktober 1950. „Es tut

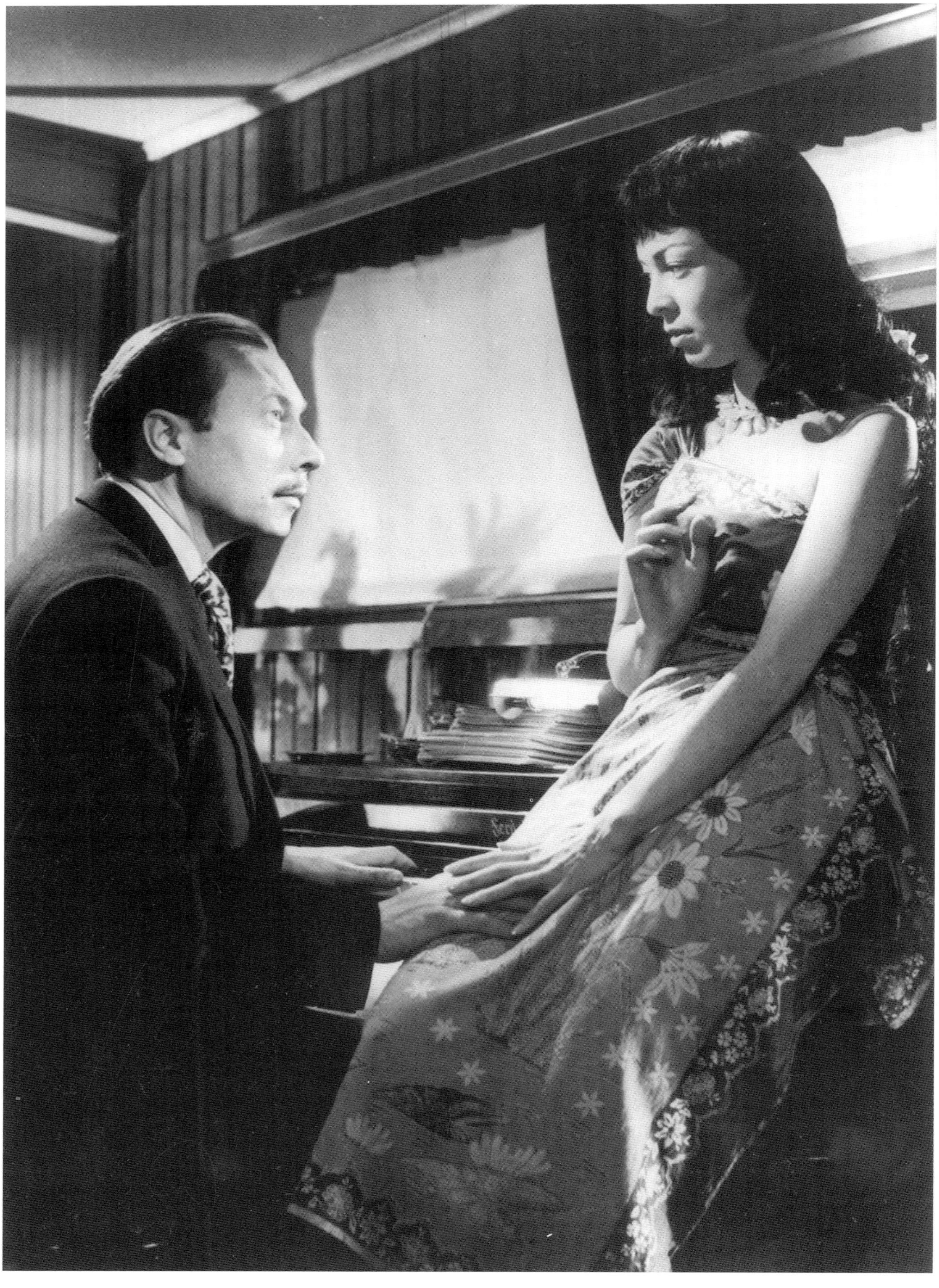

Ende 1947 kehrte Fritz Kortner aus Amerika zurück. Mit dem Film *Der Ruf* von Josef von Báky beginnt, so der „Telegraf", der deutsche Film wieder an seine besten Traditionen anzuknüpfen."

„Kortners Rückkehr bedeutet eine großartige Überraschung. Er hat sich vollständig freigemacht von seinem heroischen Stil (‚Danton'). Wenn er die Szene betritt, füllt seine Persönlichkeit den Raum." (Berliner Filmblätter)

„Wie ein großer Darsteller einen Film auszufüllen vermag, ohne die anderen Schauspieler an die Wand zu drücken." (Sozialdemokrat)

Das Malaienmädchen Laeta hat sich in den Pianisten verliebt. Sie ahnt nicht, mit welch entsetzlichem Auftrag er unter dieser harmlosen Tarnung an Bord der Jacht gekommen ist.

Links: Carl Raddatz und Bettina Moissi

Paul Hörbiger hatte den Portier Franz Huber in *Kitty und die Weltkonferenz* gespielt. Dann beeindruckend den Portier Karl in *The Third Man* (1949). In *Epilog* wird er als „Musikclown" verheizt.

weh", schreibt die „Neue Zeit" vom 18. Oktober, „so gute Schauspieler inmitten dieses Morastes am Werke zu sehen." Ein paar Tage zuvor stand im „Echo der Woche" vom 13. Oktober: „Käutners Film unterhält nicht, er ist nicht gruselig, nicht entspannend – er zermalmt."

Aufgrund enormer Gagen sparte der Produzent an der Ausstattung: „Nicht in die See werden wir stechen, sondern in den Wannsee, und eine richtige Jacht können wir uns auch nicht leisten." Wäre dies alles ein Hindernisgrund gewesen, einen Film zu realisieren wie *Tote schlafen fest* (US 1946), „dem die Atmosphäre alles bedeutet?" (Rudolf Worschech) oder wie das zwanzig Jahre später entstandene *Das Narrenschiff* (US 1965)? Doch die Chance wurde vertan. „Wer gegen wen etwas im Schilde führt", schrieb ein Rezensent, „und wer sie alle sind, woher sie kommen und wohin sie wollen, die Leute auf diesem Schiff – das ist mir leider nicht ganz klar geworden."

Auch Kortner, der, wie gesagt, als Emigrant mit *Der Ruf* nach Deutschland zurückgekommen war, mit einem Film tiefster Menschlichkeit, meldet offen Kritik an, die Käutner aber gar nicht verstehen will, sondern sogleich als *sarkastische Freude an übler Nachrede* auffasst und beantwortet: *Die Atmosphäre, die durch Ihr ungütiges Zutun entstanden ist, vergiftet mir weite Strecken meines Berufslebens und schädigt mein Ansehen so sehr, dass ich ihm Einhalt gebieten muss.*

Bedeutete für Bettina Moissi der *Epilog* jedenfalls das Ende ihrer Kariere, so richtet sich Käutners *ganzes Bestreben darauf, wieder Filme machen zu können, die von einer künstlerischen Absicht getragen sind.* Allerdings gibt er zu bedenken, dass es nicht *viele Menschen in diesem Land* gäbe, *mit denen es sich lohnt, künstlerisch und menschlich zusammen zu arbeiten.* In

Produktion Hans Tost

WEISSE SCHATTEN

Film 14 *Weiße Schatten* (BRD 1951)
Aushangfoto

Links: Hilde Krahl, Monika Burg

Links:
Die Drehorte in Tirol: Am Thiersee, Kufstein, Wilder Kaiser und Kitzbühl

einem Brief an Peter Lorre vom 15. November 1950 erwähnt er diesbezüglich Hilde Krahl. Aus der alten Garde willigt auch Hans Söhnker ein; beides Schauspieler, mit denen der Regisseur schon immer gemeinsam in einem Film zusammen arbeiten wollte.

Der Film heißt *Weiße Schatten:* Ein Mann hat eine Affäre mit der Freundin seiner Verlobten Ruth. Dieses Thema hatte Käutner ja schon in *Der Apfel ist ab* kabarettistisch entfaltet. Diesmal spielt das Ganze nicht in einer Traum-, sondern in einer Gebirgskulisse. *Zwei Frauen und ein Mann in einer Berghütte und ein paar Randfiguren aus der Folklore drum herum.* Den Verlobten bekommt man allerdings nicht zu sehen und die Geliebte Hella nur in Rückblenden, denn sie ist auf einer Almhütte tödlich verunglückt. Sie wird gespielt von der aus dem Propagandafilm *Zwei in einer großen Stadt* (1941/42) bekannten Schauspielerin Monika Burg, die sich auch Claude Farell nennt. Richard (Hans Söhnker) lernt Ruth (Hilde Krahl) zufällig nach dem Tod Hellas kennen und möchte aus Liebe zu ihr den tödlichen Unfall vertuschen, den Ruth offensichtlich verursacht hat. Wie in Käutners letzten Filmen im Dritten Reich erfahren wir nur die Vornamen aller Beteiligten. Nebenrollen sind vornehmlich durch Laienschauspieler besetzt. Verdorben wird der Film schließlich durch die Funktion eines Conférencier in Form eines Schäferhundes namens „Greif", der im vermenschlichten Sinne so etwas wie das schlechte Gewissen auf vier Beinen spielt. Mitten in den Dreharbeiten geriet die produzierende Firma Dornas Film von Fedor Janas in massive Schieflage, woraufhin Hans Tost mit seiner Produktionsfirma helfend einspringen musste, um den Film fertig stellen zu können.

Franz Muxeneder spielt einen Grenzer

"Käpt'n BAY-BAY"

FILM 15 *Käpt'n Bay-Bay* (BRD 1953)

Rudolf Fernau in *Dr. Crippen an Bord* (1942) mit Gertrud Meyen.

Manuela (Renate Mannhardt), die „Nichte" von Dr. Mendez (Rudolf Fernau).

Bum Krüger und Anneliese Kaplan

Käutner wird Bum Krüger noch in vielen Filmen einsetzen: *Bildnis einer Unbekannten, Des Teufels General, Der Hauptmann von Köpenick, Monpti, Der Schinderhannes.*

Hans Albers in Filmen unter der Regie von Rudolf Jugert.

Gedreht wurde vom 8. Januar bis 24. Februar 1951 in Kitzbühl und den Tiroler Thiersee-Ateliers. Die Uraufführung fand am 28. September statt. Die Kritik war vernichtend: „Dass man Hilde Krahl die junge Ärztin spielen ließ, die einen Mord verübt zu haben glaubt, geschah gewiss in guter Absicht. Aber das Können einer bedeutenden Schauspielerin ist noch keine Gewähr für das Gelingen eines Films." „Der Spiegel" vom 10. Oktober 1951 schreibt dazu: „Psychologisches Katz- und Mausspiel auf einer Skihütte zwischen einem Mann und einer Möchtegern-Selbstmörderin, die aus Versehen mit dem für sie selber bestimmten Zyankali ihre Begleiterin ermordet hat. Asphaltnerven-Studie im Gebirgsmilieu. Regisseur Käutner zehrt von den Jahreszinsen seiner Bildsymbolik der *Romanze in Moll*." Schließlich muss der Regisseur selbst zugeben: *Das ist kein Käutner-Film. Jeder mittelgute Regisseur bringt so was zustande.*

Käutner versucht schließlich vergeblich, einen Gemeinschaftsfilm mit dem Titel *Sehnsucht* zu verwirklichen: Vier Männer erzählen ihre ersten Liebeserlebnisse. Jede Episode sollte von einem Regisseur inszeniert werden (Braun / Barlog / Hoffmann / Käutner). Dann setzt er auf die Popularität von Hans Albers und schreibt das Drehbuch für *Nachts auf den Straßen*. Eine Fernfahrergeschichte. Doch Albers möchte mit Käutner lieber das eigene Klischee bedienen und einen Seemannsfilm drehen, um an den Erfolg der *Großen Freiheit Nr.7* anknüpfen. Der Schauspieler bringt die Meteor-Film GmbH ins Spiel, die schon wenige Jahre später Konkurs machen wird.

Die Regie für *Nachts auf den Straßen* übernimmt Käutners langjähriger Regieassistent Rudolf Jugert, und zwar wieder

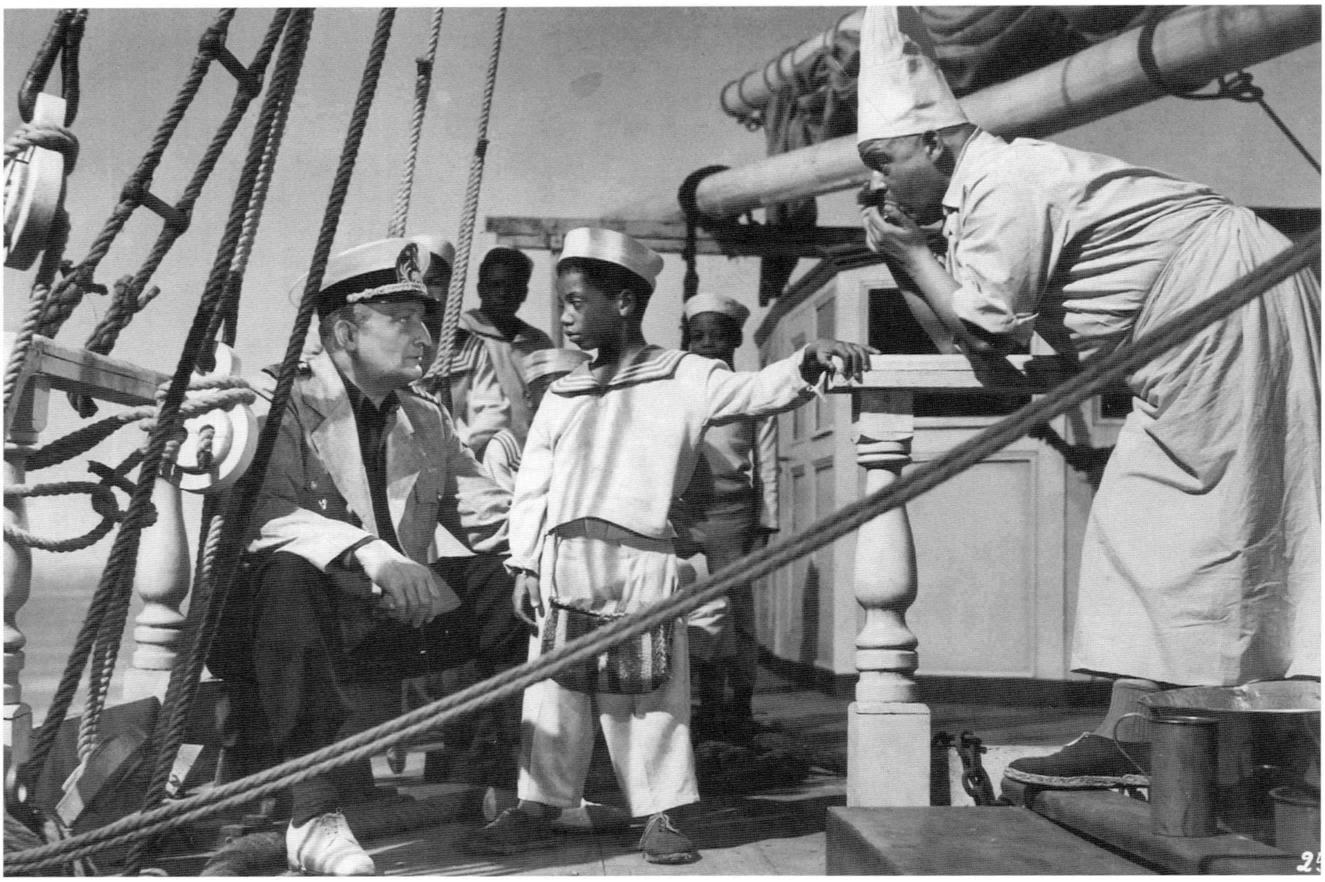

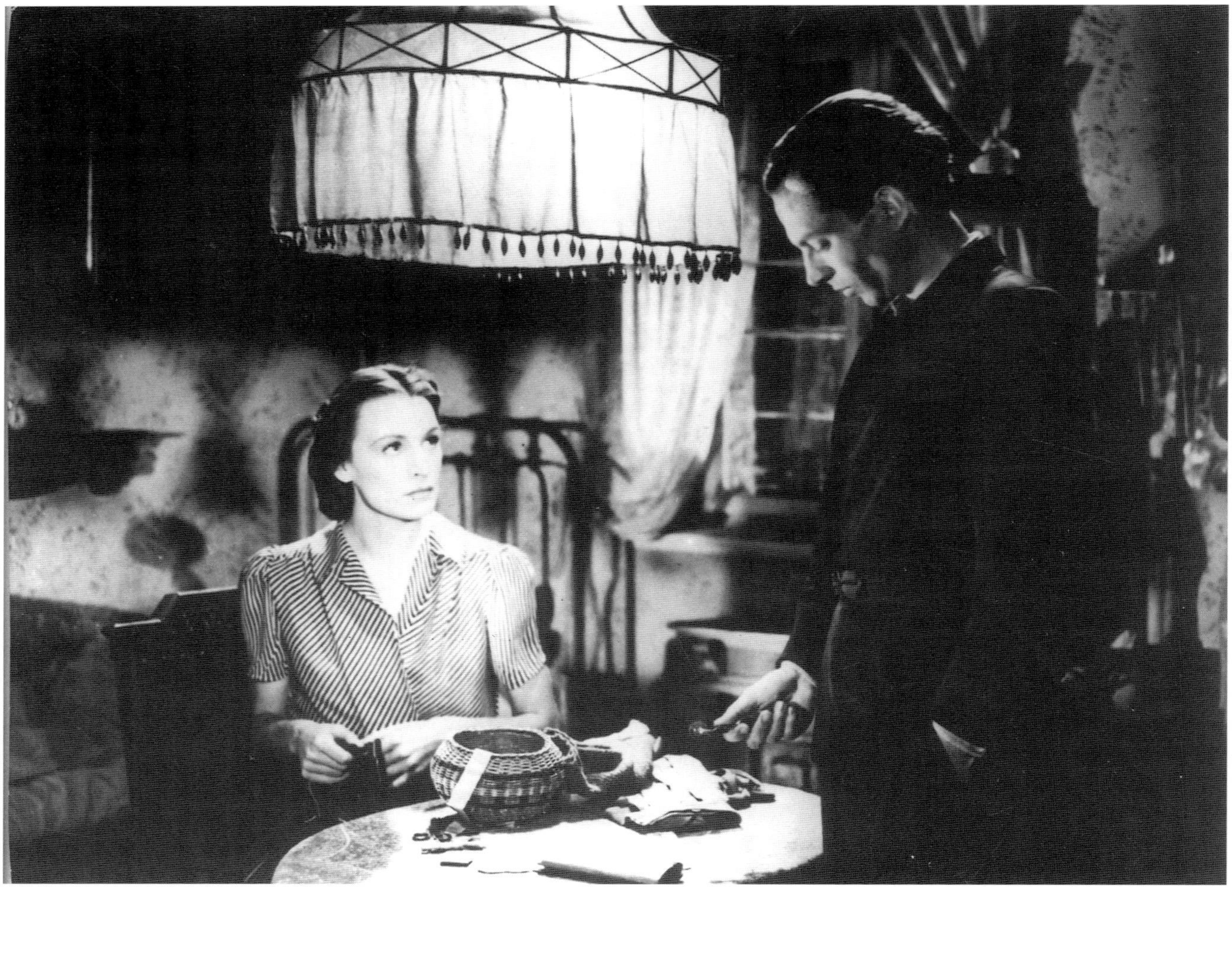

"Aus Bestandteilen von Operette, Revue, Parodie, Abenteuer-Story und Seemanns-Schnack."
("Der Spiegel, 1953)

Helmut Käutner wird Rudolf Fernau dennoch schon wenig später in *Ludwig II* als Prinz Luitpold zu einer Glanzrolle verhelfen. 1974 spielte er mit ihm in *Karl May* den Anwalt Bredereck.

Lotte Koch in *und über uns der Himmel*. Dort spielte sie mit Hans Albers. *Käpt'n Bay-Bay* war ihre letzte Rolle.

erfolgreich. Der Film hat am 15. Januar 1952 Premiere und erhält den Bundesfilmpreis. Käutner dagegen verfilmt die Seemannskomödie *Käpt'n Bay-Bay* von Iwa Wanja, welche 1949 im Hamburger Theater am Besenbinderhof als Musical deutscher Prägung erfolgreich war. Doch wie schon *Der Apfel ist ab* zeigte, funktioniert die Verfilmung eines Bühnenstückes nicht unbedingt, obwohl Hans Albers den Volksschauspieler herauskehrt: „Ich weiß, dass ich wenig zu suchen habe in jenen höheren Sphären, in denen so viele meiner begabten Kollegen sich mühelos bewegen." Und auch Käutner stapelt tief und peinlich, dass er nämlich nur noch *Filme machen will, die ankommen, aber nicht restlos blöd sind*.

Engagiert wird Rudolf Fernau, der in *Auf Wiedersehen, Franziska!* eine positive Rolle spielte, ansonsten aber als der profilierteste Interpret asozialer und krimineller Protagonisten galt. Nach der Entnazifizierung erhielt er zunächst neun Monate Gefängnis und lebenslanges Berufsverbot. Wenig später schon wurde das Urteil in eine geringe Geldstrafe umgewandelt. Die Justiz war von Nationalsozialisten durchseucht. Fernaus bekannteste Rolle war die des Dr. Crippen im gleichnamigen Kriminalfilm *Dr. Crippen an Bord* aus dem Jahre 1942. Dieser Handlungsstrang eines Juwelenraubs wird von Käutner ganz wesentlich ausgeschlachtet. Überdeutlich setzt Käutner zudem auf die Musik seines alten Weggefährten Norbert Schultze („Lilly Marleen"), insbesondere auf das in der Tat berühmt gewordene Lied „Nimm mich mit Kapitän, auf die Reise." In einer Kneipe erzählt Kapitän Christian Droste, genannt Käpt'n Bay-Bay, einem Reporter, quasi als getarnter Conférencier, in ausschweifenden Episoden die Verzögerungen seiner Hochzeit mit Hanna (Lotte Koch).

Die letzte Brücke
EIN FILM VON HELMUT KÄUTNER
MARIA SCHELL · BERNHARD WICKI ·
BARBARA RÜTTING · CARL MÖHNER
EIN COSMOPOL-FILM DER COLUMBIA

Die letzte Brücke
EIN FILM VON HELMUT KÄUTNER
MARIA SCHELL · BERNHARD WICKI ·
BARBARA RÜTTING · CARL MÖHNER
EIN COSMOPOL-FILM DER COLUMBIA

„Unter Käutner hatte sie einen Imagewechsel eingeleitet, wie ihn die Filmbranche der Fünfziger Jahre zuvor nicht kannte." (Sabine Gottgetreu)

Mit Dieter Borsche

„Die Stärke der Maria Schell ist ihr Mangel an weiblicher Eitelkeit." (Sabine Gottgetreu)

Mit O.W. Fischer

Links:
Tilla Durieux und
Maria Schell

keine Feinde, sondern vielmehr Menschen sah. Dieses Thema will Käutner jetzt entfalten. Deshalb spricht auch hier wieder seine Stimme aus dem Off. Erzählt wird die Geschichte von Helga Reinbek (Maria Schell), die inmitten von Tod und Einsamkeit des Jahres 1943 das Bekenntnis wahrer Menschlichkeit ablegt: *Damals hörte Helga das Wort ‚Partisan' zum ersten Mal mit Bewusstsein.* Sie gerät als Rotkreuzschwester und Ärztin im deutschen Reservelazarett Bjelo Jezero in die Gewalt von Tito-Partisanen. Auch sie haben Kranke und Verwundete. Darunter einen Arzt. Helga weist sich als Ärztin aus und muss ihn operieren. Doch der Arzt stirbt. Sie bleibt und steht mit ihren Gefühlen, wie häufig bei Käutner, zwischen zwei Männern, dem Partisan Boro (Bernhard Wicki) und dem Leutnant Scherer (Horst Hächler).

Der Feldwebel Martin Berger, der ebenfalls in Gefangenschaft geraten war, fragt sie irritiert: „Du hilfst dem Feind?" Ihre Antwort ist zugleich ihr Bekenntnis: „Es gibt keine Feinde mehr. Das sind Menschen wie du und ich." Als schließlich Typhus ausbricht und Helga den Partisanen dringend benötigte Medikamente bringen will, muss sie die letzte Brücke der Neva überqueren, die zwischen den feindlichen Linien liegt. Plötzlich wird das Feuer auf beiden Seiten eröffnet. Ein Querschläger trifft die Ärztin. Beide Truppen befehlen die Einstellung des Gefechts und mit letzter Kraft kann sie die Medikamente übergeben. Auf dem Rückweg bricht sie schließlich auf der Mitte der Brücke zusammen. Es wird wieder geschossen.

In einer Nebenrolle spielt Tilla Durieux eine alte Bäuerin. Auf den Bühnen der Welt war die Schauspielerin zu Hause. 1943 stirbt ihr Mann im KZ. Auf der Flucht irrt

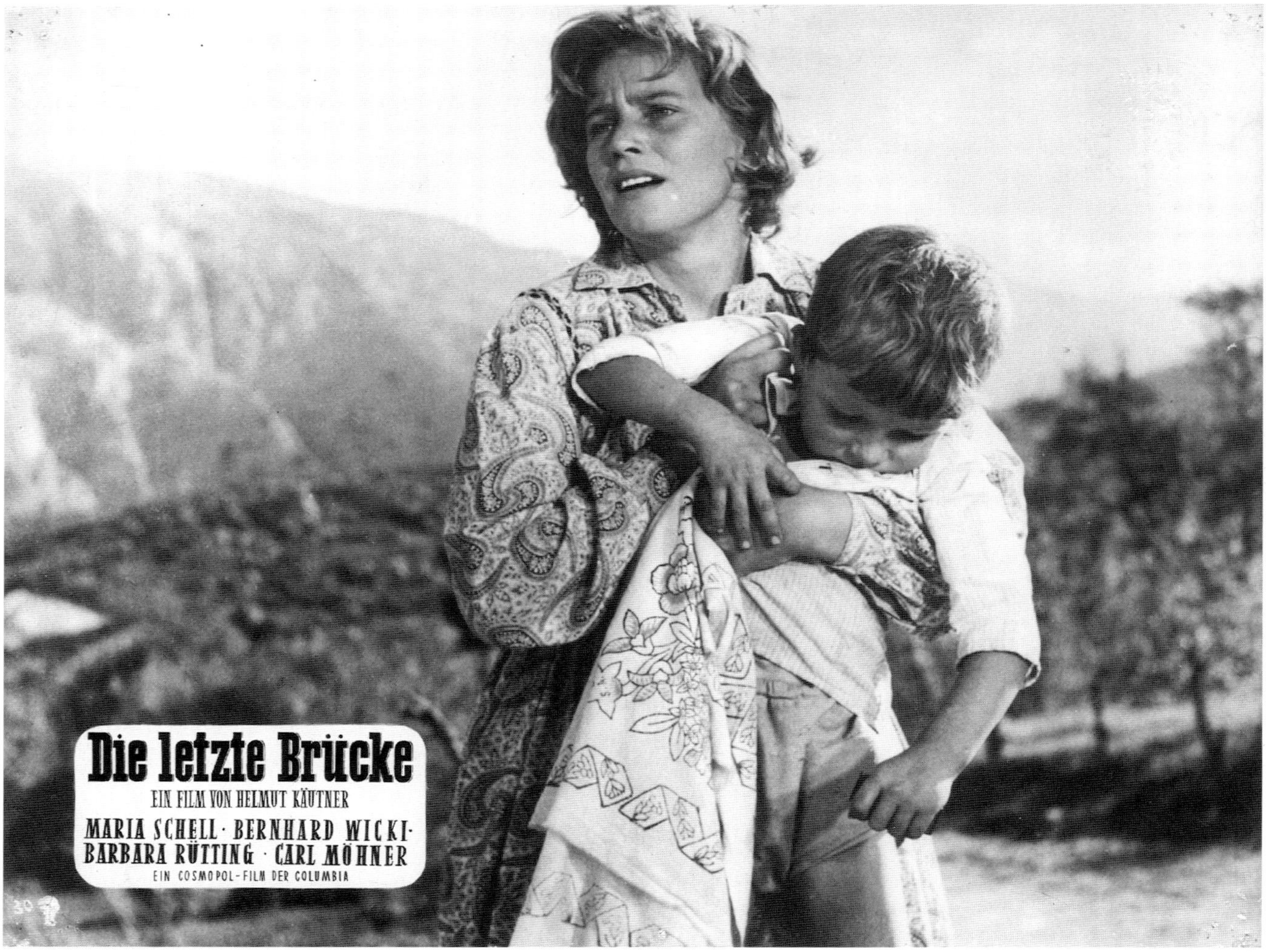

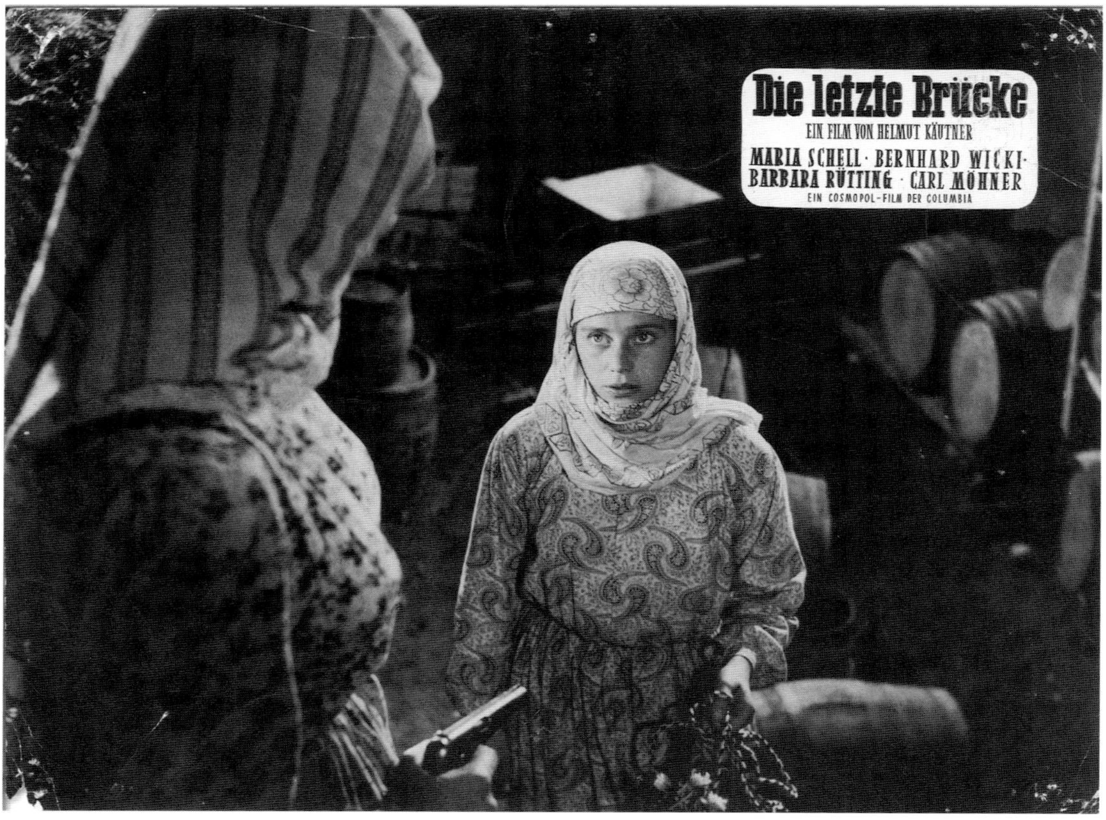

sie monatelang durch serbische Wälder, wird beinahe als vermeintliche Spionin von Tito-Partisanen erschossen, schließt sich dieser Bewegung an, lebt vom Erlös der Puppen, die sie für das kroatische Marionettentheater anfertigt. Mit 63 Jahren steht die Schauspielerin zum ersten Mal vor einer Filmkamera.

Die letzte Brücke hatte am 11. Februar 1954 in Berlin Premiere. Staatschef Tito entscheidet, in Zeiten des Kalten Krieges, dass der Film unverändert in Jugoslawien gezeigt werden darf. Denn der Film argumentiere nicht politisch und nehme für keine der beiden Seiten Stellung.

Gunter Groll, der Käutners letzte Filme vernichtend besprochen hatte, sieht mit *Die letzte Brücke* „keinen grundsätzlichen Rangunterschied zwischen diesem Film und einem Werk von Litvak, Renoir oder Reed. Damit aber ist der Anschluss des deutschen Films an die Weltproduktion besiegelt. Drei Dinge machen ihn zum besten Film unseres interessantesten Regisseurs. Das erste ist die Form: die Verbindung von realistischer Präzision und symbolischer Überhöhung, von schlichter Echtheit und optischem Glanz. Das zweite ist das Ethos dieses Films: die Idee, die ganz und gar Gestalt wird. Und das dritte die Darstellung." (Süddeutsche Zeitung vom 6. Januar 1954)

Der Schriftsteller Hubert Fichte schreibt dazu in seinem Roman „Hotel Garni": „Ich weiß nicht mehr, ob es ein guter oder schlechter Film von Käutner war. Die Schell spielte sehr rührend und sie endete auf einer Brücke. Die Schell flehte die Soldaten an und es geschah etwas sehr Entscheidendes.

An diesen Filmschauspielern und Filmkomparsen begriff ich, wo ich mich befand. Deutschland. Westdeutschland. Bundesrepublik. 54."

„Du hilfst dem Feind?"

Barbara Rütting

Premierenfeier. Mitte: Maria Schell. Daneben Helmut Käutner. Sie wurde mit diesem Film international bekannt. Auf den Filmfestspielen in Cannes gewann der Film 1954 zwei Preise.

128

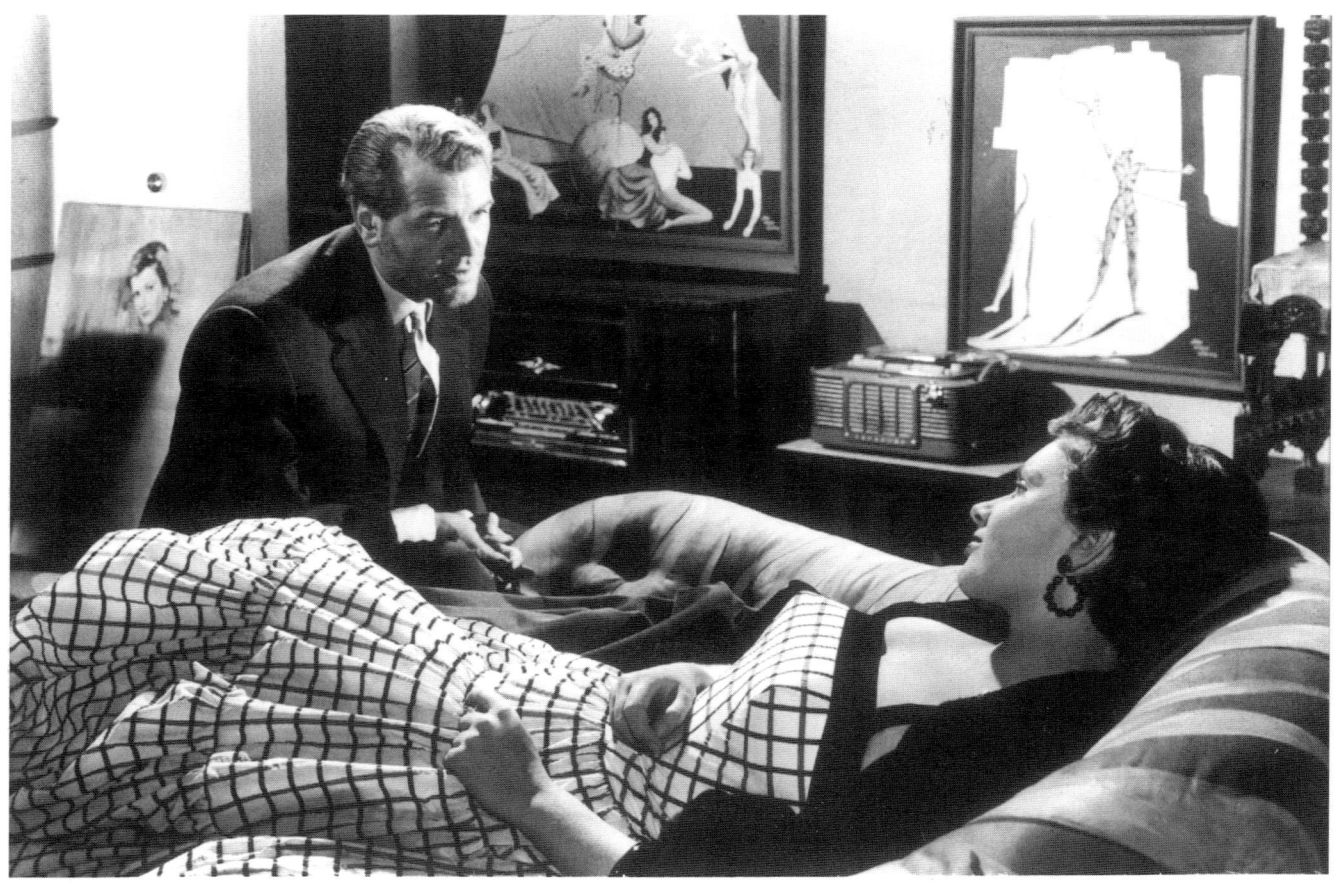

FILM 17 *Bildnis einer Unbekannten*
(BRD 1954)

Das *Bildnis einer Unbekannten* ist nach der Filmnovelle von Hans Jacoby „unter Mitarbeit des Regisseurs" entstanden. „Zum ersten Mal Erich Schellow" steht auf dem Vorspann. Das Aktbild eines erfolgreichen Malers führt zu Verwicklungen in der eleganten Welt der Diplomatie. Das corpus delicti ist wie in *Romanze in Moll* eine kostbare Perlenkette, welche auf dem Akt zu sehen ist. Es ist die Gattin eines Diplomaten, die nur diese Kette trägt, die sie zur Hochzeit bekommen hatte. Das Bild muss also danach entstanden sein: Ein Skandal.

Besonders auffällig, wie Käutner hier ausführlich den Blick auf eine Katze lenkt, seine erstmalige und gekonnte Inszenierung eines Kinderdarstellers und die Selbstinszenierung als Trinker mit seinem Cameoauftritt.

Ingrid van Bergen, die ein Malermodell spielt, wird auch Käutners Fernseharbeit begleiten.

Wenige Jahre nach der deutschen Okkupation dreht Käutner eine Liebesgeschichte in Paris mit Ruth Leuwerik und O.W. Fischer.

Unbestritten drehte Käutner „einen der besten Filme über den Zweiten Weltkrieg der gesamten 1950er Jahre. Ein Film mit einem zutiefst humanistischen Grundton." (Rudolf Worschech)

Käutner bekommt nun wieder Angebote, so ein Drehbuch gehobener Unterhaltung, das *Bildnis einer Unbekannten* zu verfilmen: Ein Pariser Maler sieht im Theater eine schöne Frau, zeichnet ihr Gesicht und benutzt das Porträt für ein Aktbild eines Modells. Als er das Bild verkauft, kommt es bei einer Versteigerung zum Skandal, denn die Frau ist die Gattin eines Diplomaten. Stimmungssicher zeigt Käutner, wie die junge Diplomatengattin Nicole (Ruth Leuwerik) durch Intrigen das Vertrauen ihres Mannes Walter (Ernst Schellow) verliert, sich trennt und sich schließlich in den Maler (O.W. Fischer) verliebt. Wie in den frühen Melodramen geht das Drehbuch mit den Namen sehr sparsam um, neben Vornamen erfahren wir nur Funktionen wie Botschafter, Frau des Botschafters, Auktionator, Barbesitzer, Modell. Lediglich der Maler hat den Namen Jan Maria Keller.

Neben Erich Schellow kann Käutner wieder auf bewährte und vertraute Kräfte setzen wie Irene von Meyendorff, Nikolaj Kolin und Bum Krüger. Das Zusammenspiel von Ruth Leuwerik und O.W. Fischer kann er sehr gut einschätzen, denn beide waren ein Jahr zuvor unter Rudolf Jugert erfolgreich in *Ein Herz spielt falsch* auf der Leinwand zu sehen. Gedreht wird in Paris vom 22. April bis 9. Juni 1954 nach Vorlage. Käutner selbst hat ganz entspannt einen Cameoauftritt als betrunkener Gast in einem Bistro. Er hat den Plan, mit beiden Schauspielern einen großen anspruchsvollen Kinofilm zu verwirklichen und sieht diesen Film sozusagen als

Produktion: Sirius-Film

Ruth Leuwerik   O. W. Fischer

Bildnis einer Unbekannten

Verleih: Schorchtfilm

O.W. Fischer in „der Rolle eines seltsam-närrischen tölpelhaft-charmanten Malers." (Dorin Popa)

„Dieser Mann lebt in einer anderen Welt." (E.W. Enno)

Ein Diplomat wird erpresst.

„Stimmungssicher spürt Käutner die privaten Konflikte im Auswärtigen Dienst auf und schildert, wie eine junge Diplomatengattin durch Intrigen das Urvertrauen ihres Mannes verliert." (Dorin Popa)

Albrecht Schönhals spielt den Botschafter in *Bildnis einer Unbekannten*. Visconti hat ihn als Baron Joachim von Essenbeck in *Die Verdammten* eingesetzt. Mit dieser Rolle beendete er seine Kinolaufbahn. Seine Partnerinnen waren die großen Diven der UFA vor und während des Nationalsozialismus wie Pola Negri, Olga Tschechowa, Lil Dagover oder Lida Baarová. Seine Karriere endete schlagartig als er 1940 die ihm angetragene Titelrolle des „Jud Süß" ablehnte.

Übergang. O.W. Fischer gilt als schwierig, denn er „lebt in einer anderen Welt" (E.W. Enno) und hat das für Käutner wichtige Format „einen Charakter sichtbar zu machen."

Die Premiere ist am 27. August 1954 und Gunter Groll (Süddeutsche Zeitung vom 21. Oktober 1954) empfindet den Film als „peinlich, dass Käutner so viel Können, Ehrgeiz und Aufwand an solche Magazin-Thematik verschwendet. Ohne O.W. Fischer, der den bärtigen Maler so fesselnd wie charmant profiliert, und ohne Ruth Leuwerik, die noch im Klischee der seelenwunden Barsängerin ein Mensch bleibt, wäre der Film nicht einmal sehr unterhaltsam." Aber gerade auf diese schauspielerische Leistung war Käutner, wie gesagt, aus. Er hatte O.W. Fischer die Hauptrolle in einem groß ausgestatteten Kostümfilm angeboten, die kein anderer Schauspieler seiner Zeit ausfüllen konnte. Von daher sind die Zeilen verständlich, die O.W Fischer am 1. Mai 1954, während der Dreharbeiten zum *Bildnis einer Unbekannten* an Käutner schreibt, dass er ihm wieder voll über die ersten Tage hinweggeholfen habe, an denen er nicht sehr in Form gewesen sei.

Am 3. August war schon Drehbeginn zu *Ludwig II. Glanz und Ende eines Königs*. Fischer spielt den König von Bayern und die Leuwerik die Kaiserin Elisabeth von Österreich. Das Drehbuch stammte von Georg Hurdalek, nach einer Erzählung von Kadidja Wedekind. Die „Aura-Film" produziert den Film in München. Käutner hatte zunächst das Drehbuch eines Franzosen für diesen Stoff im Auge: *Dieses Drehbuch fand keine Freunde beim Verleih, und vor allem beim Hause Wittelsbach nicht. Das Drehbuch hatte den schönsten Titel, den man für diesen Stoff jemals hätte haben können: ‚Le Roi lune' – als Parallele zum ‚Roi solei'. Und das waren nur*

Das besetzte Paris.

Der königliche Film ist wieder da – wieder als großes Erlebnis

Seine Liebe zu Sissi – Die Pracht seiner Schlösser – Die Affären mit Wagner –
Das Geheimnis seines Todes

O. W. Fischer als

LUDWIG II,

in Helmut Käutners klassischem Film
über den bayerischen Märchenkönig

Ruth Leuwerik · Marianne Koch · Paul Bildt · Friedrich Domin · Klaus Kinski · Rolf Kutschera
Herbert Hübner · Robert Meyn · Erica Balqué · Hans Quest u. v. a.   Regie: Helmut Käutner
Es spielen die Wiener Symphoniker unter Herbert von Karajan
Prädikat: Wertvoll · Bundesfilmpreis und andere Auszeichnungen   Ein Farbfilm der Aura-Film, München

Constantin-Film

FILM 18 *Ludwig II – Glanz und Ende eines Königs* (BRD 1955)

Links: Helmut Käutners Ludwig: O.W. Fischer

Luchino Viscontis Ludwig: Helmut Berger.

Kaiserin Elisabeth von Österreich. Für Ludwig eindeutig unerreichbar wie Isolde für Tristan.
Romy Schneider und Helmut Berger

die letzten Tage im Berg, und das andere spielte nur hinein in Reflexen und war ein Kammerspiel. Aber das Haus Wittelsbach fand die Figur zu negativ, und ich war ja leider auf die Wittelsbacher sehr angewiesen, wenn ich eine große Historie machen wollte, denn ich musste ja in den Schlössern drehen. Die hatten eine Art Zensurrecht beim Buch. Ich war sehr befreundet mit Konstantin von Bayern, der hat mir viele Türen geöffnet und sehr viele Requisiten besorgt, wie zum Beispiel den brillantbesetzten Federhalter oder die goldene Luxuskutsche des Königs. Sie erlaubten zum Beispiel nicht, weil sie wohl die Gefahr des Komischen sahen, dass ich in Linderhof in der Grotte, wo der künstliche See ist, drehe. Ich hatte noch die Kainz-Episode drin. Und die wollten sie partout nicht haben, es war nicht möglich. Dadurch ist vieles, was ich deutlicher machen wollte, nur in der Andeutung geblieben. Wenn Sie die Statuen sehen, die in Berg überall in den Räumen stehen, diese griechischen Jünglinge, die Porträts, die Dienerschaft und so weiter. Nach dem Drehbuch würden Sie nie auf die Idee kommen, dass der König homosexuell gewesen sei oder verrückt oder grausam oder rücksichtslos. Und dann habe ich gesagt, schön, wenn es also nicht möglich ist, historische Wirklichkeit zu machen, dann mache ich das Volksmärchen von dem guten König, der am Unverstand seiner Umgebung kaputtging, von dem zwar größenwahnsinnigen, aber doch ganz idealistischen König der Bayern, dem letzten König, den Europa eigentlich gehabt hat, im Märchenbuch-Sinne. Und dazu standen die Schlösser zur Verfügung und ich konnte ihren Glanz bebildern.

Schließlich drängte Käutner noch vor Drehbeginn vergeblich auf eine grundsätzliche Änderung in der Abfolge des Films. Er hatte nämlich *Citizen Kane* (US 1941) gesehen und wollte die von Orson Welles „erfundene Erzählweise" für seinen Film übernehmen. „Der Leichenzug für den toten

Die „Kainz-Episode"

O. W. Fischer
in Helmut Käutners
LUDWIG II.
Der königliche Film
ist wieder da

O. W. Fischer
in Helmut Käutners
LUDWIG II.
Der königliche Film
ist wieder da

Links: Paul Bildt als Richard Wagner

Ludwig holt Richard Wagner nach München. Das Verhältnis, das Wagner mit Cosima (Erica Balqué), der Frau seines Freundes Bülow unterhält, wird zu einem öffentlichen Skandal. Ludwig muss schließlich seinen Ministern nachgeben und sich von Wagner trennen.

Links unten: Bismarck (Friedrich Domin) durchkreuzt die Friedenspläne Ludwigs.

Hans Albers mit Hansi Burg im Bootshaus in Garatshausen.

21. Juli 1959: Der Garten von Hans Albers in Garatshausen.

Hans Albers in seiner Altersrolle *Vor Sonnenuntergang* mit Annemarie Düringer.

König", resümiert Hurdalek, „sollte zum Angelpunkt werden, zu dem die Erzählung immer wieder zurückkehrt." Jedenfalls markiert der Tod des Königs am 13. Juni 1886 „den Film von Beginn an als Tragödie, nicht als Melodram und verlangt nach einer Rückschau auf die Ereignisse, die zu diesem Tod führten, welche dann in einer langen Rückblende erzählt werden." (Miguel Marías)

Luchino Visconti, der 1972 den breit angelegten *Ludwig II.* (I/F/BRD) in die deutschen Kinos bringen wollte, musste es hinnehmen, dass die Innenaufnahme im Studio gedreht und dass der Film nach Protesten, die sich nicht nur auf die Darstellung von Homosexualität bezogen, erheblich gekürzt wurde. Die Originalfassung Viscontis hatte die Dimension einer Wagneroper von 235 Minuten. Die deutsche Kinofassung betrug immerhin noch 185 Minuten. Käutners Fassung hat 114 Minuten. Auch er beklagt sich, nach der Premiere am 14. Januar 1955 in einem Brief an O.W. Fischer vom 23. Januar über grauenhafte, geschmacklose Veränderungen und Zutaten hinter seinem Rücken.

Inspiriert zu diesem Thema wurde Käutner durch Aufenthalte im Bootshaus von Hans Albers am Starnberger See. *Ein wunderschönes Bootshaus, in dem man auch Essen konnte, mit Anlegesteg – haben ein paar Flaschen Wein mitgenommen und da gegessen. Man sah das Kreuz, wo König Ludwig ertrunken ist, und man sah das andere Ufer und die Berge.*

„Anfang und Ende des Films haben den Charakter einer, freilich düsteren Apotheose des Königs zum Märtyrer. Schon dem Vorspann unterliegt Musik aus Wagners ‚Götterdämmerung'. Die Kamera schwenkt vom weiß-blauen Himmel herab zum Kreuz im Starnberger See, zu der Stelle am Ufer, an

O. W. Fischer
in Helmut Käutners

LUDWIG II.

Der königliche Film
ist wieder da

O. W. Fischer
in Helmut Käutners

LUDWIG II.

Der königliche Film
ist wieder da

Links: Der König lebt in der Einsamkeit des Voralpenlandes und baut seine prunkvollen Schlösser Linderhof, Neuschwanstein und Schloss Herrenchiemsee (welches unvollendet blieb).

O.W. Fischer, „der in grenzenloser Identifikation selbst das schier unmögliche Flackern in den wahnsinnigen Augen des Königs zustande bringt." (Dorin Popa)

Wilhelm Dieterles Film:

welcher der tote König gefunden wurde. Am Ende des Films ist die Bewegung die umgekehrte, vom Kreuz schwenkt die Kamera in den Himmel hinauf. Den Film rahmt so symbolisch eine Himmelfahrt, aber die Geschichte dazwischen führt eher in die Hölle." Der britische Kameramann Douglas Slocombe bietet „Einstellungen von strahlender Schönheit." (Miguel Marías) Gunter Groll bemerkt dazu am 17. Januar 1955 in der „Süddeutschen Zeitung": „Dank O.W. Fischer und der Kamerakultur (mit unterschiedlichen Farbeffekten – manchmal zauberische Strahlkraft und oft Konventions-Naturalismus) wirkt das, als lasse der Film bewusst und weise vieles offen: deutet es, wie ihr wollt."

Von überragender Bedeutung ist, im Vergleich zum späteren *Ludwig* Viscontis, dass der Komponist Heinrich Sutermeister die musikalischen Einlagen Wagners bearbeitet und Herbert von Karajan diese mit den Wiener Philharmonikern dirigiert hat. Bessere Solisten als Martha Mödl und Wolfgang Windgassen hätte Käutner auch nicht finden können. Das renomierte Symphonieorchester Kurt Graunke, selbst Komponist, war für die Unterhaltungsmusik zuständig. Visconti dagegen habe, so hat sich Käutner einmal geäußert, *zu übertrieben, zu übersteigert, zu verwagnert.*

War Wilhelm Dieterle in seinem Stummfilm *Ludwig der Zweite* aus dem Jahre 1929 als Ludwig bereits 37 Jahre, so war O.W. Fischer damals 39 Jahre alt, also knapp zwei Jahre jünger als der wirkliche Ludwig bei seinem Tod. (Viscontis Besetzung Ludwigs mit Helmut Berger war ein ausgesprochener Glücksfall.) Käutner lässt die Zuschauer aber nicht im Unklaren. „Zweimal präsentiert er auffällig Fotografien von Ludwig II. in seinem Film, einmal eine von Ludwig und seiner Verlobten Sophie, einmal die von Bismarck erbetene

O. W. Fischer
in Helmut Käutners
LUDWIG II.
Der königliche Film
ist wieder da

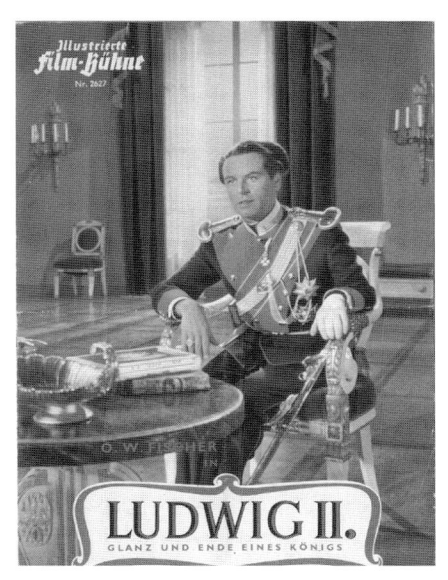

Ludwig, der immer den Frieden wollte, weigert sich, die Mobilmachung gegen Frankreich zu unterschreiben.
Die bayrische Regierung drängt auf Entmündigung Ludwigs. Ein Lakei (Wolfried Lier) hilft Graf Hohnstein (Rolf Kutschera), den König gefangen zu setzen.

Im Schloss Berg wird Ludwig festgesetzt.

Bei einem Spaziergang mit seinem Psychiater Dr. Gudden nimmt sich Ludwig im Starnberger See das Leben und reißt Gudden mit in den Tod.

von Ludwig, die auf Bismarcks Schreibtisch steht. Beide Fotografien zeigen, deutlich erkennbar, nicht den Schauspieler O.W. Fischer als Ludwig, sondern den realen Ludwig II." (Bernd Kiefer) Damit ist klar, dass für Käutner kein anderer deutscher Schauspieler als O.W. Fischer zu dieser Leistung in der Lage gewesen wäre. Niemand, der wie er diesen König „zu einer Demonstration der eigenen Ausstrahlung nutzt" (Norbert Grob) und „das schier unmögliche Flackern in den Augen des Königs zustande bringt." (Dorin Popa) Hier „kann er sämtliche Register ziehen, das Jungenhafte, das Tiefsinnige, die Selbstzweifel, die Todessehnsucht, die Egozentrik, den Schwermut, die Intellektualität." (Dominik Graf)

Käutner kann weitere Rollen mit einem großen Stab bewährter Schauspieler besetzen wie Ruth Leuwerik, Paul Bildt, Herbert Hübner, Robert Meyn, Rudolf Fernau, Erica Balqué, Walter Regelsberger, Horst Hächler, Karl Hellmer und Fritz Odemar in seiner letzten Rolle vor seinem Tod. Besonders beeindruckend Robert Meyn als Gudden. „Der Nervenarzt Prof. Gudden, der Ludwig II., ohne ihn je untersucht zu haben, für geisteskrank erklärt, wird von Käutner bei seinen Auftritten geradezu dämonisiert. Die erste Großaufnahme seines Gesichts zeigt ihn so, als trüge er eine dunkle Brille: er, der Wissenschaftler, der doch angeblich so klar in die Seele blickt." (Bernd Kiefer)

Grundiert ist der Film melodramatisch mit der bewährten Dreiecksgeschichte, hier: Kaiserin Elisabeth zwischen König Ludwig und Kaiser Franz Joseph. Doch hat der Film darüber hinaus, wie schon in *Die letzte Brücke*, in starken und brisanten Momenten eine pazifistische Aussage. Zum Beispiel „in den Sequenzen, die Ludwig als Gegner der Kriege zeigen, in die er wider Willen involviert ist. 1866 und

Zweiter von rechts:
Fritz Odemar

140

FILM 19 *Des Teufels General* (BRD 1955)

Links: Helmut Käutner, Marianne Koch und Curd Jürgens.

„Ist noch niemand auf die Idee gekommen, Ihnen eine neue Uhr zu schenken?"

Carl Zuckmayer

Hans Albers mit Heinz Rühmann in *Auf der Reeperbahn nachts um halb eins* (1954). Regie: Wolfgang Liebeneimer. Das Duo trat zuletzt 1937 in dem Film *Der Mann, der Sherlock Holmes war* auf.

1870/71. Er habe ‚keine Zeit für Kriege', sagt er zu Bismarck, der ihn schätzt, und dessen spätere Reichsgründung auf der Basis von ‚Blut und Eisen' Ludwig verhasst ist. Ob er den Männern, die er in den Krieg schicken müsse, denn sagen solle, wofür sie wirklich sterben, fragt Ludwig sein Kabinett, das dringend von ihm eine anspornende Rede an die ausziehenden Truppen erwartet, dann aber lieber auf die zu erwartende illusionslose Rede des Königs verzichtet." (Bernd Kiefer) Käutner zeigt Ludwig II. als einen König, der „sich der Zeit, in der er zu leben hatte, nicht zugehörig fühlte" (Miguel Marías) und „angesichts der durchdringenden Ökonomisierung und Militarisierung des Lebens und des neuen nationalen Pathos sein Verstand verliert."

Zwischen 1954 und 1958 verfilmt Helmut Käutner vier Stücke des soliden Bühnenhandwerkers Carl Zuckmayer, der vor den Nazischergen in die Vereinigten Staaten geflohen war. Dort schrieb er das Stück *Des Teufels General,* welches seinem Freund ein Denkmal setzen sollte, der Fliegerlegende Ernst Udet, der sich am 17. November 1941 wegen der verlorenen Luftschlacht um England eine Kugel in den Kopf geschossen hatte. Interessanterweise beginnt die Handlung im Stück aber erst am 5. Dezember. Die Uraufführung war 1946 in Zürich und hatte ein Jahr später am Hamburger Schauspielhaus Premiere.

Begeistert verfasste Käutner mit Georg Hurdalek ein Drehbuch und wollte es mit Hans Albers in der Hauptrolle 1949 verfilmen. Aber erst nachdem sich der Filmemacher wieder großes Ansehen verschafft hatte, sprang jetzt als kapitalkräftiger Produzent die „Real-Film" ein. Hans Albers war für Käutner nach seinen Erfahrungen mit *Käpt'n Bay-Bay* und der Darstellung eines alten Seemanns in dem

VIKTOR DE KOWA

Foto Real/Europa/Gabriele

„Tatsächlich war Viktor de Kowa Mitglied der NSDAP, stand auf der sogenannten „Gottbegnadeten-Liste" der unverzichtbaren Schauspieler und führte 1940/41 Regie bei dem Propagandafilm ‚Kopf hoch, Johannes.'" (Heike Specht) Er war häufig Gast im Hause Goebbels.

„Ich hatte eine Steuerveranlagung wie ein Großindustrieller der Stahlindustrie, hatte zwei Diener und einen Chauffeur." (Viktor de Kowa, 1955)

Karl John

Links:
Helmut Käutner mit Viktor de Kowa

Film *Auf der Reeperbahn nachts um halb eins* zusehends abgewirtschaftet. Käutner sagte ab und Albers wendet sich sogar an Zuckmayer persönlich. Doch der fünfundzwanzig Jahre jüngere Curd Jürgens bekommt die Rolle.

Curd Jürgens hatte im *Salonwagen E 417* (nach einem frühen Drehbuch Käutners) einen Prinzen gespielt und war im Dritten Reich nur einmal als Soldat auf Fronturlaub, in einer üblichen Geschichte, auf der Leinwand in Erscheinung getreten, nämlich in *Eine kleine Sommermelodie* (1943/44). Der Film wurde verboten. Als sich Jürgens weigerte, an die Front zu gehen, wurde er auf Geheiß von Goebbels nach Ungarn deportiert. Dieser persönliche Hintergrund und die Verkörperung des Rittmeisters Graf Dimitri Sarassow in *Der letzte Walzer* (1953), favorisierten Jürgens. *So wie das spießige Publikum sich den Jürgens vorstellt, so ist Harras. Jürgens hat den Zauber des Leichtfertigen, der alle Helden so gut kleidet.*

Zwar hatte der Film *Canaris* mit O. E. Hasse in der Rolle des Abwehrchefs Maßstäbe gesetzt, doch Käutner wollte eben keinen „guten" Harras, sondern mit einer ambivalenten Person die Verbrechen der Nazis thematisieren. In dieser Hinsicht hat er Zuckmayers Stück stark bearbeitet, den Stoff um wesentliche Details erweitert. *Die Angst ist mir Helfer in diesem Film.* In diesem Sinne ist auch sein Cameoauftritt in der Ausprägung von Görings Schatten und Himmlers SS-Ring zu verstehen. Gedreht wurde vom 23. November 1954 bis 25. Januar 1955.

144

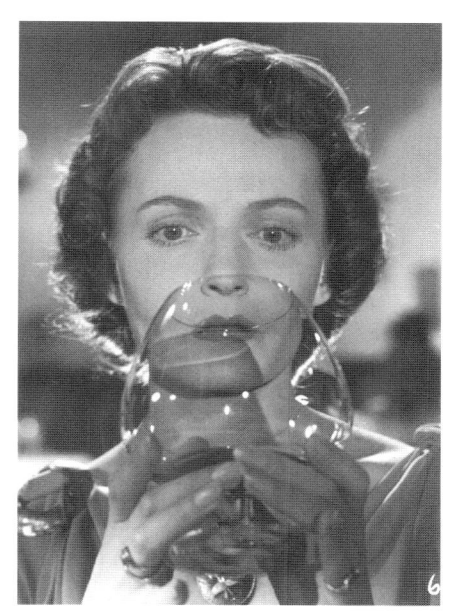

FILM 19 *Des Teufels General* (BRD 1955)

Auf einem festlichen Abendempfang, den General Harras zu Ehren von Kommodore Friedrich Eilers (Albert Lieven) gibt, erkundigt sich Harras (Curd Jürgens) bei Anne (Erica Balqué), der Gattin des Oberst Eilers, nach dem häuslichen Glück. Frau Anne strahlt: „Die Kinder wachsen und wachsen. Sie hätten die Freude sehen sollen. Mich hat er kaum bemerkt vor Vaterglück". Harras, selbst ledig und ein Frauenschwarm, meditiert ein wenig: „Schön muss das sein, wenn man heim kommt und Kinder hat." Anne starrt abwesend in ihr Glas.

Albert Lieven

Curd Jürgens musste ich gegen den Willen der Produktion und des Verleihs durchsetzen. Er hat diese himmlische Berliner Diktion. Harras: „Ja, wir spielen alle. Wir sind in Rollen versteckt und wissen ihr Ende nicht." In den weiteren Rollen setzte Käutner wieder auf bewährte Kräfte wie Erica Balqué, Ingrid van Bergen, Horst Breitenfeld, Karl John, Viktor de Kowa, Bum Krüger, Wolfried Lier, Robert Meyn, Reinhold Nietschmann, Werner Schumacher, Camilla Spira, Thea Thiele, Erich Weiher und schafft dadurch Atmosphäre, auch eine bürgerliche, in Form einer gesangstiftenden Abendgesellschaft, die die Filmmusik ersetzt: „Sag zum Abschied leise Servus."

Viktor de Kowa gab sein Debut *beängstigend gut* als Nazigröße: *Der SS-Mann und Kulturleiter Dr. Schmidt-Lausitz ist jetzt keine Himmler-Karikatur mehr, er ist nicht mehr der mit Macht ausgestattete Subalternmensch, hinter dem das gesamte Dritte Reich stand, aber keine Persönlichkeit. Er ist im Film ein Kerl, der am Spanienkrieg teilgenommen hat und verwundet wurde. Gesellschaftlich ist er Harras fast überlegen. Er hat auch einen Schimmer von Homoerotik, ist eine Art Rosenbergianer. Vor allem, er kommt zu Harras mit einem ganz anderen Auftrag als in der Bühnenversion. Er sagt: ‚Ich weiß, Sie mögen den Parteibetrieb nicht. Aber ich weiß auch, dass Ihnen die Monokelfritzen vom Generalstab noch viel weniger sympathisch sind. Sie verabscheuen Konvention. Sie sind volkstümlich. Sie haben das Zeug zum Volksgeneral. Harras, kommen Sie zu uns. Bei uns wird die Luftwaffe wieder das sein, was sie war – und mehr! Luftwaffen-SS!* Als Harras sich weigert, landet er für 14 Tage in einer, auch von Käutner erfundenen, Gestapohaft. Die Handlung des Films ist also nicht werkgetreu, sondern von Käutner mit Generalvollmacht Zuckmayers frei bearbeitet.

146

Links: Carl Raddatz und Karl John

Beide Schauspieler spielten 1940/41 in *Stukas* und waren von daher vom Fach. Käutner besetzte Oderbruch mit Karl John.

Stuka

Häuserruinen nach Stuka-Angriffen der Luftwaffe, Rotterdam 1940.

Stukas zerstörten Charleville, den Geburtsort Rimbauds

Nicht allein durch herausragende schauspielerische Leistungen, sondern auch aufgrund durchdachter Architektur und Ausstattung gelingt es Käutner, das Tausendjährige Reich noch einmal filmisch auferstehen zu lassen: *Ich habe versucht* Des Teufels General *so zu machen, wie es wirklich hätte passieren können. – Wenn man einen Wirklichkeitsstoff im Film aufgreift, so muss die Wirklichkeit auch wirklich sein.* Der Wirklichkeit angepasst und dem Theatralischen entkleidet ist auch die Figur des Ingenieurs Oderbruch, die von Karl John gespielt wird. Er ist sozusagen vom Fach und für das Thema die ideale Besetzung, hat er doch in dem NS-Propagandafilm *Stukas* (1941) (Abkürzung für Sturzkampfbomber) einen Staffelkapitän gespielt, wo der Krieg gegen Frankreich als fröhliches Abenteuer dargestellt wird. Später machte er sich bei Goebbels unbeliebt, so dass dieser in seinem Tagebuch vermerkte: „Jetzt werde ich ihn beim Genick packen." Die Figur des Oderbruch begeht Sabotage, indem sie Flugzeuge manipuliert, um den Krieg zu verkürzen.

Schon Zuckmayer macht mit seiner Datierung deutlich, dass er mit Harras keine bestimmte Person nachzeichnet, die sich mit folgender Aussage von Oderbruch verabschiedet: „Wer auf der Erde des Teufels General war und ihm die Bahn gebombt hat, muss ihm auch Quartier in der Hölle machen." Ihm ist bewusst, dass der Krieg ohnehin verloren ist. „Trotz weiterer Drangsalierungen durch die SS deckt Harras seinen Freund und besteigt am Ende selbst eine der fehlerhaften Maschinen, um mit dieser in den Kommandostand des Flughafens zu fliegen." (Marcus Stiglegger) Der Freitod kann nach außen durch eine heroisch glänzende Fassade vertuscht werden. Schmidt-Lausitz hat Erfahrung in solchen Sachen: Staatsbegräbnis.

Des Teufels General
FSK 50 FREIGEGEBEN

Des Teufels General

Inge Meysel, die Köchin Frau Korrianke, durfte als sogenannte Halbjüdin "während der NS-Herrschaft nicht als Schauspielerin arbeiten." (Heike Specht) Käutner verhalf ihr nach dem Krieg spontan zu einer Theaterrolle.

Links: „Camilla Spira, die die Exgeliebte von Harras verkörpert, "durfte während des ‚Dritten Reichs' als ‚Halbjüdin' nicht mehr auf der Bühne oder vor der Kamera stehen und wurde 1943 in das Sammellager Westerbork eingeliefert." (Heike Specht)

links: „Harry Meyen, der in dem Film den jungen Leutnant mit nicht ganz ‚arischen' Stammbaum spielte, war als 18jähriger in das Konzentrationslager Neuengamme deportiert worden und hatte den Krieg dort gerade so überlebt." (Heike Specht)

Käutner will nach innen gerichtet – wie in *Die letzte Brücke* – einen deutschen Helden schaffen. Dieser Held kann aber nur tragischer Natur sein. Damit musste er allerdings in Kauf nehmen, dass er dem deutschen Nachkriegspublikum, soweit es mit dem Regime verstrickt gewesen war, eine deutlich rechtfertigende Sicht bot. „Sie konnten", wie Douglas Sirk einmal sagte, „dem Stück applaudieren, wo sie doch – meinem Empfinden nach – den Nazis applaudierten." Heute stellt sich dieses Problem mit dem *Aufpoliertsein der Figur* nicht mehr. Es sind vielmehr die Details, die faszinieren:

Wolfried Lier spielt, wie schon im *Ludwig,* einen Spion.

Harras besitzt eine Uhr, die ihm scheinbar Glück bringt und durch alle Gefahren hinweg hilft. Das Ende vor Augen gibt er sie schließlich dem jungen Leutnant Hartmann, von Harry Meyen gespielt, der, wie wir wissen, im Konzentrationslager Neugamme einsaß.

Der Freitod eines jüdischen Ehepaars erinnert an eine Episode aus *In jenen Tagen* mit Ida Ehre. Auch die hier mitwirkenden Schauspielerinnen Camilla Spira und Inge Meysel haben, wie Ida Ehre, unter schwersten Bedingungen das Dritte Reich überlebt.

Das Verhältnis von Harras zu den Machthabern ist eindeutig. „Wenn von Hitler die Rede ist, wendet er sich demonstrativ ab." (Heike Specht) Er kämpft nicht für die Partei und spricht spöttisch vom Propagandamysterium. Er kämpft für das Vaterland. Doch musste er lernen, die Verbrechen des Vaterlandes zu buchstabieren:

V wie Volksgerichtshof

A wie Aufhängen

T wie Totschlagen

E wie Erschießen

Staatsbegräbnis für Generaloberst Ernst Udet

150

Käutner bei den Dreharbeiten zum *General*.

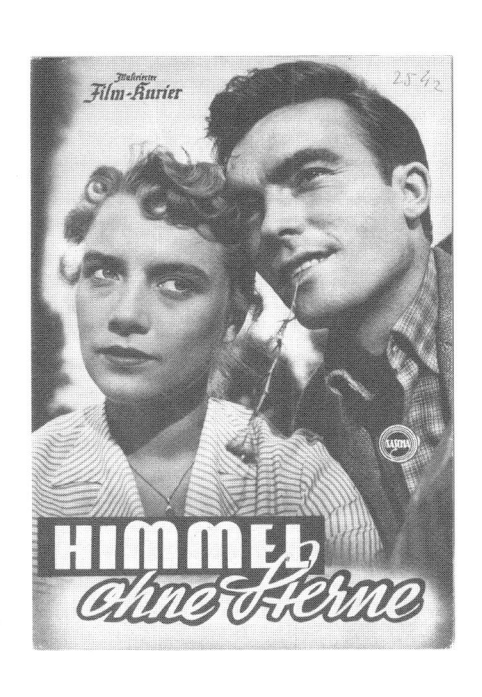

R wie Rassenverfolgung
L wie Lager
A wie Auschwitz
N wie Neuengamme
D wie Dachau.

„*Des Teufels General* machte Curd Jürgens nicht nur weltbekannt, sondern zehn Jahre nach Ende des Zweiten Weltkrieges auch zum Prototyp des guten Deutschen in Uniform." (Heike Specht)

Käutners nächster Film *Himmel ohne Sterne*, den er vom 13. Juli bis 12. September 1955 drehte, ist wohl der einzige nennenswerte Film, der sich mit dem Drama der deutschen Teilung als Folge des Zweiten Weltkrieges auseinandersetzt. Gleichzeitig hatte er einen Roman geschrieben, *eigentlich nur, um das einmal herunterzuschreiben parallel zum Drehbuch*. Ein bislang einmaliger Fall in der Geschichte des Films. *Ich dachte, es müsste sich doch ein Mensch finden, der auf irgendeine Weise einmal dieses heiße Thema ‚geteiltes Deutschland' anfasst.* Schließlich war es für Käutner wie ein Zwang, diesen Film zu drehen, auch wenn er schnell *in der Versenkung* verschwinden würde. Eine moderne Romeo und Julia Geschichte, die viel über die Gegebenheiten der Zeit verrät, weil sie *sachlich und kühl wie eine Reportage gemacht ist*.

Vom 7. Februar bis 2. April drehte Carl-Heinz Schroth den Film *Griff nach den Sternen* nach einem Drehbuch von Helmut Käutner mit Erik Schumann, Liselotte Pulver und Gustav Knuth. Bei dieser Gelegenheit hatte Käutner beiläufig mit Vertretern der „Neuen Deutschen Filmgesellschaft" über seinen Roman gesprochen und man entschloss sich, ihn zu verfilmen. Maria Schell durch ihren Film *Die Ratten* inspiriert, zeigte sogleich Interesse an der

152

FILM 20 *Himmel ohne Sterne* (BRD 1955)

Links: Horst Buchholz und Michael Ande

„Sowohl in Frankreich wie in Deutschland ging der Film gnadenlos unter. Die Mischung aus Traum und Wirklichkeit fand bei den Kritikern nur mäßige Anerkennung, die Zuschauer aber waren größere Kost gewöhnt." (Werner Sudendorf)

„Ich habe versprochen, es für mich zu behalten, aber ich habe geredet."

Marianne Hold

weiblichen Hauptrolle, aber der Filmemacher wollte neue junge Gesichter und keine Stars einsetzen. Er entschied sich sogleich für Erik Schumann in der Rolle des Carl Altmann als bayerischen Grenzpolizisten. Eva Kotthaus, die Käutner als Fabrikarbeiterin Anna Kaminski besetzt, war zuvor in zwei DEFA-Produktionen zu sehen und somit für die Rolle einer ostdeutschen Darstellerin wie geschaffen.

Für Lucie Höflich (Mutter Kaminski) war es ihre erste Rolle nach dem Krieg. Die verheerenden Bombenangriffe auf Dresden vom 13./14. Februar 1945, an die zu erinnern Käutner als Pazifist großen Wert legt, sind zum einen mit dem Wohnsitz des Freundes und Komponisten Bernhard Eichhorn eng verknüpft, und zum anderen mit dem Schauspieler Erich Ponto, dessen künstlerisches Wirken mit dieser Stadt eng verbunden war. „Von nahezu fünfzig Bühnenjahren widmete er dreiunddreißig dem Dresdner Schauspielhaus" (Hansjörg Schneider). „Ponto wirkt in jeder Regung des starren, gleichsam erloschenen Gesichts so erschütternd, ohne jede Beimischung von Pathos, Pose oder Selbstmitleid, dass man ihn den eigentlichen Hauptdarsteller nennen möchte, der das kollektive Schicksal personell vertritt." (Willibald Eser)

Pontos letzte Atelierarbeit war *Robinson soll nicht sterben*. Am Tag seiner Beerdigung war die Filmpremiere. Er spielt den alten Defoe, der von seinem Sohn (von Horst Buchholz gespielt) betrogen wird. Dieser junge Schauspieler hatte schon seine Verwandlungskunst als „Argentinier" in dem Film-Gedicht *Marianne* von Julien Duvivier unter Beweis gestellt. Jetzt spielt er Theater unter Boleslaw Barlog, der ihn als Freund Käutners dafür einige Drehtage freistellt. Buchholz spielt nämlich den russischen Soldaten Mischa, der erst nach fünfundvierzig Minuten erscheint und nur

Mathias Wiemann, Horst Buchholz, Romy Schneider

154

Himmel ohne Sterne (BRD 1955)

Links: Horst Buchholz, Georg Thomalla, Erik Schumann und Eva Kotthaus

Pinkas Braun als Kommissar Engelbrecht. Er wird später mit Helmut Käutner eine Glanzrolle in dem Fernsehfilm Die *Frau in Weiß* (1971) übernehmen.

Erik Schumann mit Günter Neuss, der ihm zur Flucht verhilft.

Zonengrenze 1952

wenige, sehr prägnante Szenen hat, die aber ausreichen, dass er für diese Leistung 1956 zum besten Nachwuchsschauspieler ausgezeichnet wird.

Der Filmemacher knüpft bewusst an *In jenen Tagen* und *Die letzte Brücke* an, in denen man ebenfalls zu Beginn Käutners Stimme aus dem Off hört:

Dies ist die Geschichte der Arbeiterin Anna Kaminski aus Broditz in Thüringen und des Grenzpolizisten Carl Altmann aus Oberfeldkirch in Oberfranken.

Sie ist nicht geschehen, aber sie kann jeden Tag geschehen. Denn es gibt eine Grenze, die mitten durch das Land geht, durch Felder und Orte. Eine Grenze, die nicht Völker, die ein Volk trennt.

Ein Streifen toten Landes läuft von der Ostsee bis Bayern, der wohl gerodet wurde, über den wohl der Pflug ging und die Egge, aber auf dem nichts gesät wurde außer Zwietracht und Hass. Gesät und geerntet.

Im Spätsommer 1952 ist die Grenze noch nicht überall sichtbar. Sie scheint ein Provisorium, an das sich Hoffnung knüpft. Umso schärfer wird sie bewacht. Hüben und drüben. Aber an den Flüssen und in den Wäldern...

Die Kamera erfasst eine gespenstische Szenerie von verrotteten Gleisstrecken, verlassenen Bahnhöfen, von Feldern, die offensichtlich nicht abgeerntet werden: „Halt! Zonengrenze." Den Westen schildert Käutner „keineswegs als das ersehnte Paradies. In dem westdeutschen Kaff, an dieser Grenze, floriert ein Lebensmittelladen wie lange nicht mehr – aber die Buchhandlung nebenan ist pleite. Mehr essen, weniger lesen: Das Wirtschaftswunder hat begonnen." Die Ladenbesitzer sind die „Schwiegereltern" von Anna Kaminski. Elsbeth (Camilla Spira) und Otto Friese (Gustav Knuth). Im Wohnzimmer hängt

FSK
NDF
Himmel ohne Sterne
VERLEIH SCHORCHTFILM

Gustav Knuth
NDF
Himmel ohne Sterne
EUROPA
FSK

Zerstörtes Dresden

Himmel ohne Sterne ist die letzte Filmarbeit von Gustav Knuth mit Helmut Käutner. Er verkörpert den im „Wirtschaftswunderland" der Bundesrepublik zu Wohlstand gekommenen Lebensmittelhändler Otto Friese und erinnert in seiner Leibesfülle an Hugo Bratzberger (Kurt Seifert) in: Wir machen Musik.
Otto Friese „mokiert sich angesichts seiner Schwiegertochter Anna Kaminski: ‚Die sieht wieder aus – typisch Ost. Sieht aus wie'n Flüchtling. Lassen Sie sie trotzdem rein." (Werner Sudendorf).

Eva Kotthaus als Anna Kaminski

Links unten: Georg Thomalla und Gustav Knuth

ein Foto des gefallenen Sohnes mit Trauerflor, während im Wohnzimmer der Kaminskis ein Stich „Gedenken an Dresden" zu sehen ist. Schauspielerisch beeindruckend ist der Rollenwandel der Camilla Spira, die zuletzt in *Des Teufels General* die mondäne Olivia Geiss gespielt hatte. Überhaupt greift Käutner wieder bis in die kleinsten Rollen auf bewährte Kräfte zurück, wie eben Erich Ponto, Gustav Knuth, Georg Thomalla, Paul Bildt, Wolfgang Neuss und Joseph Offenbach.

Die junge Anna Kaminski lebt unmittelbar an der Zonengrenze in der sogenannten Ostzone. Ihr Geliebter kam aus dem Krieg nicht zurück, so dass ihr kleiner Sohn bei den Großeltern Friese nur wenige Kilometer im Westen aufwächst. Wenn sie ihn besucht, muss sie sich heimlich über die Grenze stehlen. Bei einem ihrer Gänge freundet sie sich mit dem bayerischen Grenzpolizisten Altmann an, der ihr hilft, ihren Sohn illegal in den Osten zu holen, denn die Schwiegereltern weigern sich, das Kind herauszugeben. Später jedoch, als sie sich entschließt, in den Westen zu gehen und Altmann ihr dabei hilft, erschießen Grenzsoldaten das Paar. Die Hände der Sterbenden krampfen sich noch um eine Blume. „Zwei Hunde", so heißt es im Roman, „jagten von Osten her hechelnd heran, zwei andere vom Westen. Statt auf die Menschen, gegen die man sie abgerichtet hatte, stürzten sie sich aufeinander und verbießen sich aufheulend zu einem blutigen Knäuel."

Zu dieser Szene hat sich Käutner später geäußert: *Ich habe mich eigentlich vor mir selbst geschämt, aber ich habe mir gesagt, es musste sein. Es waren Polizeihunde, missratene Polizeihunde, die wir gekauft haben und die wir drei Wochen während der Dreharbeiten – wir haben das ziemlich am Schluss*

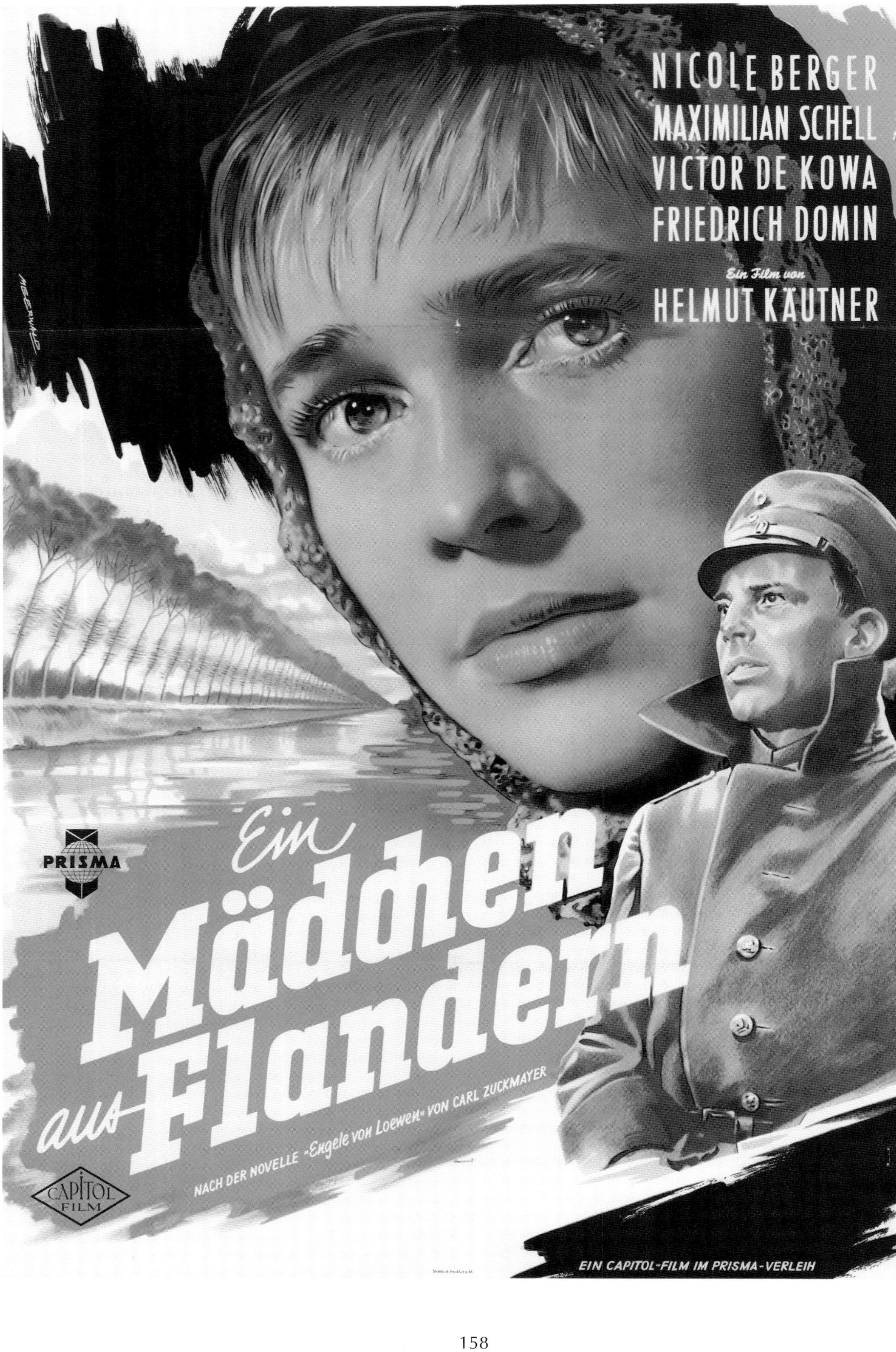
NICOLE BERGER
MAXIMILIAN SCHELL
VICTOR DE KOWA
FRIEDRICH DOMIN
Ein Film von
HELMUT KÄUTNER
PRISMA
Ein Mädchen aus Flandern
NACH DER NOVELLE „Engele von Loewen" VON CARL ZUCKMAYER
CAPITOL FILM
EIN CAPITOL-FILM IM PRISMA-VERLEIH

FILM 21 *Ein Mädchen aus Flandern* (BRD 1955)

Nicole Berger und Maximilian Schell

Nicole Berger verstarb schon 1967 bei einem Autounfall.

Maximilian Schell startete wie seine Schwester Maria eine internationale Karriere.

gedreht – in gegenüberliegenden Käfigen gehalten haben, dass sie angefangen haben, sich zu hassen. Und dann haben wir einfach die Käfige aufgemacht, und hatten Fleisch vergraben in der Mitte, an dem Punkt, wo sie sich treffen mussten.

Den Schluss des Films besiegelt die Stimme aus dem Off: *Das war die Geschichte der Arbeiterin Anna Kaminski aus Broditz in Thüringen und des Grenzpolizisten Carl Altmann aus Oberfeldkirch in Oberfranken. Sie kann auch heute noch geschehen, denn es gibt eine Grenze. Immer noch. Eine Grenze, die Deutschland von Deutschland trennt.*

Nach der Premiere am 14. Oktober 1955 reagierte die bundesdeutsche Kritik durchweg positiv. Gunter Groll: „Es war ein beunruhigender Film. Wohin er immer seinen Finger legt – er legt ihn in eine Wunde; und wohin er immer fasst – er fasst in Stacheldraht."

Hatte Käutner seinen Film *In jenen Tagen* noch in West- und Ostdeutschland aufführen können, war dies nicht mehr möglich, obwohl er sich nach eigener Aussage *bemüht hatte, das Leben in Ost und West objektiv und ohne programmatische Akzente zu schildern.*

Bereits am 16. Februar 1956 fand in Hannover die Uraufführung von *Ein Mädchen aus Flandern* statt, den Käutner in den letzten Monaten des alten Jahres gedreht hatte. Der Kritikerin Karena Niehoff fällt sogleich auf, dass dem Regisseur seit *Die letzte Brücke* und *Himmel ohne Sterne* „Kriegsgegnerschaft, Menschenliebe, Völkerversöhnung das tägliche Brot seines empfindlichen Gewissens geworden sind." In der Tat handelt es sich in dem neuen Streifen wieder um Liebende, wieder in zwei feindlichen Lagern beheimatet. Der Film hat die *sehr sentimentale Liebesgeschichte* zwischen einem belgischen Mädchen (Nicole Berger) und

Ein Mädchen aus Flandern
EIN FILM VON HELMUT KÄUTNER
PRISMA
FSK 16 FREIGEGEBEN

Gert Fröbe spielt den borniert-aufdringlichen Rittmeister Kupfer. In *Die Rote* wird er für Käutner den Nazi-Schergen Kramer spielen und sich als Prototyp des „häßlichen Deutschen" präsentieren. Fröbe selbst hielt sich seit seiner Kindheit für einen „grundhässlichen Vogel." (Beate Strobel)

Fitz Tillmann als Hauptmann Lüdemann. Er spielte noch im *Schinderhannes, Die Gans von Sedan, Das Haus von Montevideo*.

dem Sohn (Maximilian Schell) eines deutschen Generals (Friedrich Domin) zur Grundlage, ziemlich frei nach Carl Zuckmayers Novelle „Engele von Loewen." Dort heißt es wörtlich: „Das war der Traum vom Frieden. Vom Leben als freier Mann. Das Einzelgehen. Das ungestörte Denken. Die Selbstvergessenheit." Dieses Glück wird für beide erreichbar.

Käutner hatte Heinz Pauck nach dem Desaster mit *Käpt'n Bay-Bay* eine zweite Chance gegeben, mit ihm das Drehbuch mit dem zarten Titel *Ein Mädchen aus Flandern* zu gestalten. Die Geschichte, die im Ersten Weltkrieg spielt, beginnt im November 1914 in Molenkerk und leitet über auf den Angriff bei Langenmark, wo 8000 junge, meist ungediente Reservisten ihr Leben lassen mussten und die Front sich erstmals zu einem Stellungskrieg festzog. Die Kamera zeigt auf Bombentrichter und tote Soldaten. Seinen Höhepunkt bildet die dritte große Flandernoffensive von Juli bis November 1917 an der Somme mit dem Einsatz von Gas. Eine Liebe zwischen zwei Grenzen im Zeitraum des Ersten Weltkrieges.

Die Akzente gegenüber der Novelle wurden verschärft, die Anklage gegen Krieg und Völkerhass dichter herausgearbeitet. Deutsche Untertitel verwendet der Film bei französischen Dialogen nur sparsam, denn Käutner dreht an Originalschauplätzen: *Ich liebe nicht die Falsifikate, die in der Kulissenluft geboren werden. Die Flandrische Landschaft ist wie ein Juwel, die Windmühlen, das flache Land, die gedruckten, weiß gekalkten Häuser, das ist alles so wichtig für diesen Film.*

Käutner hat einen ganz neuen Teil, wie schon in *Des Teufels General*, dazugeschrieben, die Figur des Widerständlers, mit dem Kreis der belgischen Patrioten um Gaité. Diese Figur war Viktor de Kowa auf dem Leib geschrieben, der ja

Ein Mädchen aus Flandern
EIN FILM VON HELMUT KÄUTNER
PRISMA
CAPITOL FILM
FSK 17 FREIGEGEBEN

Dritter von links: Käutner in seinem Cameoautritt, diesmal als Wachtposten.

Das Engele von Loewen mit dem deutschen Offizier Alexander Halter. Wie in *Die letzte Brücke* wird ein feindlicher verwundeter Soldat versorgt.

Friedrich Domin als General Haller. Er spielte auch in *Ludwig* und *Der Hauptmann von Köpenik* Glanzrollen.

den unsympathischen SS-Mann Schmidt-Lausitz spielen musste. Hier kann er als Monsieur le Curé den bezeichnenden Satz sprechen: „Ich hatte bislang so viel Mühe, ein Mensch zu sein, dass mir wenig Zeit übrigblieb, mir auch noch über meine Zugehörigkeit zu einer Nation oder Rasse Klarheit zu verschaffen."

Käutner, der sich in seinem Cameoauftritt als Wachtposten zeigt, greift wieder auf vertraute Schauspieler zurück wie eben Viktor de Kowa und Friedrich Domin, Wolfried Lier, Reinhard Kolldehoff und Erica Balqué. Es treten aber auch Fritz Tillmann und Gert Fröbe erstmals auf. Ferner auch Schauspieler wie Arthur Schröder, Clemens Hasse, Oskar Lindner und Friedrich Maurer, die sich in *Canaris* bewährt hatten. *Ein Mädchen aus Flandern* kann als Fingerübung für Käutners nächsten großen Wurf angesehen werden: *Der Hauptmann von Köpenick*.

Während 1950 die geheimen Vorbereitungen Konrad Adenauers zum Aufbau westdeutscher Streitkräfte begannen, wurde die sogenannte Wiederbewaffnung in der Öffentlichkeit und Politik im Rückblick auf den erst wenige Jahre zurück liegenden Krieg bis zur Gründung der Bundeswehr im Mai 1955 kontrovers diskutiert, von den Politikern vielfach als unmöglich ausgegeben.

Charley's TANTE

HEINZ RÜHMANN   RUTH LEUWERIK
Das Haus in Montevideo

FILM 22 *Der Hauptmann von Köpenick* (BRD 1956)

Max Adalbert in der Erstverfilmung von Richard Oswald.

Charleys Tante (1934) war ein großer Bühnenerfolg und wurde erstmals mit Paul Kemp verfilmt.

Heinz Rühmann als Charleys Tante Rühmanns Temperament kommt etwas später in *Das Haus von Montevideo* voll zum Tragen.

Helmut Käutner hatte als Filmemacher mit *In jenen Tagen, Die letzte Brücke, Himmel ohne Sterne, Des Teufels General, Ludwig* und *Ein Mädchen aus Flandern* seinen pazifistischen Beitrag geleistet und den Finger auf die Wunde Deutschlands von Preußen bis zum Dritten Reich gelegt. Diese Wunde hatte für Käutner seine Ursache in der „Uniformanhimmelei" und den „preußischen Schneid", den Carl Zuckmayer mit seinem Stück „Der Hauptmann von Köpenick" unverhohlen auf die Bühne gestellt hatte. „Gedient" oder „nicht gedient" war die allgegenwärtig penetrante Frage, auch im zivilen Leben, gepaart mit dem Glauben, dass eine Uniform Leute macht.

Im Hinblick auf Käutners frühen Film *Kleider machen Leute* kam für die Hauptrolle des *Hauptmanns von Köpenick* niemand anders in Frage als Heinz Rühmann. Dass er soeben mit *Charleys Tante* einen großen Publikumserfolg gehabt hatte, war sogar von Vorteil. Käutner selbst hatte als Schüler und Student gerne diese Rolle gespielt. Zudem hatte Rühmann unter Kortner in „Warten auf Godot" auf der Bühne gestanden und war damit für Käutner die ideale Besetzung für eine Aura aus Schwermut und Ironie: *Ich mach's mit Heinz Rühmann oder gar nicht*, konnte er sich leisten zu sagen.

Schon zehn Jahre zuvor, gleich nach dem Krieg, hatte er sich intensiv mit dem Stück beschäftigt. Seine erste Sendung, die er für die „Funkbühne" des NWDR einrichtete, war der „Hauptmann von Köpenick" mit Willy Maertens in der Hauptrolle, mit Gustav Knuth, Grethe Weiser und ihm selbst in einer kleineren Rolle. Zuckmayers Stück basiert auf einer wirklichen Begebenheit. Der aus Ostpreußen stammende Schuhmacher Friedrich Wilhelm Voigt (1849-1922) wurde durch seine spektakuläre Besetzung des Rathauses

WALTER KOPPEL ZEIGT EINE GYULA TREBITSCH-PRODUKTION DER REAL-FILM
HEINZ RÜHMANN
PRÄDIKAT BESONDERS WERTVOLL
DER HAUPTMANN VON KÖPENICK
EIN FILM VON HELMUT KÄUTNER
NACH DEM GLEICHNAMIGEN BÜHNENSTÜCK VON CARL ZUCKMAYER
MARTIN HELD · HANNELORE SCHROTH · WALTER GILLER · LEONARD STECKEL · BUM KRÜGER
MARIA SEBALDT · WILLY A. KLEINAU · WOLFGANG NEUSS · ERICH SCHELLOW
FRIEDRICH DOMIN · WILLI ROSE · JOSEF OFFENBACH · ILSE FÜRSTENBERG · ETHEL RESCHKE
SIEGFRIED LOWITZ · WILLY MAERTENS u. a.
MUSIK: BERNHARD EICHHORN · KAMERA: ALBERT BENITZ · BAUTEN: HERBERT KIRCHHOFF · SCHNITT: KLAUS DUDENHÖFER · PRODUKTIONSLEITUNG: H. G. SASS
FARBFILM IN EASTMAN-COLOR AUF BREITWAND · DREHBUCH: CARL ZUCKMAYER UND HELMUT KÄUTNER

Ein von Käutner verfasstes Lied fiel der Zensur zum Opfer: „Das gibt's nicht nur in Köpenick, das gibt's nicht nur in Preußen; mit Uniform und Marschmusik gelingt es manches Bubenstück, und das nicht nur in Preußen. Wenn nur der Richt'ge kommandiert, dann machen alle mit."

der Stadt Köpenick bei Berlin bekannt. Er hatte bei einem Trödler eine Uniform erworben, sich auf einer Toilette umgezogen und sich selbst den Befehl gegeben: „Dann hab' ich den Befehl ausgeführt. Das war ja keen Kunststück. So eine Uniform, die macht das alles fast von alleene!"

Als „Hauptmann" scharte er auf offener Straße am 16. Oktober 1906 einen Trupp vorbeiziehender Soldaten um sich, die er unter seinen Befehl setzte. Als selbst ernannter Kommandant ließ er den Bürgermeister verhaften und beschlagnahmte die Stadtkasse gegen Quittung, nachdem er zuvor vergeblich versucht hatte, sich Ausweispapiere zu verschaffen. Aber das Rathaus hatte kein Passamt. Vor diesem Coup war Voigt insgesamt 27 Jahre in Gefängnissen und Zuchthäusern eingesessen. Dort hatte er sich entsprechende Kenntnisse der Militärdienstordnung zu Eigen gemacht.

„Der Hauptmann von Köpenick" hatte am 5. März 1931, fünfundzwanzig Jahre nach den Ereignissen, am Deutschen Theater Premiere und wurde noch im gleichen Jahr von Richard Oswald verfilmt. Gemäß der Intention des Autors, ein „deutsches Märchen" vom unglaublichen Zauber der Uniform geschaffen zu haben, gab Oswald dem Komiker- und Possenstar Max Adalbert die Rolle, die uns ein gequältes Individuum vor Augen führt. „Nationalgesinnte" Kreise sahen sich durch die filmische Darstellung empfindlich verletzt und liefen Sturm gegen den „Tendenzfilm". Käutner wollte nicht in dieses Fahrwasser, zumal *Der Untertan* von Wolfgang Staudte in der Bundesrepublik noch verboten war.

Käutner wollte auch kein „Remake", sondern eine subtile Komödie, also nicht die harte Wirklichkeit *Eines Mädchens aus Flandern* verfilmen. Schließlich spielte die Handlung in der Zeit vor dem Ersten Weltkrieg. Deshalb nahm er

Helmut Käutner mit Heinz Rühmann

Der Hauptmann von Köpenick

Maria Sebaldt

Martin Held

Der Hauptmann von Köpenick ist „die Glanzrolle für den schon totgesagten Komödianten Heinz Rühmann, seine beste Interpretation seit Jahren." (Neue Ruhr Zeitung)

Links: Leonard Steckel, Martin Held, Walter Giller und Joseph Offenbach.

Joseph Offenbach war ein wirklicher Verwandlungskünstler, hier im *Hauptmann* als Zuschneider Wormser. Seine erste Rolle hatte er in *Des Teufels General*. Dann *Himmel ohne Sterne*, *Monpti*, *Schinderhannes*. Für das Fernsehen setzte ihn Käutner noch in *Christoph Kolumbus oder Die Entdeckung Amerikas* ein.

Der Hauptmann von Köpenick auf der Bühne 1948.

aus seinem letzten Film auch nur drei Darsteller als wahre Verwandlungskünstler: Friedrich Domin, Willi Rose und Reinhard Kolldehoff. Bis in die kleinsten Rollen hinein setzte er auf bewährte Kräfte. So spielte Hannelore Schroth die Frau des Oberbürgermeisters Dr. Obermüller. Ihre Mutter, Käthe Haack, hatte diese Rolle sowohl in der Theaterpremiere, als auch in Oswalds Film gespielt. Darüber hinaus spielte Leonard Steckel in der ersten Verfilmung den Kleiderhändler Krakauer, bei Käutner ist er der Uniformschneider Wormser. Höchst interessant auch die Tatsache, dass Ilse Fürstenberg bei Oswald wie auch bei Käutner die verheiratete Schwester von Voigt spielt.

Oswalds Film, der ja vor der Machtergreifung gedreht wurde, zeigt, wie der Schuster beim jüdischen Trödler Krakauer, „einer sogenannten Ghettogestalt", im Berliner Scheunenviertel seine Uniform erwirbt: „Wie der Mensch aussieht, so wird er angesehen." Käutner formt mit Einverständnis Zuckmayers die Figur um in einen böhmischen Heimatvertriebenen namens Novak. Im Theaterstück spricht der Autor übrigens unbefangen von „jüdischen Rassemerkmalen" des Uniformschneiders Wormser.

Käutner betont immer wieder das Komödiantische. So spielt er selbst in einem Cameoauftritt mit seiner Frau Erica Balqué ein Straßensängerpaar mit Leierkasten und kleinem Affen. Mit Einverständnis von Zuckmayer wurde ein neuer Schluss geschrieben: Voigt erhält seinen Pass. Der Sieg über die Uniform sollte die letzte Szene illustrieren: Die Kamera schwenkt auf die ramponierte Uniform, die im Garten des Zuchthauses als Vogelscheuche dient. *Das muss*, so Käutner, *einigen Leuten unangenehm gewesen sein. Diese Pointe wurde vor der Uraufführung, die am 16. August 1956 stattfand, gekappt.* Auch das von Käutner

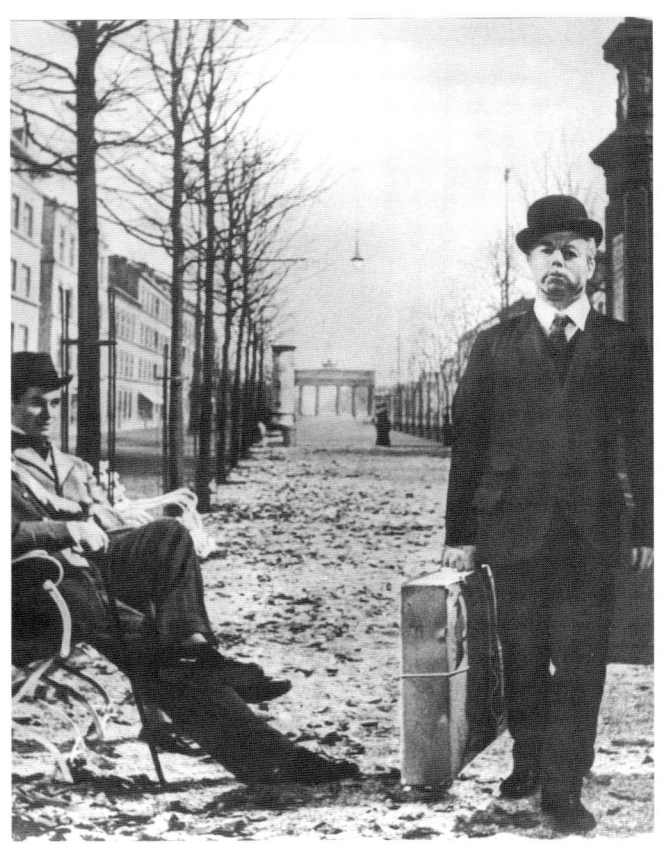

Heinz Rühmann
Der Hauptmann von Köpenick
Helmut Käutners berühmter Film
nach Carl Zuckmayers
Komödie

In der Gefängnisbibliothek entdeckt Voigt die preußische Felddienstordnung und lernt sie auswendig. Zudem bildet der Gefängnisdirektor seine Häftlinge in militärischem Gehabe aus. Einübung in Kadavergehorsam, der im Dritten Reich zur vollen Entfaltung kam.

Hannelore Schroth in ihrer letzten Rolle bei Käutner

Walter Giller in einer stummen Rolle im *Hauptmann*, die ihm gut zu Gesicht steht. In Käutners letztem Kinofilm *Die Feuerzangenbowle* wird er die Hauptrolle spielen.

verfasste Lied fiel der Zensur des Produzenten zum Opfer: „Das gibt's nicht nur in Köpenick, das gibt's nicht nur in Preußen; mit Uniform und Marschmusik gelingt so manches Bubenstück, und das nicht nur in Preußen. Wenn nur der Richt'ge kommandiert, dann machen alle mit."

„Der Hauptmann von Köpenick wurde nicht nur ein deutscher, er wurde ein Welterfolg, in insgesamt 53 Länder exportiert. Innerhalb einer Laufzeit von fünf Monaten nach der Uraufführung sahen in Deutschland zehn Millionen Menschen in 1450 Kinos den Film. Er wurde mit Preisen und Auszeichnungen überhäuft wie kein Käutner-Film davor: Bundesfilmpreis 1957, Filmbänder in Gold für Produktion, Regie, Drehbuch, Darsteller, Bauten; Preis der Deutschen Filmkritik 1956, den Bambi und das Prädikat ‚besonders wertvoll'." (Willibald Eser) Darüber hinaus wurde er als erster deutscher Nachkriegsfilm in den USA als „bester fremdsprachiger Film" für den Oscar nominiert.

Dieser unglaubliche Erfolg brachte für Käutner die Carte blanche. Ihm schwebte eine wirklich zeitgenössische Komödie, nach dem Desaster mit *Käpt'n Bay-Bay,* vor Augen. Deshalb arbeitete er wieder mit Heinz Pauck an einem Drehbuch. Als Vorlage diente der Unterhaltungsroman *Die Zürcher Verlobung* von Barbara Noack, der viel gestalterischen Spielraum zuließ nach dem Motto: *Wo der Stoff nichts hergibt, muss der Regisseur etwas hineinzaubern.* Einen Film im Film sozusagen, der am 16. April 1957 seine Uraufführung hatte.

1947 war Käutner bereits an einem Film ähnlichen Zuschnitts beteiligt. Er hieß bekanntlich *Film ohne Titel* und war von Problemen beeinflusst, die das Kriegsende für die Bevölkerung so mit sich brachte, wörtlich: „Da zerbricht

Die Zürcher Verlobung

Ein heiterer Wirbel um Julianchen und die Liebe

FILM 24 *Die Zürcher Verlobung* (BRD 1957)

Unter Kennern legendär ist der Cameoauftritt Käutners gegen Ende des Films: „Ich weiß nicht. Ich find es nicht gut, wenn ein Regisseur in seinem eigenen Film mitspielt."

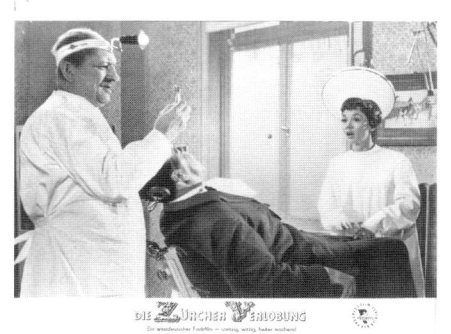

Roland Kaiser und Werner Finck

man sich stundenlang den Kopf und dann erzählt das Leben einen Film." Wie stark Käutners Interesse war, zeigt, dass er nicht nur am Drehbuch beteiligt war, sondern überhaupt die „künstlerische Oberleitung" innehatte und den Film auch noch produzierte. Sein langjähriger Assistent übernahm, wie bereits erwähnt, offiziell die Regie. Auch im Drehbuch von *Die Zürcher Verlobung* sind die Dialoge und der Ablauf im Film genauestens festgelegt. Grundsätzliche Änderungen waren beim Dreh auszuschließen, sie könnten das „Gefüge" beeinflussen. Ansonsten ist das Original-Drehbuch mit kleinen Änderungen übersät.

Die Geschichte dieses „Films im Film" ist knapp umrissen: Die junge Schriftstellerin Juliane Thomas (Lieselotte Pulver) hat sich gerade von ihrem langjährigen Freund Jürgen Kolbe (Wolfgang Lukschy) getrennt. In der Zahnarztpraxis ihres Onkels (Werner Finck) lernt sie kurz danach Jean Berner (Paul Hubschmid), einen charmanten Schweizer Arzt und seinen ungleich ruppigeren Freund Paul Frank (Bernhard Wicki), genannt „Büffel", einen bekannten Filmregisseur, kennen. Juliane verliebt sich sofort in Jean und als es ihr gelingt, ihr neuestes Buch als Drehbuchvorlage an eine Filmfirma zu verkaufen, scheint ihrem Glück nichts mehr im Wege zu stehen. Doch der Regisseur des geplanten Films ist niemand anderes als „Büffel", dem zwar „Julchen" gefällt, aber nicht ihr Drehbuch. Käutner ist stark darauf bedacht, dass *man den ganzen Film hindurch nicht spüren darf, dass er der Happy-End-Partner der Frau ist.* Insofern spielt Lieselotte Pulver eine junge Dame, die mit einem Mann verlobt ist, den es überhaupt nicht gibt – die einen Mann liebt, der keine Ahnung davon hat – und die von einem Dritten geliebt wird, den sie überhaupt nicht ausstehen kann.

174

Links: Sonja Ziemann, Fritz Kampers und Paul Hörbiger (in: *Schwarzwaldmädel*).

Liselotte Pulver in dem „Vorgänger"-Film mit Magarete Haagen.

Max Schmeling und Anny Ondra, die die Stars in *Es leuchten die Sterne* waren.

Rudolf Platte als Edgar Stephan, genannt „Uri".

Es leuchten die Sterne

Maria Sebald

Trat in *Film ohne Titel* Willy Fritsch als Star auf, der gelegentlich eine Rolle spielt, so ist es in *Die Zürcher Verlobung* Sonja Ziemann, namens- und rollengleich. In humorvoller Weise tritt sie als Star des Heimatfilms der 1950er auf, den Käutner hier in dem farbigen Streifen als eingeblendete Schwarz-Weiß-Kopie parodiert. Es ist ein ironischer Seitenhieb auf Sonja Ziemann selbst, die 1950 als „Schwarzwaldmädel" zu sehen war. *Grün ist die Heide* lockte sogar 21 Millionen Zuschauer in die Kinos. Ihre Rolle erweckte also Neugier und naturgemäß Enttäuschung beim breiten Kinopublikum.

Aber auch die Wahl mit Lieselotte Pulver und Paul Hubschmid als Liebespaar barg kein Risiko, denn sie waren ähnlich unbeschwert in dem Film *Heute heiratet mein Mann* aufgetreten. Die Wandlungsfähigkeit Bernhard Wickis kennen wir aus *Die letzte Brücke*. Sechs Nebendarsteller, die Käutner auswählt, waren zuletzt in *Der Hauptmann von Köpernick* aufgetreten.

Michael Jary komponierte, wie schon in Käutners erster Filmkomödie *Kitty und die Weltkonferenz*, die Filmmusik. Das von Käutner verfasste parodistische Erkennungslied wird von den Peheiros gesungen. Es spielt auf den Film *Ja, Ja, die Liebe in Tirol* (rein vom Titel her) an und ist bemerkenswert einfallsreich.

Der zwölfjährige Roland Kaiser, der den Lausejungen „Pips" spielt, den Sohn von Bernhard Wicki, hatte zuvor sein Filmdebüt in *Robinson darf nicht sterben* mit Erich Ponto. Käutner hat ihn in der Premiere gesehen: *Keine Puppe, sondern ein richtiger Schauspieler!* In *Die Zürcher Verlobung* trifft Pips im Hof des Heidelberger Schlosses auf den Schauspieler Hans Hermann Schaufuß, der an Stelle des verstorbenen Erich Ponto mitwirkt.

ROMY SCHNEIDER
HORST BUCHHOLZ
EIN FILM
VON
HELMUT KÄUTNER
NACH DEM
GLEICHNAMIGEN ROMAN
VON GABOR v. VASZARY
MIT
MARA LANE · BOY GOBERT
OLIVE MOOREFIELD
ISKA GERI · BUM KRÜGER
BOBBY TODD U. V. A.
BILD: HEINZ PEHLKE
MUSIK: BERNHARD EICHHORN
BAUTEN: HERBERT KIRCHHOFF
HERSTELLUNGSLTG.: GEORG RICHTER
FARBE VON AGFACOLOR
PRODUKTION:
NDF
Monpti
EINE PARISER LIEBESGESCHICHTE
WELTVERTRIEB:
HERZOG
FILMVERLEIH

FILM 25 *Monpti* (BRD 1957)

In Paris, der Stadt der Liebe, macht sich Käutner als Dandy und Conférencier über Konventionalität lustig. Er stellt alle Facetten der Sexualität – von homosexuellem bis zum lesbischem Verlangen – neben Verklemmtheit und Überdruss dar.
Romy Schneider erfüllte hier noch präzise ihr Klischee als „Jungfrau vom Geiselgasteig" (Der Spiegel, 1956)

Links: Romy will das Kapitel „Sissi" beenden.
„Ich kann nichts im Leben, aber alles auf der Leinwand." (Romy Schneider)

Mit den Mustervorführungen des Films im Film und den Ehrengästen Max Schmeling und Anny Ondra will Käutner zugleich an den Film *Es leuchten die Sterne* (1938) erinnern, wo beide schon einmal als Gaststars bei einem Film im Film aufgetreten waren. Seinen Cameoauftritt setzte er an den Schluss des Films, wo er als Journalist den Satz äußert: *Ich find es nicht gut, wenn ein Regisseur in seinem eigenen Film mitspielt.*

Käutner hatte als erster deutscher Regisseur nach dem Krieg einen Ruf nach Hollywood bekommen und sich für die „Universal" verpflichtet. *Ich war der erste und einzige Regisseur gewesen, der nach Amerika gegangen ist, ohne es zu müssen. Alle anderen deutschen Regisseure waren Emigranten.* Im Oktober 1957 wollte er das Drehbuch *The Restless Years* verfilmen. Er hatte es sich zwar ausgesucht, durfte aber inhaltlich keinerlei Änderungen vornehmen. Thema ist das Problem junger Liebe in einer langweiligen Kleinstadt. Man kann *Monpti*, den er zuvor von Mai bis Juli in Paris und in den Münchner Bavaria Ateliers drehte, durchaus als europäische Antwort auf den zu drehenden amerikanischen Film verstehen, weil nämlich in Paris *mehr Platz und Zeit für Liebe* ist – *für Liebe jeder Art.* Wie so häufig hatte er am Drehbuch, nach einem Roman von Gabor von Vaszary, mitgearbeitet: *Kein Stoff für Experimente – ein Film, der nur unterhalten soll.* Zu Beginn des Films inszeniert er sich als dandyhaften Erzähler, besser noch als Conférencier, der dem Publikum auf einem Platz in Paris eine Geschichte erzählt, *komisch, aber auch etwas traurig.* Es ist die Liebe des jungen ungarischen Malers (Horst Buchholz) zu dem Mädchen Anne-Claire (Romy Schneider). Sie nennt ihn „Monpti". Beide Schauspieler hatten zuvor gemeinsam in *Robinson soll nicht sterben* vor der Kamera gestanden. Käutner war bekanntlich eigens zur Premiere gekommen.

Helmut Käutner bei den Proben.

ROMY SCHNEIDER · ROD STEIGER
Die Unschuldigen mit den schmutzigen Händen
Der neue Film von CLAUDE CHABROL

„Ich war fest entschlossen, diesen Film durchzusetzen, und nahm alle Mühen auf mich." (Romy Schneider)

Zm Inhalt: „Mit Gewalt hat Tom (Horst Buchholz) seinem Vater Daniel Defoe (Erich Ponto) den einzigen Schatz entwendet, den dieser immer noch besaß: das Manuskript des „Robinson Crusoe", um damit seine Schulden zu bezahlen. Sofort ist Maud (Romy Schneider) entschlossen, das Manuskript wieder herbeizuschaffen." (Werner Sudendorf)

Monpti galt für manchen Rezensenten als ein lyrisch missglückter Film, in dem eine Siebzehnjährige mit allen nur erreichbaren und erdenklichen Tricks ihre Jungfräulichkeit verteidigt, während die Putzfrau Zaza – jung, farbig, schön und ständig ein Lied auf den Lippen als Angebot durch Monptis Hotelzimmer streift. Diese wurde von der US-amerikanischen Sängerin und Schauspielerin Olivia Moorefield gespielt. „Herr von Vaszary", schreibt Karena Niehoff im Tagesspiegel (2. Oktober 1957), „hat das seinerzeit in seinem Roman schon sehr umständlich und wehmütig beschrieben, Helmut Käutner hat nicht viel an vorwärtsbringenden Ereignissen hinzugetan; ein bisschen Rilke allerdings, mit den Apfelsinen; denn ‚sie waren sehr groß und sehr orangen', die Orangen. Mit ihnen werfen sie sich sozusagen ihre Liebe zu, mit ihnen endet sie, als der junge Mann das Obst dem Mädchen eindrucksvoll drapiert auf die Totenbahre legt." „Dieser Film", schreibt ein weiterer Kritiker ziemlich boshaft, „zeichnet sich vor allem dadurch aus, dass die deutsche Filmjungfrau erstmals in schwarzen Dessous zu sehen ist." (Der Spiegel 14/1959) Was diese Rezensenten sich aber nicht vorstellen können: *Monpti* wird für Romy Schneider der Beginn einer internationalen Karriere. Käutner hatte das schon während der Dreharbeiten in einem Interview für das „Film-Journal" geäußert: *Romy ist in einer bezaubernden Phase ihrer Entwicklung. Man kann genau verfolgen, wie sie sich in Richtung auf die Schauspielerin entwickelt. Das Liebenswerte dabei ist, dass der ganze jugendliche Charme, der ganze Zauber ihrer kindlichen Unbefangenheit bisher erhalten geblieben ist. Ich habe selten einen deutschen Star gesehen, der so beliebt ist und so schlicht und einfach, und dem nichts dergleichen in den Kopf gestiegen ist. Ich glaube, dass man in absehbarer Zeit sogar schwierige, hintergründige, ja tragische Dinge mit ihr machen kann, wenn die Entwicklung so weitergeht, wie sie sich jetzt anbahnt.*

NDF   ROMY SCHNEIDER   *Monpti*   HORST BUCHHOLZ   HERZOG FILMVERLEIH

Ein Film von Helmut Käutner

NDF   ROMY SCHNEIDER   *Monpti*   HORST BUCHHOLZ   Verleih: Schorchtfilm

Ein Film von Helmut Käutner

180

„Geld, Ehe, Erotik – alles ist für diese Snobs in höchstem Grade langweilig, überflüssig, öde – aber es gehört eben zum Leben dazu." (Werner Sudendorf)

Mara Lane

Boy Gobert

Eine andere Liebe. 1957 in Deutschland

Man vermutete, „dass Käutner mit *Monpti* einen Film in der Tradition des poetischen Realismus drehen wollte, mit komischen und traurigen Elementen. Komisch ist beispielsweise, wie der junge ungarische Künstler gar nicht fassen kann, dass seine Zeichnungen angekauft werden und er nun Geld verdient. Vor Aufregung zerschlägt er mit seiner Zeichenrolle eine Glastür und gibt das Geld in einem noblen Restaurant aus. Den Fisch kann er nicht zerlegen, eine Schale mit Zitronenwasser, zum Reinigen der Finger gedacht, verwechselt er beinahe mit einem Getränk. Der Junge, so erklärt uns der Film, ist halt noch grün hinter den Ohren und nicht ganz ernst zu nehmen. Am Nebentisch sitzt ein gelangweiltes Paar, er ein Liebhaber mit Namen Monpti II (Boy Gobert), sie eine verheiratete, immer kurz vor der Scheidung stehende Frau (Mara Lane), die auch noch einen anderen Liebhaber hat. Boy Gobert räkelt sich mit der trägen mondänen Mara Lane unnachahmlich müde, unbewegt und blasiert durch seine Ergebnislosigkeit." (Karena Niehoff) Die Geschichte dieses Paars wird als Nebenerzählung im Verlauf des Films immer wieder aufleben. Komisch an Monpti II findet Käutner, *dass er sich beim Striptease langweilt und eigentlich wohl homosexuell ist.* Dazu gehört die zarte Andeutung einer Hand auf die Schulter des Freundes. *Monpti* ist geradezu die Gegenwelt zu Veit Harlans Spießerwelt in *Anders als Du und ich (§ 175)*: „Am Ende seiner Geschichte angelangt, die mit dem Unfalltod von Anne-Claire und einer Einstellung auf den einsam in seinem Bett liegenden Imre tatsächlich ein sehr trauriges Ende gefunden hat, nimmt der Erzähler zunächst noch einmal den Faden des Ernsthaft-Komischen auf, bedankt sich dann bei seinen imaginären Zuhörern für die Aufmerksamkeit und geht nach einer Verabschiedung davon." (Anette Kaufmann)

Friedrich Joloff in *Anders als Du und Ich*

UNIVERSAL ZEIGT

zu jung
«THE WONDERFUL YEARS»

JOHN SAXON · SANDRA DEE · LUANA PATTEN

CinemaScope   REGIE: HELMUT KÄUTNER

FILM 24 *The Restless Years* (Zu jung; US 1958)

Das Gegenmodell aus dem Jahre 1961 ist der Film *Zu jung für die Liebe* (Regie: Erika Balqué)
Aus dem Programmheft:
„Der Oberschüler Klaus (Heinz Blau), 17jähriger Sohn reicher Eltern, und die 16jährige Katja (Loni von Friedl), Lehrmädchen in einer Wäscherei, haben die Welt der Erwachsenen, die ihnen jede Zärtlichkeit und Nestwärme vorenthielt, weit hinter sich gelassen und sich ganz in ihren Traum vom Glück eingesponnen und dabei kaum gemerkt, wie allmählich die menschliche Wärme, die sie suchten, zur Liebe wurde. Doch als sich bei dem Mädchen die Folgen dieser zunächst so unbekümmerten jungen Liebe zeigen, stehen sie bestürzt vor jenen Ordnungsgesetzen, die in der Welt der Erwachsenen allein Gültigkeit haben."

John Saxon und Sandra Dee
„Eine im psychoanalytischen Konversationsstil vorgetragene Kleinstadt-Affäre um eine unehelich geborene Frühreife." („Der Spiegel")

Horst Buchholz und Romy Schneider

Um auf Käutners Vertrag mit der „Universal" zurückzukommen. Dieser sah die jährliche Realisierung eines Films vor. Man versprach sich von Kautner, wie er dort hieß, Verkaufschancen auf dem westdeutschen Markt, aber offensichtlich auch neue Impulse, denn es war die Zeit, da erfolgreiche deutsche Hollywoodregisseure wie Fritz Lang und Douglas Sirk aus guten Gründen nach Europa abwanderten.

In der Tradition Jean Renoirs hatte Käutner im Oktober 1957 durchaus die feste Absicht, einen amerikanischen Film zu drehen: *Ich bin da vielleicht zu weit gegangen*. Denn in der Tat hat man bei *The Restless Years* den Eindruck, dass Käutner den Stil bewahrt, den Douglas Sirk der „Universal" geliefert hat. Nur fehlt von Beginn an die Farbe, denn die Kamera streift in Schwarz-Weiß-Cinemascope durch eine üppige Naturlandschaft. „Der flaue Ton, den das schwarz-weiße Cinemascope-Bild immer noch hat, verhindert die Tiefe des Bildes." (Enno Patalas) Der Film erzählt nach einem Bühnenstück von Patricia Joudry „von pubertären und spätpubertären Nöten im Puritanismus einer Kleinstadt, die auch noch ‚Liberty' heißt, von einem jungen Paar, das wegen der kaputten Verhältnisse und der Lebenslügen der Eltern wenig Chancen hat. Die Familien sind der pure Albtraum und müssten der nächsten Generation jeden Mut nehmen, selbst welche zu gründen. Die Schulbühne spielt Thornton Wilders ‚Unsere kleine Stadt': ein kontrastierendes Idealbild, verglichen mit dieser Kleinstadt, in der wohl kein Kinogänger leben möchte." (Hans Günther Plaum) Käutner betont, dass er selten *mit jungen Menschen gearbeitet hat, die vor der Kamera so diszipliniert und konzentriert meinen Anweisungen gefolgt sind. John Saxon machte eine Karriere mit diesem Film. Sandra Dee war eine Entdeckung von mir. Sie war ein*

"THE RESTLESS YEARS"
Starring JOHN SAXON – SANDRA DEE and TERESA WRIGHT – JAMES WHITMORE.
In CINEMASCOPE.   A UNIVERSAL INTERNATIONAL Picture

58/444

FILM 26 *A Stranger in My Arms (Ein Fremder in meinen Armen)* (US 1959)

Eine energisch-dominante Mutter (Mary Astor) eines angeblichen Kriegshelden beherrschte Käutners zweiten amerikanischen Film. Ferner muss für ihn besonders abschreckend die dezent gefilmte Szene gewesen sein, wo Schwarze der weißen Tischgesellschaft frische Luft zufächeln.

June Allyson, Mary Astor und Charles Coburn

Links: Sandra Dee in *Zu jung* und in *Solange es Menschen gibt* von Douglas Sirck mit Lana Turner.

Modell für Kinderkleider, eine Russin übrigens, wenn auch im Typ ein unverkennbar amerikanisches Mädchen. Karsten Witte bemerkt zu Recht: „Sandra Dee und John Saxon sehen wie eine amerikanische Ausgabe von Romy Schneider und Horst Buchholz aus."

Douglas Sirk wird Sandra Dee in seinem letzten Film für die „Universal" *Imitation of Life* (*Solange es Menschen gibt*, US 1958) über Rassenvorurteile einsetzen. Doch zuvor besetzte sie Käutner noch für seinen zweiten und letzten Film für die „Universal" in *Stranger in My Arms*, nach einem Roman von Robert Wilder. Obwohl die Starbesetzung mit Jeff Chandler, Peter Graves, Mary Astor und Charles Coburn hervorragend war, verlängert Käutner Anfang 1958 seinen Vertrag nicht, also noch bevor er überhaupt seinen zweiten Film im Juli dreht: *Ich hatte um diese Lösung gebeten, weil Stoffe und Stilrichtung der ‚Universal' nicht meinen Zukunftsplänen entsprachen.* Kein Wunder, dass seine beiden US-Filme fast unter Ausschluss der Öffentlichkeit laufen: Im Oktober 1958, resp. im Januar/März 1959 in den USA und in der BRD.

Käutner beherrschte das amerikanische Handwerk, aber einen Film nach eigenen Vorstellungen zu drehen, war nicht möglich. *Der geistige Schöpfer des Films ist drüben der Produzent, der Regisseur ist sein erster Helfer.* Dieser war bei „Universal" – wie schon bei Sirk – Ross Hunter. „Es ging offensichtlich um die Bewahrung eines Stils, der dem Universal-Studio (in greifbarer Nähe zu Sirk und Siodmak) geschuldet war." (Karsten Witte) Eine Hamlet-Verfilmung mit großen Stars, die Käutner plante, war mit ihm erst gar nicht möglich. Die deutsche Kritik sah jedenfalls bei *Stranger in My Arms* „keine persönliche Note". „Ein Produkt von gängiger Qualität – nur fehlt ihm halt, was man

UNIVERSAL ZEIGT:

JUNE ALLYSON
JEFF CHANDLER

IN HELMUT KÄUTNERS

EIN FREMDER IN MEINEN ARMEN

(A STRANGER IN MY ARMS)

MIT SANRA DEE

REGIE: **HELMUT KÄUTNER**

Universal International

CINEMASCOPE

Jeff Chandler und Peter Graves

Jane Allyson, Mary Astor, Charles Coburn und Sandra Dee.

hierzulande von Käutner erwartet: Format. Hoffen wir auf seinen Hamlet." (Franziska Violt, in: Süddeutsche Zeitung vom 10. August 1959)

In der Tat wirkt A Stranger in My Arms „ganz und gar nicht so, als hätte ihn ein deutscher Regisseur inszeniert. Vielleicht hätten sich die amerikanischen Kollegen auch gar nicht an diesen Stoff getraut: Die Kommunistenjagd des US-Senators McCarthy muss 1948 ein Albtraum, noch tief im Bewusstsein Hollywoods, gewesen sein; bis etwa 1956 war alles verdächtig, was sich als unpatriotisch oder ‚unamerikanisch' bezeichnen ließ. Noch war Eisenhower, der General und Kriegsheld, Präsident der USA. Ausgerechnet in dieser Zeit inszeniert ein deutscher Regisseur eine Geschichte, in der es um die traurige Wahrheit eines angeblichen Kriegshelden aus dem Koreakrieg geht. Seine Mutter, Mitglied einer schwerreichen Familie mit besten Beziehungen nach Washington, will unbedingt die Ehrenmedaille des Kongresses für ihren gefallenen Sohn durchsetzen. Dafür versucht die Familie Pike Yarnell, einen alten Kampfflieger und einzigen Zeugen der Todesumstände, zu instrumentalisieren. Eingangs tritt Yarnell auf wie Harras in Des Teufels General, dann wird der Draufgänger und Testpilot immer nachdenklicher und skeptischer, bis es zum bösen Moment der Wahrheit kommt. Käutner hat es riskiert, große Gesten und Reden von Patriotismus und Heldentum als eitle Lügen zu enttarnen, als Intrigen, die vor allem von den dominanten und fordernden Müttern betrieben werden." (Hans Günther Pflaum)

Weil für die internationalen Kinoproduzenten der 1950er Jahre das Fernsehen immer bedrohlicher wurde, brachte man das farbige Cinemascope ins Spiel, beispielsweise 1955

188

FILM 27 *Der Schinderhannnes* (BRD 1958)

Links oben: *Die Ratten* wurde am 28. Juni 1955 auf den Berliner Filmfestspielen uraufgeführt und erhielt als bester Film den „Goldenen Bären".

Links unten: Maria Schell und Curd Jürgens waren durch Helmut Käutner international bekannt geworden.

„In Robin Hood (hier: Schinderhannes) verkörpern sich Träume von sozialer Gerechtigkeit." (Judith Klinger) Helmut Käutner hat das Thema in seiner Fernseharbeit wieder aufgegriffen. Mit *Robin Hood, der edle Räuber* (1966) liefert er in der Filmografie den einzigen deutschen Beitrag zu diesem Thema.

WILLY TRENK-TREBITSCH

Schinderhannes, respektive „Robin Hood ist eine neuzeitliche Verwandlung vom Outlaw zum edlen Räuber." (Judith Klinger) Als der Reichsgraf Clewe-Boost (Willy Trenk-Trebitsch) nach seiner Flucht vor den französischen Truppen zurückkehrt und den Bauern ihren Besitz nimmt, stürmt der Schinderhannes mit seinen Leuten in das Schloss. Trenk-Trebitsch wird in einer Glanzrolle 1974 mit Käutner in *Karl May* spielen.

in Max Ophüls letztem Film *Lola Montez* und Douglas Sirks Film *Capitain Light foot*. Bei Sirk handelt er von einem Räuberhauptmann aus Irland, von Rock Hudson gespielt, der für die Unterdrückten stiehlt.

1956 war im Deutschen Fernsehen ein ähnliches Thema mit *Schinderhannes* von Carl Zuckmayer in der Bearbeitung von Peter Beauvais gesendet worden, so dass auch die „Real-Film" mit *Der Schindeshannes* auf farbiger Breitleinwand die Probe aufs Exempel setzen wollte. Im Kino war der Film zuletzt in der Stummfilmzeit im Jahre 1928 zu sehen, ein Jahr nach der Bühnenpremiere. Zuckmayer zählte den „Schinderhannes", den „Hauptmann von Köpenick" und „Des Teufels General" zu seinen „Deutschen Dramen". Es liegt auf der Hand, dass Käutner – aus den USA zurückgekehrt und mit Erfahrungen mit Cinemascope – sich für den *Schinderhannes* interessieren würde, zumal er dafür schon 1950 ein erstes Exposé verfasst hatte: Hans Bückler, genannt „Schinderhannes", kämpft als eine Art deutscher Robin Hood gegen die Unterdrückung der Bauern im Hunsrück durch die französische Besatzung.

Den Publikumserfolg für den „Zweimillionenfilm" sollte die Anziehungskraft zweier Stars garantieren, die für Käutner schon bedeutende Hauptrollen mit internationalem Erfolg gespielt hatten: Curd Jürgens und Maria Schell. In Robert Siodmaks *Die Ratten* (1955) hatten sie bereits gemeinsam vor der Kamera gestanden. Strategisch verzichtet Käutner auf den Untertitel „Der Rebell vom Niederrhein". Zuckmayer hatte ohnehin kein „wahres, historisch verbürgtes" Stück im Sinn. Er berief sich auf das Recht der „poetischen Fiktion", die Gestalt des edlen Räubers literarisch zu schaffen.

Hans Stüwe verkörperte den legendären Schinderhannes im gleichnamigen Stummfilm.

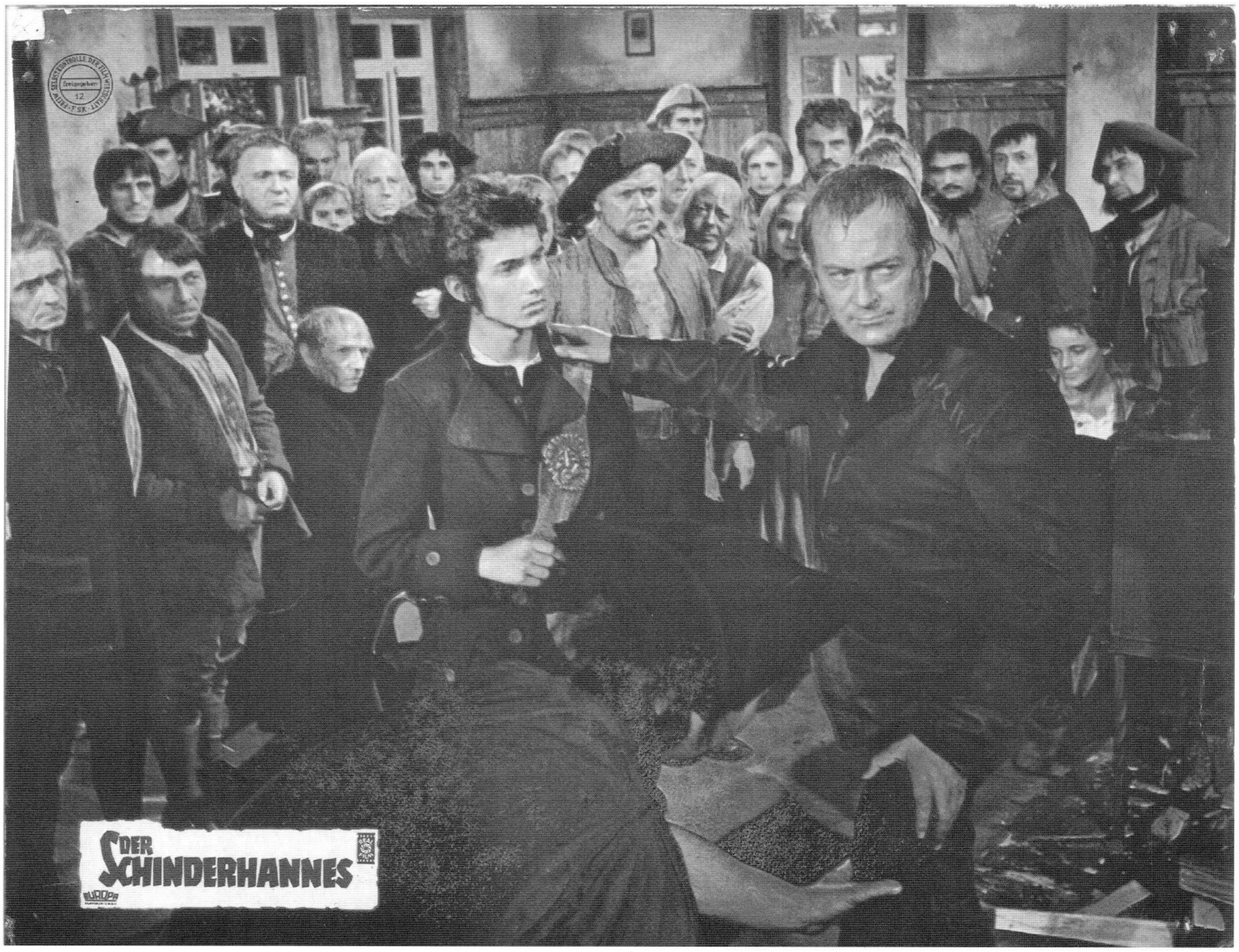
DER SCHINDERHANNES

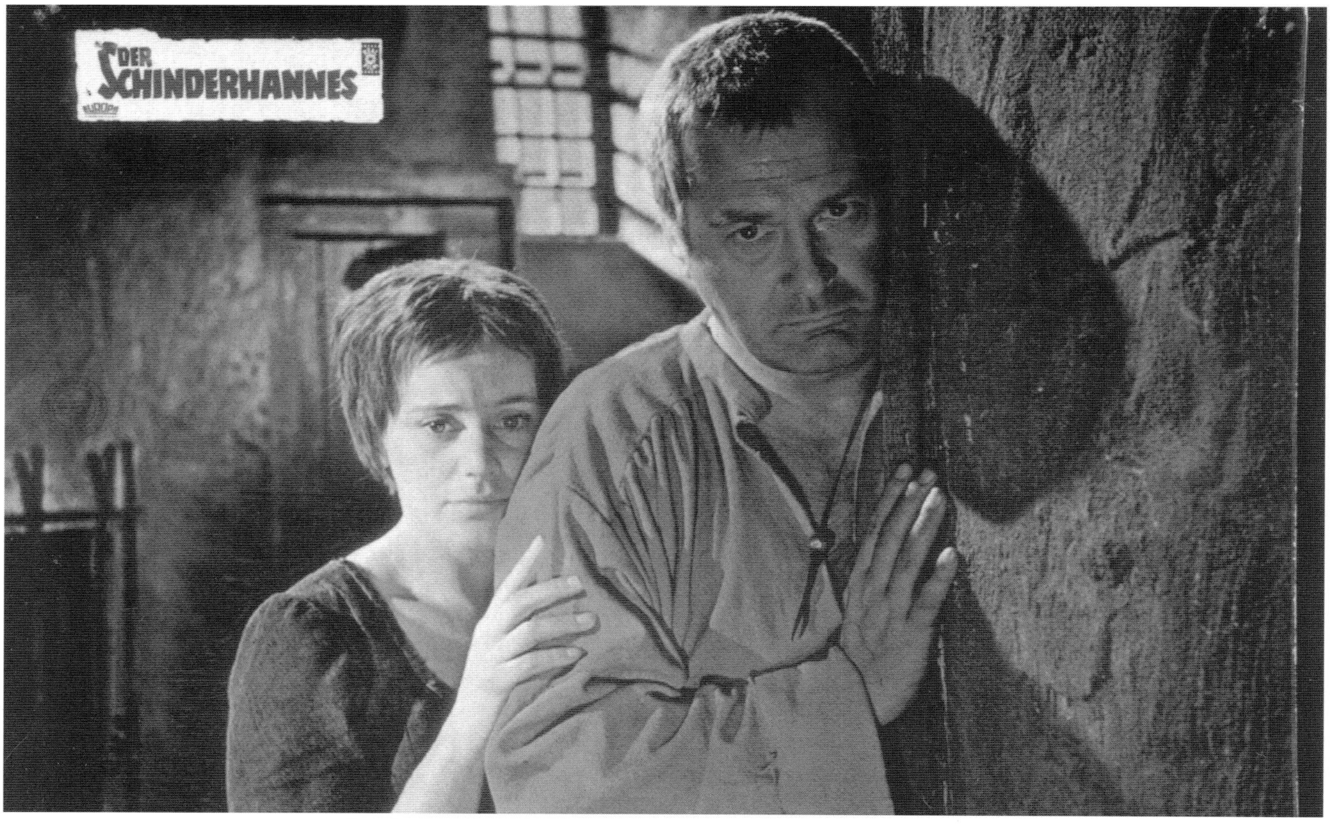
DER SCHINDERHANNES

Wie in *Senso (Sehnsucht,* 1953/54) sind bei Käutner die Schlachtenszenen ein Kernstück des Kostümfilms. Die aufgestellten Korngarben sind dafür ein ausreichender Beleg. Der Film ist keineswegs ein konventionelles Durchschnittsprodukt in historischer Dekoration.

Alida Valli und Farley Granger in *Sehnsucht.*

Links unten:
Die Wandlungsfähigkeit von Maria Schell und Curd Jürgens

Neben Siegfried Lowitz und Ernst Stahl-Nachbaur, die schon bei Beauvais spielten, verlässt Käutner sich also vor allem auf die Stars Curd Jürgens und Maria Schell und auf ein Dutzend bewährter Kräfte, während der Kostümfilm selbst insgesamt 83 Schauspieler und rund 4000 Komparsen zählt, die er über Sprechfunk dirigierte: *Der einzige Massenfilm, den ich je gemacht habe.* Käutner erinnert mit seinem Film an Viscontis *Sehnsucht,* mit den großen Schlachtszenen, und zitiert aufgereihte Heugarben.

Die Uraufführung war am 17. Dezember 1958. Enno Patalas lobt mehr ironisch die „hübschen Bilder auf der Leinwand. An zeitgenössische Stiche erinnern die adretten Kompositionen mit ihren malerischen Tiefendurchblicken, so das liebliche Arrangement des Gemetzels, welches die edlen Räuber den anstürmenden Franzosen bereiten, ehe ihnen die Rheinarmee tückisch in den Rücken fällt. Und welch ein Augenschmaus ist doch die Hinrichtung!" „Symbolverliebt zeigt sich Käutner wie eh und je: Singvogelgezwitscher im ersten Akt, Krähengekrächz im letzten." (Filmkritik 1959:1) Diese Inszenierung konnte als historischer Heimatfilm kein Publikumserfolg werden. Dabei hatte Zuckmayer schon selbst für sein Bühnenstück die Anweisung gegeben: „Das Historische soll in Kostüm und Masken ebenso wenig betont werden, wie es in der Sprache des Stücks und seiner Gestalten der Fall ist." Selbstverständlich gibt Käutner der *falschen Besetzung* die Schuld, *wodurch dieses hessische Märchen vollkommen kaputt gegangen sei. Die Presse nahm es mir übel, dass ich nicht Hans-Christian Blech für die Hauptrolle nahm. Und kein unbekanntes Julchen.*

Gegen den „Triumpf der Schnulze" gründet Käutner mit Harald Braun und Wolfgang Staudte die „Freie Film-

192

FILM 28 *Der Rest ist Schweigen* (BRD 1959)

„Der Spiegel": „Käutner offeriert dem Publikum noch eine verhältnismäßige dürftige Kriminalgeschichte und ein Quiz für Gebildete, die sich anderthalb Stunden lang daran ergötzen können, die Parallelen zwischen Film und Schauspiel aufzuspüren."
„Der Spiegel" vermittelt ferner, „dass dem Filmautor beim Transport des Hamlet-Themas von Helsingör in das Ruhrrevier die Substanz des Shakespeares-Stoffes abhanden gekommen ist."
Hardy Krüger, der „deutsche Hamlet des Jahres 1959" (Der Spiegel)

Links oben:
Hardy Krüger mit Ingrid Andree

Rechts unten: Boy Gobert als Mike R. Kranz

Produktion GmbH & Co". Jeder der drei Gesellschafter soll, freilich ohne jegliches finanzielles Risiko, jährlich einen künstlerisch hochwertigen Film drehen. Den Anfang macht Käutner mit seiner modernen Hamlet-Verfilmung, die er schon in Hollywood nicht realisieren konnte, obwohl er sich *eine gewisse Besetzung zurechtgelegt hatte, zum Beispiel Susan Strasberg oder Audrey Hepburn für die Ophelia und Marlon Brando oder Montgomery Clift für den Hamlet.*

Jetzt gibt er zu bedenken: *Seid nur vorsichtig mit diesem Hamlet! Der Film heißt* Der Rest ist Schweigen, *ich erzähle den Konflikt eines modernen, gebrochenen und gespaltenen Menschen, und da an diesem Menschen sich seit fünfhundert Jahren nichts geändert hat, nehme ich eben die noch immer hochmoderne Figur des Hamlet. Aber da ist nichts von ‚Hamlet im Frack', keine Spielerei für Gebildete, nicht das Augenzwinkern für Belesene: Seht mal, was wir für clevere Jungs da gebastelt haben . . .* Der Rest ist Schweigen *wird ein harter, kalter, moderner Film, und das Königreich Dänemark ist die internationale Schwerindustrie.*

Die Hamletfigur spielt Hardy Krüger, der nicht nur als Dr. Corda in Josef von Bákys Film die besten Voraussetzungen für diese Rolle mitbrachte. Er hatte zudem die Hauptrolle in *Einer kam durch* (GB 1957) gespielt, die ihn zum Star machte. Er verkörpert den „guten Deutschen". Bei Käutner kehrt er als junger Philosophiedozent John H. Claudius, „den sein Vater noch vor dem Krieg als Knabe nach Amerika geschickt hatte, wie ein Besucher von einem anderen Stern zurück." (Karena Niehoff) Denn die bei Shakespeare offensichtlichen Geistererscheinungen des toten Vaters versucht Käutner durch mysteriöse Telefonate zu lösen, oder einfach dadurch, dass sich John Kenntnisse über die Vorgänge durch Wochenschaubilder und

194

Tagebucheinträge verschafft. An dieser Rolle wird zudem deutlich, dass der „Remigrant" (Karsten Witte) seit Josef von Bákys *Der Ruf*, Peter Lorres *Der Verlorene* und Harald Brauns *Der gläserne Turm* in Deutschland nicht mehr heimisch wurde: „Die Zeit ist aus den Fugen."

„Was unbesehen nach einem angestrengt künstlichen Verfahren klingt (oder auch nach Kalauer, wenn Ophelia zu ‚Fee' oder Laertes zu ‚Herbert' werden), ist ein düsterer, bitterer Film über die skrupellosen Unternehmer, die durch Hitlers Rüstungsindustrie zu enormen Reichtümern kamen und ein paar Jahre später schon wieder obenauf sind." (Hans Günther Pflaum) Eindrucksvoll werden die wieder funktionierenden Kruppwerke und die Gutehoffnungshütte mit Erlaubnis von Alfred Krupp ausgeleuchtet. Das Schloss Helsingör wird zur Villa Hügel, wo John den Mord an seinem Vater rächen will. „Der Rest ist Schweigen", so lautet der letzte Satz bei Shakespeare und der Titel des Films.

Herbert von Pohl (Heinz Drache) lässt John schon nach der Begrüßung erbost aggressiv wissen, dass er ein Nazi war. Abgesehen von dieser Szene – bei Shakespeare ist Hamlet ja vor Ort – bemüht sich Käutner um eine genaue Abfolge von Auseinandersetzungen und Szenen. Als Fee von Pohl (Ingrid Andree) dachte sich Käutner ein *sechzehnjähriges Mädchen, das vom Krieg her eine Schlagseite hat.* Die weiteren Figuren sprechen ebenfalls durch ihre Namensgebung wie Paul Claudius (Peter van Eyck), Gertrud Claudius (Adelheid Seek), Mike R. Krantz (Boy Gobert), Major Horace (Rainer Penkert) und Sanitätsrat Max von Pohl (Rudolf Forster). „In seiner erkennbaren Freude an der Übertragung des Stoffes geht Käutner sogar so weit, das Tanztheaterstück der Ballett-Truppe ‚The Mousetrap'

Hardy Krüger, Adelheid Seeck, Boy Gobert, Peter van Eyck.

Ein Ballett deckt die „Machenschaften" auf. Das machte Käutner schon in *Kleider machen Leute* und in *Käpt'n Bay-Bay*.

Links unten:
Helmut Berger und Ingrid Thulin

Obwohl der Vorspann von *La Cadula degli die (Die Verdammten)* (I/BRD 1968) versichert, Ähnlichkeiten mit lebenden oder toten Personen seien nicht beabsichtigt, sind Anspielungen auf die Familie Krupp nicht zu übersehen. Visconti hat die Handlung als Melodram, als große Oper inszeniert.

Luchino Visconti bei Dreharbeiten zu „Gewalt und Leidenschaft"

HARDY KRÜGER
DANY CARREL UND JEAN RICHARD
Die Gans von Sedan
EIN FILM VON HELMUT KÄUTNER
FRITZ TILLMANN · THEO LINGEN · RALF WOLTER · LUCIEN NAT UND FRANÇOISE ROSAY

Prädikat: WERTVOLL
HARDY KRÜGER
DANY CARREL
JEAN RICHARD
Die Gans von Sedan
Ein Film von HELMUT KÄUTNER
mit Fritz Tillmann · Theo Lingen · Ralf Wolter · Lucien Nat · Willy Rösner · Georg Gütlich und Françoise Rosay

Prädikat: WERTVOLL
Noëlle Lavaine
Hardy Krüger · Dany Carrel · Jean Richard
Die Gans von Sedan
Ein Film von Helmut Käutner
mit Fritz Tillmann · Theo Lingen · Ralf Wolter · Lucien Nat · Willy Rösner und Françoise Rosay
Drehbuch: Jean L'Hote und Helmut Käutner nach Motiven eines Romans von Jean L'Hote · Kamera: Jacques Letellier
Ausstattung: Serge Pimenoff · Musik: Bernhard Eichhorn · Farbe von Eastmancolor
EINE GEMEINSCHAFTSPRODUKTION DER UFA/CAPAC · WELTVERTRIEB: UFA-FILMVERLEIH

Hardy Krüger · Dany Carrel · Jean Richard
Die Gans von Sedan
Ein Film von Helmut Käutner
mit Fritz Tillmann · Theo Lingen · Ralf Wolter · Lucien Nat · Willy Rösner und Françoise Rosay
Drehbuch: Jean L'Hote und Helmut Käutner nach Motiven eines Romans von Jean L'Hote · Kamera: Jacques Letellier
Ausstattung: Serge Pimenoff · Musik: Bernhard Eichhorn · Farbe von Eastmancolor
EINE GEMEINSCHAFTSPRODUKTION DER UFA/CAPAC
Weltvertrieb: UFA-Filmverleih
Prädikat: WERTVOLL
Noëlle Lavaine

FILM 29 *Die Gans von Sedan* (BRD/F 1959)

Hardy Krüger

Gemäß Helmut Käutners Vorgabe sollte die Handlung hauptsächlich von der Optik und Mimik getragen werden.

Helmut Käutner bei den Proben mit dressierten Gänsen.

zu nennen." (Hans Günther Pflaum). Über die Neigung von Kranz befindet der Sanitätsrat, dass dieser „lieber ein Mädchen" sein wollte. Käutners Cameoauftritt ist wieder einmal ein betrunkener Wirtshausgast.

Die Vorgeschichte mit dem Nazibezug, erinnert sich der Filmemacher Jahre später, *wirkte damals noch rein politisch, rückte das Hamlet-Geschehen in die Nähe von Anti-Nazi-Vorgängen. Der historische Abstand ist heute so, dass man diese Dinge genauer sieht, und die Art und Weise, wie die Menschen reagieren, ist heute kühler. Der Film ist sachlicher, stimmt mehr mit dem heute überein. Damals war er zu kalt.* Hans Günther Pflaum bestätigt diese Ansicht: „Düster und bedrohlich wirken die alten Fabrikanlagen, hinter ihren Fassaden scheint noch der mörderische Ungeist der Vergangenheit zu atmen. Käutner evoziert die Atmosphäre des Films so souverän, wie es ihm seit *Unter den Brücken* nicht mehr gelungen ist. Und er zögert nicht, offen auf die Familiengeschichte der Krupps anzuspielen." Ein Jahrzehnt später wird Visconti wieder ein Thema Käutners für das große internationale Kino aufgreifen. War es zuvor der *Ludwig*, so ist es jetzt *La caduta degli die / The damned* (I/BRD 1968).

Das Drehbuch für seinen nächsten Film *Die Gans von Sedan* verfasste Käutner mit Jean L'Hôte nach dessen Bestseller „Une Dimanche au Champs d'Honneur." Es wurde im Sommer 1959 verfilmt, und zwar in den Pariser Studios Billancourt, während die Außenaufnahmen in der Nähe der Ile de France stattfanden, nachdem die notwendigen Gänse aufgetrieben und dressiert waren.

Es handelt sich um eine satirische Episode aus dem deutsch-französischen Krieg im September 1870 in Sedan. Léon, ein einfacher Soldat, nimmt wohl gelaunt zwischen

„Ich hätte zu gern gewußt, was Marguerite ihrem Fritz ins Ohr flüstert!"

„Das ist Fritz, in Zivil Landwirt, z. Z. Infanterist!" (Hardy Krüger)

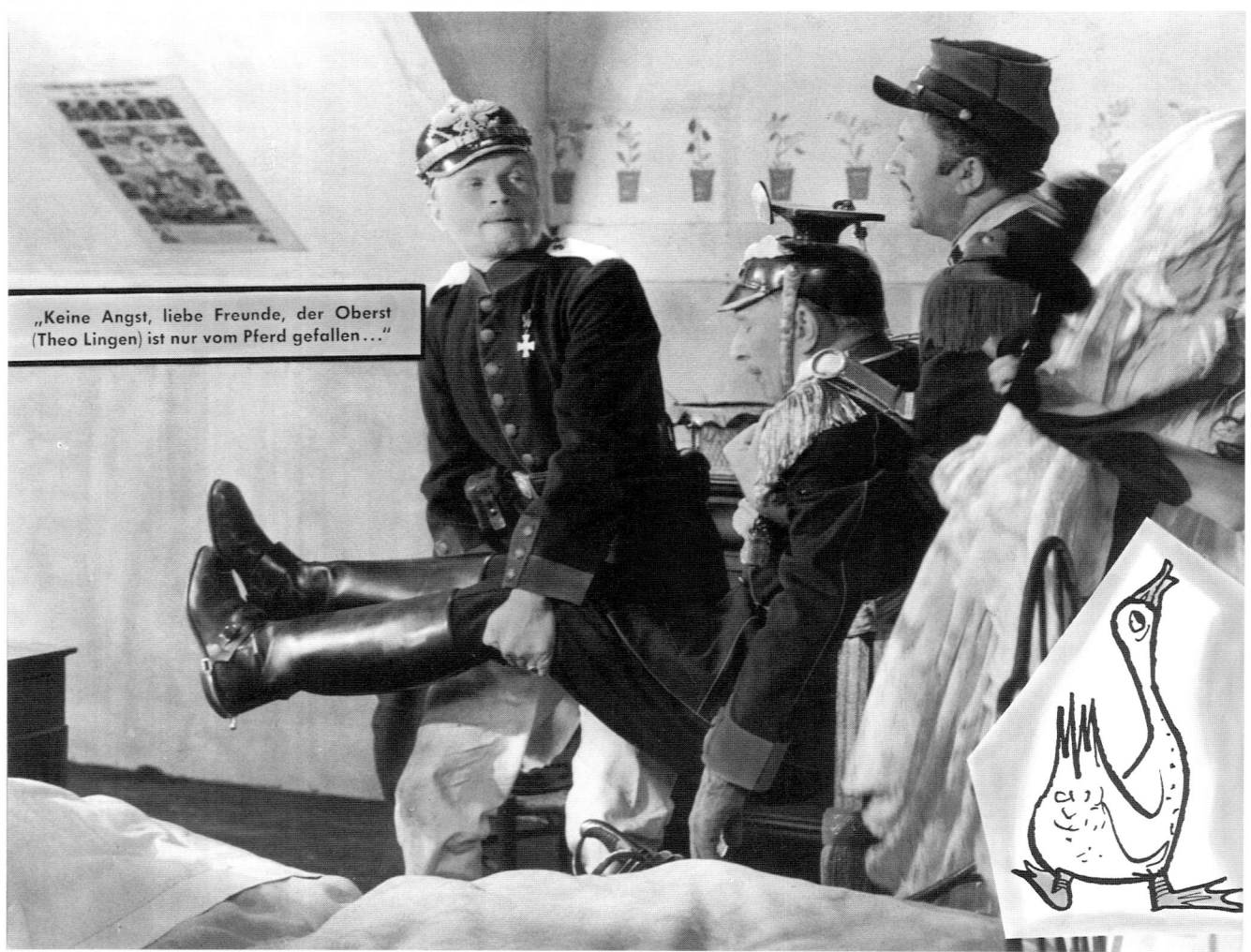

„Keine Angst, liebe Freunde, der Oberst (Theo Lingen) ist nur vom Pferd gefallen..."

Hardy Krüger, Jean Richard, Dany Carrel bei deutsch-französischer Verständigung.

Fritz Tillmann als Hauptmann Knöpfer und Theo Lingen als Ulanen-Oberst.

zwei Schlachten in einem kleinen Fluss ein heimliches Bad. Er begegnet dem Soldaten-Grenadier Fritz, der hinter einer fetten Gans herjagt. So stellen die beiden sehr schnell fest, dass aus Gegnern Freunde werden können, insofern sie in ihren jeweiligen Sprachen plaudern und scherzen. Demnach muss man an einem Sonntag in diesem „verdammten Krieg" nicht unbedingt auf dem „Felde der Ehre sterben", wie es im Film heißt und den Käutner bewusst nicht synchronisieren ließ, sondern der deutsche Text erschien in einer Sprechblase. Ein plötzlicher Kugelregen bereitet dieser Idylle ein jähes Ende. Man trennt sich schnell, ohne sich verabschieden zu können. In der Aufregung rennen sie zwar jeder nach der richtigen Seite, aber in den falschen Uniformen. In der Angst, für Spione oder Deserteure gehalten zu werden, suchen sich die beiden verzweifelt. Die vertauschten Uniformen ermöglichen ein teils possenhaftes, teils liebenswürdiges Verwechslungsspiel zweier sogenannter „Erbfeinde". Hardy Krüger konnte Käutner aus seinem letzten Film für diese Rolle ideal besetzen. Außer Francoise Rosay, die auch im Film deutsch spricht, hatten die übrigen französischen Darsteller wie schon in *Ein Mädchen aus Flandern* keine schauspielerische Erfahrung. Fritz Tillmann und Ralf Wolter spielten schon dort mit. Theo Lingen zeigte erstmals in einem Käutnerfilm sein ganzes Können als verwunderter Ulanen-Oberst. Die Premiere fand am 22. Dezember 1959 statt.

Eugène Scribe hatte sein Kostümlustspiel „Das Glas Wasser oder Ursachen und Wirkungen" 1840 niedergeschrieben, die Handlung spielt allerdings 1710 in London. Sir Henry St. John und die Herzogin von Marlborough sind die „grauen Eminenzen" während der Regierungszeit von

Prädikat
»Besonders
wertvoll«
GUSTAF GRÜNDGENS
LISELOTTE PULVER
DAS
GLAS
WASSER
SABINE SINJEN
HILDE KRAHL
HORST JANSON
RUDOLF FORSTER
HANS LEIBELT
Spritzig wie Sekt!
Ein Film
von
HELMUT KÄUTNER
Musik: Bernhard Eichhorn / Roland Sonder-Mahnken
Kamera: Günther Anders
Eine Georg Richter-Produktion der
DEUTSCHEN FILM HANSA
DFH
Weltvertrieb: Omnia-Film
Omnia

FILM 30 *Das Glas Wasser* (BRD 1960)

Hermann Göring. Der Arbeitgeber von Gustaf Gründgens im Dritten Reich auf der Anklagebank in Nürnberg.

Gustaf Gründgens

1948 hatte Laurence Olivier seine Paraderolle als Hamlet auf die Leinwand gebannt.

Königin Anna. Beide lassen nichts unversucht, dem anderen zu schaden. Schließlich trägt Sir Henry den Sieg davon, den Sieg für den Frieden natürlich.

Schon 1951 hatte Helmut Käutner das Erfolgsstück nicht nur für die Bühne neu übersetzt, sondern auch einen neuen Dialog geschaffen. *Obwohl schon seit Generationen eingeführt, schmeckt es*, so Käutner, *bis zum heutigen Tag nicht abgestanden*. In einer Hörspielfassung sprach er selbst den Sir Henry. Am 26. Dezember 1958 wird seine Übertragung vom Fernsehen ausgestrahlt mit Hannelore Schroth und Martin Held. Nun liegt es auf der Hand, dass Käutner selbst sein Stück als Kinofilm herausbringen möchte. Das konnte nur gelingen in der Starbesetzung mit Gustaf Gründgens. Zwei Jahrzehnte zuvor hatte Gründgens als Intendant des Staatstheaters „Das Glas Wasser" inszeniert und als Sir Henry Triumphe gefeiert. An dieser Stelle ist es angebracht, sich ein wenig mit diesem bedeutenden Schauspieler zu beschäftigen.

Ein halbes Jahr nach der Ermordung Ernst Röhms bat Gustaf Gründgens seinen Dienstherrn Hermann Göring aus persönlichen Gründen, die seine Homosexualität betrafen, um Entlassung. Doch Göring lehnte ab, nicht nur, weil seine Frau mit Gründgens eng befreundet war, sondern weil er hochtrabende Ziele hatte. Gründgens sollte das Staatstheater „zum besten Theater Deutschlands und damit der Welt" machen. Doch nach Angriffen im „Völkischen Beobachter" verlor Gründgens die Nerven und reiste in die Schweiz. Göring verbürgte sich für ihn und Gründgens bekam den politisch unbedeutenden Titel eines „Preußischen Staatsrats", der ihm Immunität sicherte. Görings Protektion verdankte

Premierenfeier

201

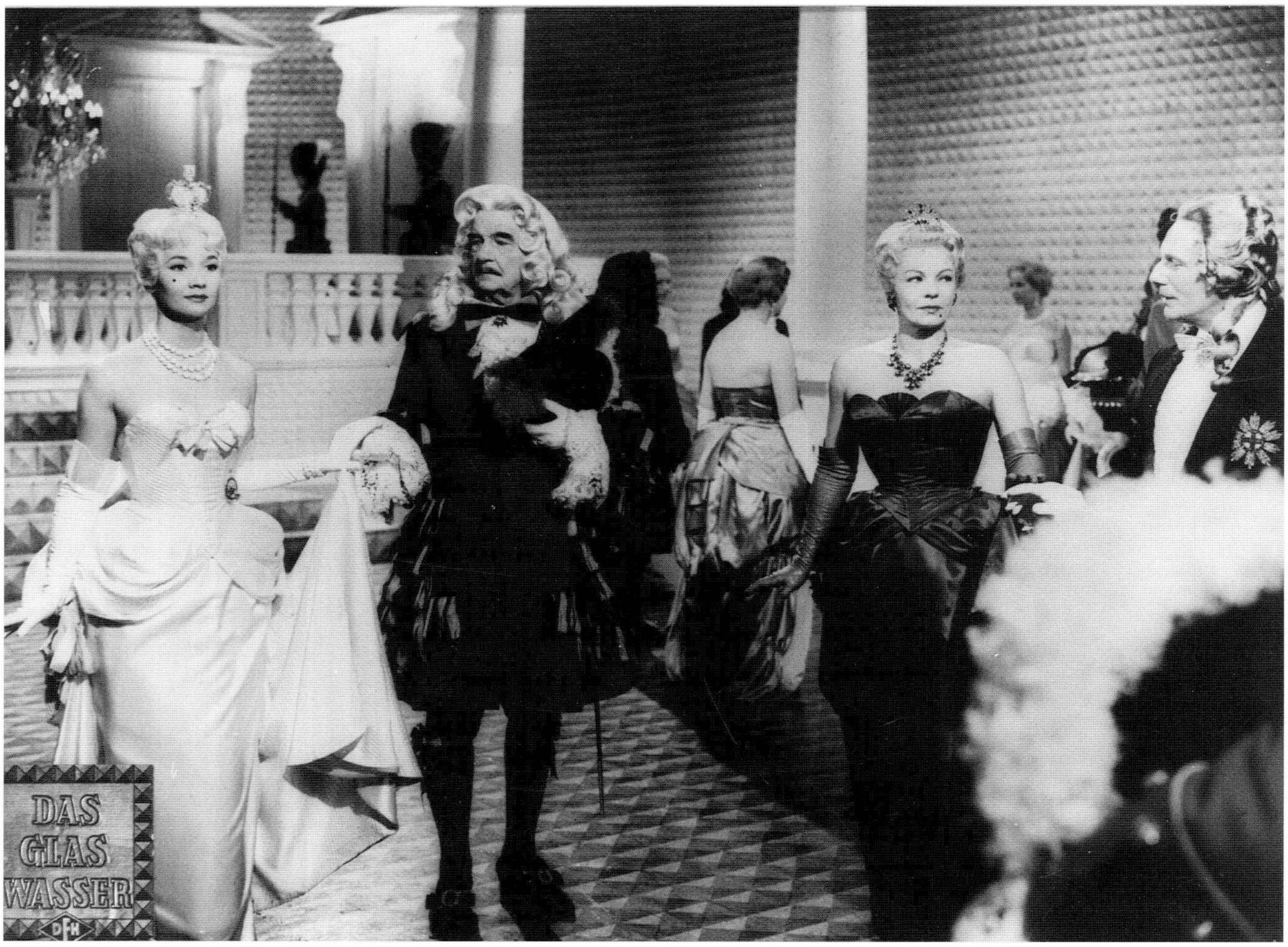
DAS
GLAS
WASSER

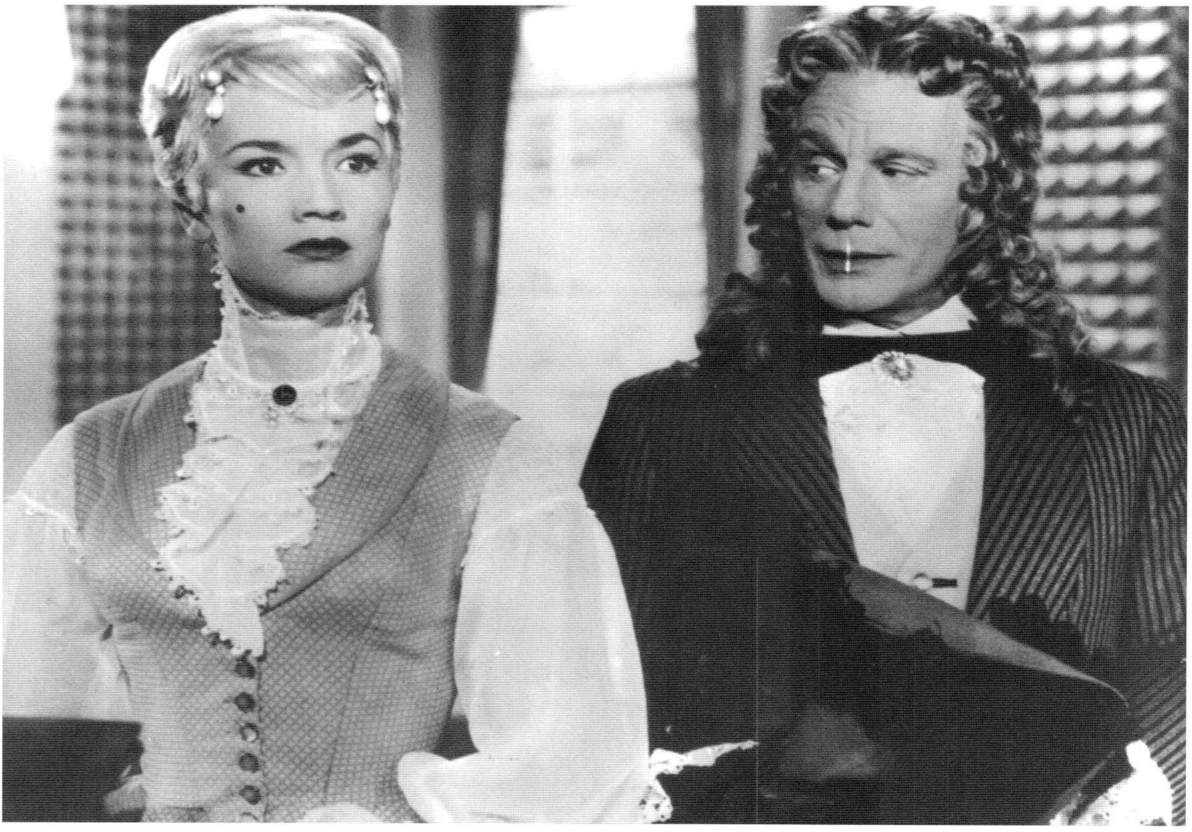

Gründgens auch, dass er die Titelrolle in Veit Harlans antisemitischen Propagandafilm *Jud Süß* ablehnen konnte. Goebbels notiert in sein Tagebuch: „Der ganze Gründgens-Laden ist vollkommen schwul. Hitler ist sehr bestürzt über den Sumpf im Staatstheater. Gründgens soll sich bald ins Ausland verdrücken." Goebbels zwingt Gründgens, die Regie für den Propagandafilm *Zwei Welten* zu übernehmen und notiert nach der Vorführung in sein Tagebuch: „Zu intellektuell, fast nur Gehirnarbeit." 1941 schließlich zwingt ihn Goebbels erneut, nämlich die Rolle des Chamberlain in dem nationalsozialistischen Propagandafilm *Ohm Krüger* zu spielen mit Emil Jannings in der Rolle, der an der Entstehung des Films maßgeblich beteiligt war, was er nach dem Krieg allerdings leugnete. Der Film spielt vor dem Hintergrund des Burenkrieges und verfälscht bewusst die historischen Tatsachen. Für Gründgens ist damit das Maß voll. Er verzichtet demonstrativ auf das Honorar und schreibt mutig an Jannings: „Es ist für mich von entscheidender Bedeutung, dass ich für Sie als Privatperson und Kollege nicht existent bin."

Von diesem Zeitpunkt an wird er jede Rolle im Film ablehnen. Zum Beispiel bot ihm Käutner 1944 die Hauptrolle in *Griff nach den Sternen* an. Nach dem Krieg dann den Wagner in *Ludwig* oder den Königsmörder Claudius in *Der Rest ist Schweigen*. Die Neue deutsche Filmgesellschaft bietet Gründgens für die Hauptrolle in *Der Mann, der zweimal leben wollte* die respektable Gage von 40000 Mark an. Gründgens telegraphiert: „Ihr Angebot hat mir die Rede verschlagen. Bin daher nur noch im Stummfilm verwendbar."

Allerdings hatte Gründgens 1952 die Verfilmung von *Das Glas Wasser* mit sich selbst als Sir Henry erwogen, da bislang nur eine Stummfilmfassung aus dem Jahre 1923

Emil Jannings als Ohm Krüger (1941)

Der echte Ohm Krüger

Pulver mit Käutner am Set

DAS GLAS WASSER
FSK 18 FREIGEGEBEN

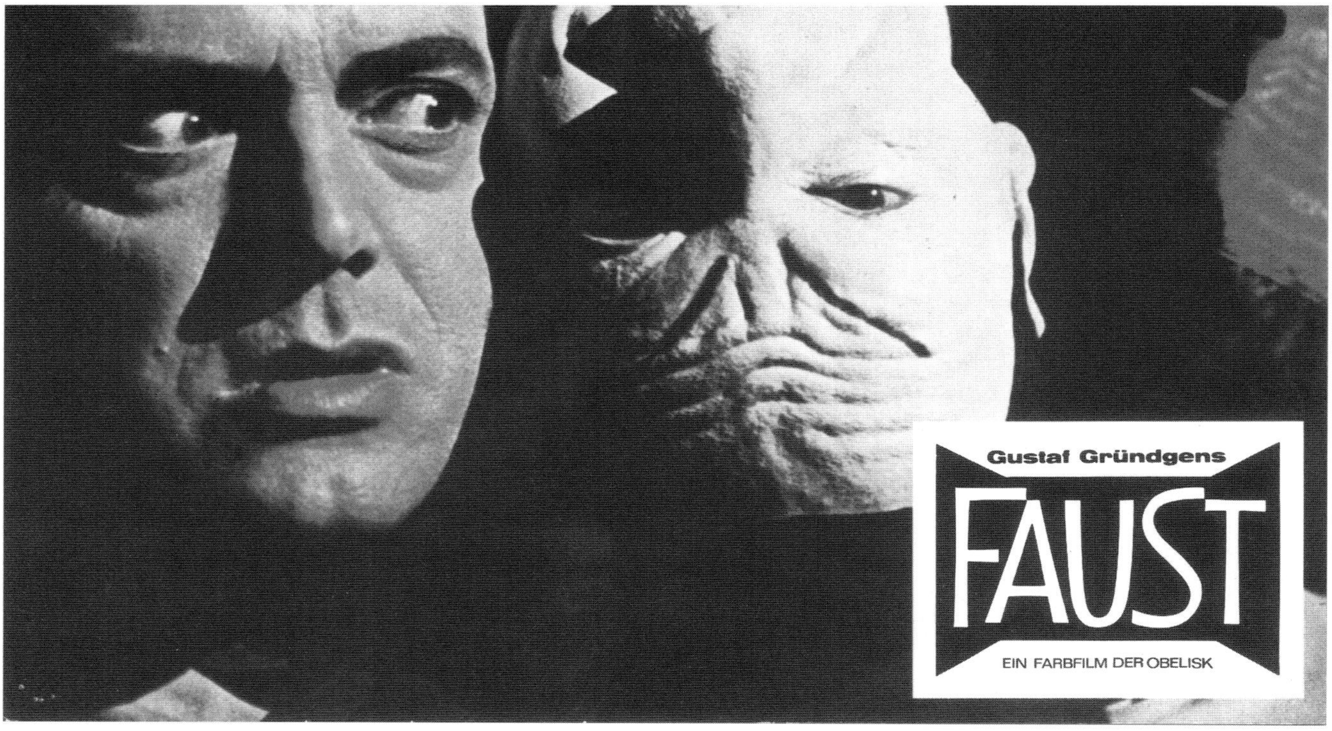
Gustaf Gründgens
FAUST
EIN FARBFILM DER OBELISK

Gustaf Gründgens als Sir Henry St. John. Liselotte Pulver als Königin Anna. Hilde Krahl als Herzogin von Marlborough.

Am Hof in London gibt die ehrgeizige Herzogin von Marlborough (Hilde Krahl) den Ton an. Galanten Abenteuern nicht abgeneigt, spielt sie ihr intrigantes Spiel bei Hof.

Beim Hofball lässt sich die Königin Anna (Liselotte Pulver) vom Marquis de Torecy (Rudolf Forster) zur Quadrillo führen. Dass der Gesandte des französischen Königs überhaupt eine Einladung bekommen hat, verdankt er der Raffinesse Lord Henrys. Dieser hat seine Gegenspielerin, die Herzogin, geschickt ausgetrickst.

Im gleichen Jahr verfilmt Gustaf Gründgens mit Will Quadflieg und Elisabeth Flickenschildt den *Faust*, seine Paraderolle.

unter der Regie von Ludwig Berger existierte. Käutners Angebot im Jahr 1960, den Sir Henry in der Hauptrolle zu spielen, nimmt er schließlich auch deshalb an, weil er im gleichen Jahr beabsichtigte, seine eigentliche Lebensrolle, die des Mephisto, unter der Regiearbeit von Peter Gorski, seinem Adoptivsohn, für die Nachwelt zu erhalten. Bei Käutner kann Gründgens als Conférencier und Chansonnier glänzen in einem „Spiel mit Gesang und Tanz".

Hilde Krahl als Gegenspielerin von Gustaf Gründgens einzusetzen schien nach ihrer letzten Rolle als Schwester Bonaventura fast tollkühn. Doch Käutner hatte einen *reinen Unterhaltungsfilm im Auge mit einer starken Betonung des musikalischen Akzents. Ich glaube im Übrigen, dass dieser Film unter allen meinen Versuchen, musikalische Filme zu machen, der gelungenste ist.*

„Innerhalb des Farbfilms illustrierte er alle Erzählungen hinter dem Rücken der Schauspieler in Schwarzweißaufnahmen. Dadurch erzielte er ironische Wirkungen, die auf der Bühne nicht darstellbar sind. Der Vorhang einer gemalten Barockbühne hebt sich, man sieht ein Zimmer mit hölzernen Druckpressen, Stilmöbeln, an denen Vierkantstahl verarbeitet wurde, man sieht eine Ausgabe des SPIEGEL, die mit einem Kupferstich verziert ist. Vor dem Fenster erblickt man keine wirkliche Stadt, sondern so etwas wie eine vergrößerte Merian-Stadt-Ansicht." (Willibald Eser) *Jede der Frauen*, so Käutner, *hat nur eine Farbe, wenn auch in Variationen, heller und dunkler. Der junge Mann, der Liebhaber, hat nur das Rot der englischen Uniform, und Gründgens ist immer von Schwarz bis Weiß, schwarzweiß wie die Dekorationsteile, die hineingestellt waren. Das ganze Experiment mit der Farbe erinnert an die Große Freiheit Nr.7.*

Schwarzer
KIES
EIN FILM VON HELMUT KÄUTNER
mit HELMUT WILDT · INGMAR ZEISBERG · HANS COSSY · WOLFGANG BÜTTNER · ANITA HÖFER
HEINRICH TRIMBUR · PETER NESTLER · EDELTRAUT ELSNER · GISELA FISCHER · MAX BUCHSBAUM
Drehbuch: Helmut Käutner u. Walter Ulbrich · Kamera: Heinz Pehlke
Herstellungsleitung: Walter Ulbrich
EIN UFA-FILM IM UFA-FILMVERLEIH
WELTVERTRIEB:
UFA-INTERNATIONAL

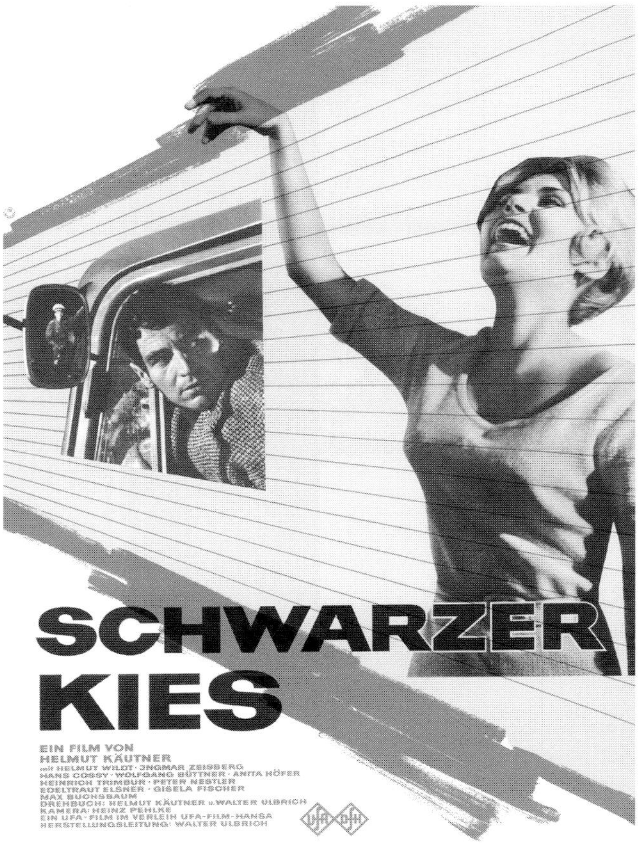
SCHWARZER
KIES
EIN FILM VON
HELMUT KÄUTNER
mit HELMUT WILDT · JNGMAR ZEISBERG
HANS COSSY · WOLFGANG BÜTTNER · ANITA HÖFER
HEINRICH TRIMBUR · PETER NESTLER
EDELTRAUT ELSNER · GISELA FISCHER
MAX BUCHSBAUM
DREHBUCH: HELMUT KÄUTNER u. WALTER ULBRICH
KAMERA: HEINZ PEHLKE
EIN UFA-FILM IM VERLEIH UFA-FILM-HANSA
HERSTELLUNGSLEITUNG: WALTER ULBRICH

Rodeo
SATURDAY

FILM 31 *Schwarzer Kies* (BRD 1961)

Helmut Wildt und Ingmar Zeisberg

Aus dem Programmheft: „Hunsrück. Oktober 1960. Bei dem kleinen Dorf Sohnen werden auf einem Militärflugplatz der Amerikaner neue Posten für Düsenjäger gebaut."

Anita Höfer

Karena Niehoff hebt nach der Uraufführung am 6. Juli 1960 zurecht hervor, dass Sir Henry „überhaupt mehr noch als bei Scribe vorgesehen, der blendend betonte Mittelpunkt ist; er stolziert im Schottenkilt und riesiger Schleife am Arm, auch sonst als ironisch übertriebener, feinfältiger Dandy durch die Pappmaché-Schlosskulissen, er absolviert seinen Sprechgesang noch immer mit dem alten, wegwerfenden Gründgens-Charme, und die eleganten Wortgefechte mit der ihm an Schneidigkeit und intelligenter Feindseligkeit ebenbürtigen Hilde Krahl, der politisch wie erotisch gleichermaßen ehrgeizigen Herzogin Churchill-Marlborough, sehen ihn – da kennt er sich aus – als Mephisto, der hier allerdings gegen die streitbare und egoistische Dame für den Himmel (Englands) und seiner beiden jungen Schützlinge seine Schlingen legt.

Da müssen die anderen, vor allem die jungen, ganz schön hinterherkeuchen, um noch etwas von der Sonne auf sich leuchten zu lassen. Aber Liselotte Pulver, als die infantile und schmelzend verliebte Königin Anna, hat genau wie Sabine Sinjen als die kleine Zofe Abigail – beide geschmackvoll im Spiel – den Vorzug, auch in Großaufnahme lieblich und entzückend unbedeutend auszusehen." („Der Tagesspiegel" vom 7. Juli 1960)

Nach diesem heiteren Intermezzo beginnt Käutner nach *Himmel ohne Sterne* mit einem zweiten, wiederum erfolglosen Versuch, mit den Mitteln des Films politisch etwas auszurichten: *Eine ziemlich schmerzliche Erkenntnis, dass die Wirkung des Films politisch viel zu flüchtig ist.* Aus heutiger Sicht jedenfalls schafft der Regisseur einen Spielfilm von höchstem Dokumentarwert. Im ländlichen Westdeutschland wird in einem kleinen Dorf mit 250 Einwohnern eine

Der große musikalische Farbfilm

Happy-End im siebten Himmel

Sonja Ziemann · Martin Held · Conny Froboess
Helmut Griem · Peter Weck · Karl Schönböck
Wolfgang Neuss · Georg Thomalla
Ein Farbfilm von Helmut Käutner

Drehbuch und Liedertexte: Helmut Käutner und Willibald Eser · Musik: Bernhard Eichhorn · Arrangements und musikalische Leitung: Michel Legrand · Choreographie: Irene Mann · Kamera: Günther Senftleben · Produktionsleitung: Ernst Steinlechner

Eine Georg Richter-Produktion der Divina im Verleih der Gloria

„Die US-Army, die reichste Milchkuh der Welt, wird gemolken."

„Soziale Probleme? Gibt es nicht. Ein jeder hat die Taschen voller Geld. Ordnung? Bedingt. Sicherheit? Ja. Jedenfalls die gesetzliche. Und doch regiert die Furcht. Denn das Morgen bringt Ungewissheit. Besonders deutlich neben den Rollbahnen, auf denen ein neuer Krieg starten könnte."

„Zwei Menschen sind verschwunden. Wird jemand auf den Gedanken kommen, sie unter dem Kies der Piste zu suchen? Keiner."

amerikanische Militärbasis errichtet. 6000 Soldaten leben nun in der Region, und obwohl niemand sie so recht leiden kann, macht doch jeder sein Geschäft mit ihnen. Einzelne Szenen wirken wie „Wochenschauaufnahmen" mit denen unterschwellig die Aversionen zu spüren sind, die in den besiegten Deutschen gegen die Siegermacht gewachsen sind. Um diese Wirkung zu erzielen, greift Käutner bewusst auf keine Charakterschauspieler zurück; lediglich Karl Luley, Otto A. Buck und Peter Nestler hatten schon unter seiner Regie gearbeitet.

Darüber hinaus erfüllt er sich einen *Wunschtraum*, nämlich *einmal einen richtigen Kriminalreißer zu machen*. Das Drehbuch schrieb Walter Ulbrich, dem Käutner *Unter den Brücken* verdankte. Die Außenaufnahmen entstehen vom 3. Oktober bis 20. Dezember in den UFA-Ateliers in Latzenhausen (Pfalz) und in der Nähe der Hahn-Airebase (Hunsrück). „Für die Kritik war es zu viel an Vulgarität. Ein Landpuff, betrunkene und sich übergebende Huren, schmierige Geschäfte auf allen Seiten, unerklärte Allianzen der Korruption, ein Unterdenteppichkehren der Mordaffäre und der Schieberei." Schiebergeschäft deshalb weil man mit Basaltkies, den die Truppe für den Bau von Pisten benötigt, illegal dickes Geld macht. Daher auch der Titel des Films *Schwarzer Kies*.

Dass Käutner mit diesem Film sein „Talent verschleudert habe", lässt sich aus heutiger Sicht nicht bestätigen. Es ist auch keine „Generalabrechnung mit dem Wirtschaftswunderland" (Olaf Müller) Der Filmemacher „erzählt bitter und böse von einem Mikrokosmos, eine Seltenheit im deutschen Kino jener Jahre: ein von vielen Nachtaufnahmen geprägter Film noir, der auch noch mit zynischen

210

FILM 32: *Der Traum von Lieschen Müller* (BRD 1961)

Sonja Ziemann (Lieschen Müller alias Liz Miller) und Martin Held (Dr. Schmidt)

Dieser Film wurde für Helmut Griem zum Desaster. Käutner hat ihn später entschädigt und ihn im Fernsehen für die Rolle des *Bel ami* besetzt. Schon ein Jahr später war Griem bei Viscontis *Verdammten* und dann in *Ludwig II* zu sehen, im gleichen Jahr 1972 in *Cabaret*.

1960: *Fabrik der Offiziere*, Griems erster Film.

Arrangements endet. Die Toten bleiben unentdeckt unter dem Kies verscharrt, der US-Offizier erfährt von seiner Frau die volle Wahrheit und wird sie um seiner Karriere Willen vertuschen: Kaum ein anderer Film aus jenen Tagen hat konsequenter davon erzählt, wie auf allen Seiten die Moral der Pragmatik geopfert wurde." (Hans Günther Pflaum)

„Der Zentralrat der Juden in Deutschland stellt Strafantrag wegen Beleidigung gegen Helmut Käutner. In dem Film, moniert Generalsekretär Dr. Hendrik van Dam, werde ein Barbesitzer gezeigt, der offensichtlich ein Bordell unterhalte, und zu dem ein Gast sagt: ‚Du Saujud!' Auf dem Arm des Bordellwirtes sei eine tätowierte Häftlingsnummer des Konzentrationslagers Auschwitz zu sehen. Das sei eine offene Verhöhnung der Opfer dieses KZ-Lagers. An anderer Stelle des Films sage eine in betrügerische Geldaktionen verwickelte Person: ‚Ich bin kein Ami. Ich bin noch nicht einmal ein Jud.'" (Peter Cornelsen) Der Angegriffene kontert: *Mein neuer Film prangert in einigen Szenen den Neonazismus und den Antisemitismus an. Die Stellen sind eindeutig geschrieben und vom Publikum genauso aufgenommen worden. Bei der Vorführung herrschte ein wirkungsvolles tödliches Schweigen.*

Jetzt ist für Käutner der Zeitpunkt gekommen, sich wieder dem „gepflegten Unterhaltungsfilm" zuzuwenden: *Der Traum von Lieschen Müller (Happy-End im siebten Himmel)* trägt das Motto: „Das Leben und die Träume sind Blätter eines und des nämlichen Buches. Das Leben im Zusammenhang heißt wirkliches Leben." Diesen Aphorismus von Schopenhauer haben Willibald Eser und Käutner ihrem Drehbuch vorangestellt. Meines Erachtens würde ein Zitat Goethes aus „Stella" den Sachverhalt deutlicher treffen: „Mein ganzes

Illustrierte
Film-Bühne
VEREINIGT MIT Illustr. Film-Kurier
Nr. 05975
20 Dpf.
Der Traum von Lieschen Müller
EIN FARBFILM

Zur Goldenen Gans
Conny Froboess
Peter Weck
in Centra „Mariandl"
Mariandl

Links oben: *Der Zauberer von Oz*

Aus dem Programmheft:
„Wenn Lieschen Müller träumt...
Text: Helmut Käutner/Willibald Eser

„Da sitzt man nun von früh um acht
oft bis spät in die Nacht im Büro.
Da plagt man sich ab für sein kleines Gehalt.
Und man wird alt im Büro ...
(und so weiter und so fort)."

Die ideale Besetzung
Sonja Ziemann, Cornelia Froboess und Peter Weck

Leben in einem freundlichen Traum auflösen." Denn *Der Traum von Lieschen Müller* ist Käutners Antwort auf den amerikanischen Musical-Film *Der Zauberer von Oz* aus dem Jahre 1939, gleichfalls in Eastcolor. Anfang und Schluss sind auch bei Käutner in Schwarzweiß gedreht, die Traumhandlung in Farbe. *Der Zauberer von Oz* war der erste Hollywoodfilm, der in voller Länge an einem Abend im deutschen Fernsehen gesendet wurde und zwar am 3. November 1954. Von 1959 bis 1991 wurde er jährlich ausgestrahlt.

Käutners kabarettistisch ausgerichtetes Musical erzählt die Geschichte einer Bankangestellten (Sonja Ziemann), „die sich eine von Schaufensterauslagen, Illustrierten und Kinofilmen inspirierte Fantasiewelt zusammen träumt." (Robert Plaß) „Infolge eines Kreditschwindels verfügt sie über drei Milliarden Dollar und wird zur Präsidentin eines Großkonzerns. Unglücklich verliebte Verehrer begehen reihenweise Selbstmord, man veranstaltet ein Fernsehquiz, um einen repräsentativen Gatten für sie zu finden, in ihrem Salon stehen Säulen in der Form von Mercedessternen, sie ist beim Start der ersten deutschen Marsrakete zugegen und wird von prominenten Autogrammjägern bedrängt. Aber auch ihre Schwester Anni (Cornelia Froboess) und deren Verlobter (Peter Weck) haben Platz in Lieschens Traum: Singend erträumen sie sich ein kleines Haus im Grünen und formieren sich mit einer Gruppe tanzender Gartenzwerge zu einem beschwingten Ballett. Es sind jedoch nicht nur diese kleinbürgerlichen Visionen, über die sich Käutner lustig macht. Es sind der in der Bundesrepublik herrschende Eskapismus und das Streben nach Besitz, nach Prominenz, Macht und internationaler Geltung, die

Es war einmal in Berlin...
eins zwei drei
Billy Wilders explosivste Komödie

Links: Billy Wilders *Eins, zwei, drei* mit Lilo Pulver und Horst Buchholz

Berlin. Die geteilte Stadt noch ohne Mauer.

der Film aufs Korn nimmt. Und immer stärker verlagert sich der Fokus von den privaten Glücksfantasien der jungen Frau zum Blick auf die gesamtgesellschaftliche Situation in der Bundesrepublik. Der erfolgreiche Kreditbetrug gerät zum Synonym für das Wirtschaftswunder, Amerika, die unterstützende Wirtschaftsmacht, hat einen Auftritt als betrunkener, Cowboyhut tragender Erbonkel, und die Marsrakete zeichnet über Bonn ein schwarz-rot-goldenes Fragezeichen in den Himmel. Zum Höhepunkt des Films tanzt eine große Festgesellschaft um ein in der Mitte des Saals am Spieß gedrehtes goldenes Kalb. Unterschwellige, reaktionäre, revanchistische und revisionistische Strömungen offenbarend, singt man das Lied zum neuesten Modetanz: ‚Kennen Sie schon den neuesten Tanz in der Bundesrepublik? Man tanzt ihn teils nach Marschmusik, teils auf die sanfte Tour, man geht im Kreis, mit sturem Blick, zwei Schritte vor und drei zurück.'" (Robert Plaß)

Das Kabarett überschlägt sich förmlich: Lieschen bekommt einen „Nerzinfarkt", das deutsche Raketenabschussgelände heißt „Cap Karneval", Lieschen erhält den Orden „Pour le crédit am goldenen Bande zum Halse heraus".

„Du bist eine Sexbombe und ich bin Pazifist."
„Was wäre Kennedy ohne Jackie? – Junggeselle."
„Liz Taylor hat auch als Lieschen Schneider angefangen." Und so weiter und so fort.

Die Uraufführung war am 19. Dezember 1961, nur wenige Monate nach dem Bau der Berliner Mauer. Keine günstige Zeit, auch nicht für Billy Wilders *Eins, zwei, drei*. Käutner muss zugeben, dass der Film *überhaupt nicht angekommen war. Es wurde nicht nur an ihm herumgeschnitten. Er wurde auch um dreihundert Meter gekürzt und sinnentstellend*

Mauerbau Berlin 1961

215

Walter Koppel zeigt:
Ruth Leuwerik
Rossano Brazzi
Giorgio Albertazzi
DIE ROTE
Nach dem Roman von
Alfred Andersch
mit
Harry Meyen
Richard Münch
und
Gert Fröbe
Ein Film von
Helmut Käutner
Drehbuch: Helmut Käutner · Mitarbeit: Alfred Andersch
Kamera: Otello Martelli
Eine deutsch-italienische Coproduktion
Real-Film Hamburg · Magic/C. C. Champion-Film, Rom
EUROPA

FILM 33 *Die Rote* (BRD 1962)

links:
Im Hintergrund: Gert Fröbe in seiner Rolle als Nazischerge Kramer. Man beachte das strahlend rote Haar von Franziska und erinnert sich an das strahlend blonde Haar in *Auf Wiedersehen, Franziska!*

Ruth Leuwerik und Rossano Brazzi

Ruth Leuwbrick, *Die untadelige Dame*

umsynchronisiert. Es war der Versuch, noch einen schnellen Gebrauchsfilm aus diesem surrealistischen Märchen zu reiten." In diesem Zustand offenbart uns der Film in der Tat, wie banal ein heutiges Millionenpublikum vor dem Fernseher erfolgreich unterhalten werden kann und ob „bestimmte Eingriffe nicht durchaus gerechtfertigt waren." (F.-B. Habel)

Käutner sucht dieses Betätigungsfeld Fernsehen für sich zu nutzen. *Im Fernsehen kann man Dinge machen, von denen man weiß, dass sie im großen Kino nicht die Unkosten bringen.*

Das Kino will er auch neu vermessen und startet seinen *ersten Versuch, mit der sogenannten modernen, jungen Literatur etwas zu machen.* Es handelt sich um die filmische Umsetzung des Romans „Die Rote" von Alfred Andersch. *Die Rote* heißt Franziska, wie im gleichnamigen Film *Auf Wiedersehen, Franziska!* aus dem Jahre 1940. Beide Frauen wollen zwar aus ihrer bürgerlichen Existenz ausbrechen: Während Franziska (Marianne Hoppe) trotz allem dem Mann in manischer Weise Treue und Gefühl hält, will Käutner mit *Die Rote* ein Frauenbild thematisieren, welches im Dritten Reich abgelehnt wurde und sich am besten mit dem Film *Das Mädchen Irene* verbindet. Schünzel wollte mit dem Film den „schwierigen Kampf einer Frau mittleren Alters um sexuelle Verwirklichung" zeigen, was Goebbels für eine „ganz schlechte, überforcierte, ekelhafte Sache" hielt. (17. Oktober 1936) Allerdings hatte Käutner nicht bedacht, dass Ruth Leuwerik, zwar *eine der besten deutschen Schauspielerinnen war,* aber *von vornherein für diesen Stoff verloren.* Denn sie spielte schon viele Jahre *die untadelige Dame der deutschen Gesellschaft.* Als Franziska Lucas verlässt sie Hals über Kopf ihren Ehemann Herbert im Mailänder Café Biffi und nimmt den nächsten Zug nach Venedig.

Die barfüßige Gräfin. Rossano Brazzi, Ava Gardner und Humphrey Bogart von Mankiewicz

Letztes Jahr in Marienbad

Giorgio Albertazzi wurde durch den kühnen französischen Film *Letztes Jahr in Marienbad* bekannt.

„Die Arbeit war sehr schön. Und die Atmosphäre von Venedig wunderbar eingefangen." (Ruth Leuwerik)

Anlässlich der 8. Westdeutschen Kurzfilmtage wurde Helmut Käutner Anfang 1962 der „Preis für die schlechteste Leistung eines bekannten Regisseurs" verliehen und ging zu gleichen Teilen an *Schwarzer Kies* und *Der Traum von Lieschen Müller*.

Aus dem Programmheft:
„Der Schalterbeamte in der Stazione Centrale von Mailand blickt die rothaarige Frau ein wenig mitleidig an, die ihn nach dem „nächsten Zug irgendwohin" fragt. Franziska Lucas weiß, dass sie sich mit ihrer plötzlichen und völlig unvorbereiteten Flucht von ihrem Mann Herbert aus der Gemeinschaft der ‚Bürgerlichen' ausgeschlossen hat."

Dass sie als Sekretärin auch eine von ihrem Mann geduldete Beziehung zu ihrem Chef hatte, also mit zwei Männern lebte und schließlich einem dritten in Venedig anheimfiel, wollte das damalige Kinopublikum nicht wissen.

Käutner verwendet den „inneren Monolog", den schon Alfred Hitchcock in *Sir John greift ein* einsetzte und der auch bei Andersch wichtiges Stilmittel ist. Dieser innere Monolog kam in der Verfilmung von *Sansibar oder der letzte Grund*, einem anderen Werk von Andersch, nicht zum Tragen. Allerdings hat Käutner größte Mühe, die häufige Banalität der Monologe in die richtigen Bahnen zu lenken. Beispielsweise entdeckt die Rote einen Mann in Venedig. „Ach so, ein Schwuler", sagt der innere Monolog, „männlicher als die meisten normalen Männer." Giorgio Albertazzi spielt die Rolle des schwulen, irischen Agenten, dessen Yacht den Namen „Antinous" trägt, eine Anspielung auf den Liebling des römischen Kaiser Hadrian. „Aus der bei Andersch als Jungmänner-Gruppe mit Liebe zum Jazz beschriebenen Konstellation macht Käutner eine finstere Stricherbar." (Karsten Witte) Albertazzi hatte ein Jahr zuvor in *L'année dernière à Marienbad* eine der Hauptrollen gespielt. Es war ebenfalls eine literarische Verfilmung in enger Zusammenarbeit mit Alain Robbe-Grillet, der das Drehbuch verfasste und auf den inneren Monolog zurückgreift. Resnais Film war eine französisch-italienische Produktion, bei Käutner eine deutsch-italienische. Setzte Resnais auf den französischen Kameramann Sacha Vierny, so erforscht der Kameramann des italienischen Neo-Realismus Otello Martelli das Venedig nächtlicher Gassen, der bereits für Rossellini und Fellini gedreht hatte. Emilia Zanetti lieferte die Musik. Käutner wollte also einen italienischen Film drehen.

Gerd Fröbe in *Goldfinger*.

220

FILM 34 *Das Haus in Montevideo* (BRD 1963)

Heinz Rühmann als Prof. Dr. Traugott Hermann Nägler.

Ruth Leuwerik u. Heinz Rühmann

Ruth Leuwerik und Giorgio Albertazzi spielten in ihrer jeweiligen Landessprache, sie konnten sich mit keiner Sprache verständigen. „Dennoch", erinnert sich Ruth Leuwerik, „war das Fluidum zwischen uns so wunderbar, dass wir jedes Wort und jede Szene miteinander aufnahmen, als sprächen wir beide die gleiche Muttersprache. Die Arbeit war sehr schön. Die Atmosphäre von Venedig ist wunderbar eingefangen. Diese ganze Morbidität."

Franziska wird in Gestalt des Nazi-Schergen Kramer mit der braunen Vergangenheit konfrontiert. Dass der Engländer, der mit Kramer eine offene Rechnung hatte, ihn töten wollte, hatte dieser gewusst, aber nicht ernst genommen. Sein Ende entspricht dem Urteil, das Franziska bereits zuvor über ihn gefällt hatte: „Man muss ihn totschlagen wie eine Ratte." Gert Fröbe „schleicht als unbarmherziger Ex-Nazi Kramer durch Venedig." (Uwe Mies) Meisterhaft spielt er die Szene in einem Lokal, die ihn extrem schmatzend und widerlich beim Essen zeigt: Die Verkörperung des „hässlichen Deutschen" par excellence. „Stellen Sie sich vor", sagt er zu Franziska, „dass einige Jahre hindurch Ströme von Juden an mir vorbeizogen, um getötet zu werden. Ich entdeckte plötzlich, dass ich, während ich diese Leute betrachtete, nicht mehr das Geringste empfand. Sie meinen vielleicht, ich spräche von Mitgefühl, aber da irren Sie sich. Was mich wie ein Schlag berührte war vielmehr, dass ich keine Spur von Hass oder auch nur Abneigung in mir spürte, sondern nur grenzenlose Gleichgültigkeit. Ich kam mir vor wie Gott, der aus unermesslicher Höhe auf das Gewimmel der Menschen blickt."

In drei Filmen hat Käutner die Folgen der Braunen Vergangenheit in der jungen Bundesrepublik Deutschland angeprangert: *Himmel ohne Sterne*, *Schwarzer Kies* und *Die Rote*.

222

Hanne Wieder als Carmen de la Rocco
Heinz Rühmann und Viktor de Kowa als Anwalt und Notar in einer Glanzrolle.

Traugott Nägler übermittelt den Inhalt des Testaments.

Diese Filme über das geteilte Deutschland, die Besatzung und untergetauchte Nazis im Ausland waren unzeitgemäß und im Kino nicht erfolgreich. Sie waren das, was man heute Independentfilme nennt. „*Die Rote* war", so Helmut Käutner, *kein nenneswerter Erfolg, obwohl es auch einer von den Filmen ist, die mir am meisten am Herzen liegen.* Schmerzlich war sicher auch die öffentliche Kritik von Andersch. Käutner hatte beispielsweise das genügsame Ende des Buches nicht übernommen, sondern Franziska steht „bei Käutner wieder am Bahnhof, wo die Kamera sie schließlich ins Ungewisse entlässt." (Carolin Weidner). Andersch wird diesen Schluss für eine Neuausgabe seines Buches übernehmen.

Vierzig Tage lang, vom 15. Juli bis 8. September 1963 drehte Käutner seinen nächsten Spielfilm, die Curd-Goetz-Komödie *Das Haus in Montevideo,* in der mit 2100 Quadratmetern größten Atelierhalle in München-Geiselgasteig und in Eichstädt (Bayern). Es ist neben der *Zürcher Verlobung* die bei weitem beste Komödie, die bislang von einem deutschen Regisseur verfilmt wurde.

Es ist die Geschichte des Studienprofessors Traugott Nägler (Heinz Rühmann), glücklich verheiratet, Vater von zwölf Kindern, der von seiner verstorbenen Schwester Josefine, dem „schwarzen Schaf" der Familie, eine Erbschaft zugunsten seiner Tochter Atlanta (Ilse Pagé) in Aussicht gestellt bekommt: Ein Haus in Montevideo. Zusammen mit der Tochter und Pastor Riesling (Paul Dahlke) macht sich der Professor auf den Weg nach Montevideo. Curd Goetz hatte seine „moralische Komödie" bereits 1951, aus dem Exil zurück, selbst verfilmt, mit der er die deutsche Spießermoral bloß stellte. Käutner verstärkt sie mit wenigen zusätzlichen Dialogen und dem Gesang der Carmen de la Rocco (Hanne Wieder). „Unvergesslich", schreibt Else

224

Links oben: Paul Dahlke (aus *Romanze in Moll*) noch einmal und großartig unter Käutner.

Links unten: Viktor de Kowa als Anwalt in seiner letzten Rolle für Helmut Käutner.

FILM 35:: *Lausbubengeschichten* (BRD 1964)

Durch Casting zum Kinderstar: Hansi Kraus.

Goetz in der „Stuttgarter Zeitung" vom 28. Oktober 1963, „wie Heinz Rühmann hin- und hergerissen zwischen seiner engen Moral und seinem weiten Wunsch nach dem Vermögen, dem jungen Freier (Michael Verhoeven) seiner Tochter Atlanta mit Hilfe einer Fabel beizubringen versucht, doch die Süßspeise vor der Suppe zu essen; wie sein Ansinnen an der anständigen Verständnislosigkeit des jungen Menschen scheitert und er diesem zerknirscht befiehlt, ihm eine runterzuhauen. Unvergesslich überhaupt, wie er hinter dem pedantischen Pauker, dem tyrannischen Hausvater, dem begrenzten Spießer den im Grunde väterlichen und empfindsamen Mann sichtbar werden lässt."

Damit sich Ruth Leuwerik in ihrer beliebten Mutterrolle (*Die Trappfamilie*) voll entfalten kann, setzt Käutner die Stelle, in der Professor Nägler in Montevideo einen Brief von Zuhause bekommt, dergestalt um, dass er das, was im Brief mitgeteilt wird, im Film tatsächlich zeigt. *Als Figur, so Käutner, steigt sie ja zwei Akte aus dem Theater aus, weil sich die ‚Partner' in Montevideo befinden. Wir haben deshalb in den Montevideo-Komplex eine Anzahl von Szenen eingeschoben, in denen wir in die Kleinstadt zurückgehen und die Folgen der zu erwartenden Erbschaft zeigen.* Ferner praktiziert Ruth Leuwerik den inneren Monolog, wie zuvor in *Die Rote*.

Selbst Nebenrollen wie die von Paul Dahlke und Viktor de Kowa sind hervorragend besetzt. Welche Schauspielerin, außer Hanne Wieder, hätte das Chanson der Carmen de la Rocco – getextet von Helmut Käutner und vertont von Franz Grothe – so intensiv vortragen können?

Mit den *Lausbubengeschichten* verfilmt Käutner die Kindheitserinnerungen von Ludwig Thoma. „Die einzelnen Episoden, die die Streiche des jungen Ludwigs schildern, sind eingebettet in die Geschichte eines Dorfpfarrers, der

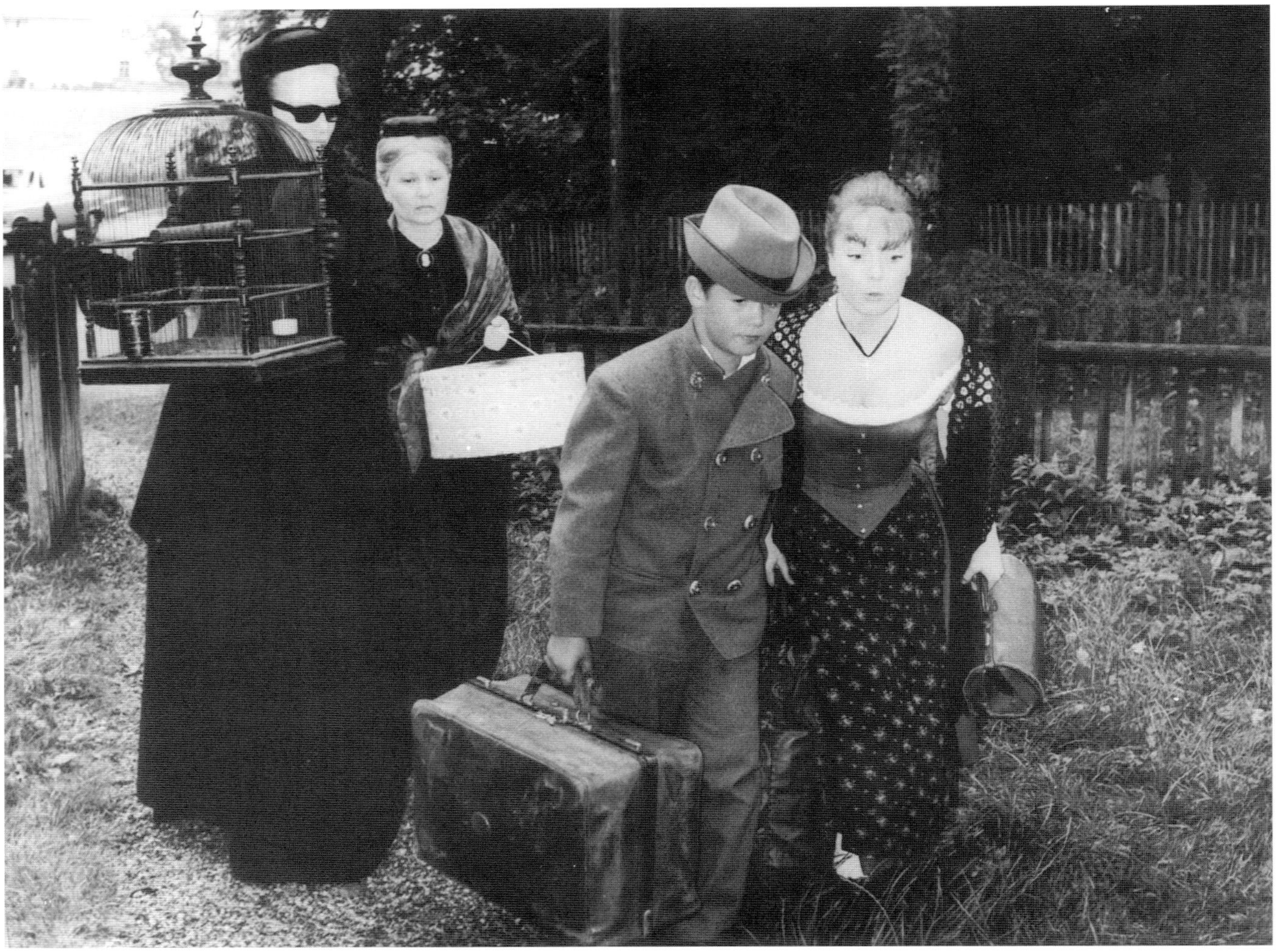

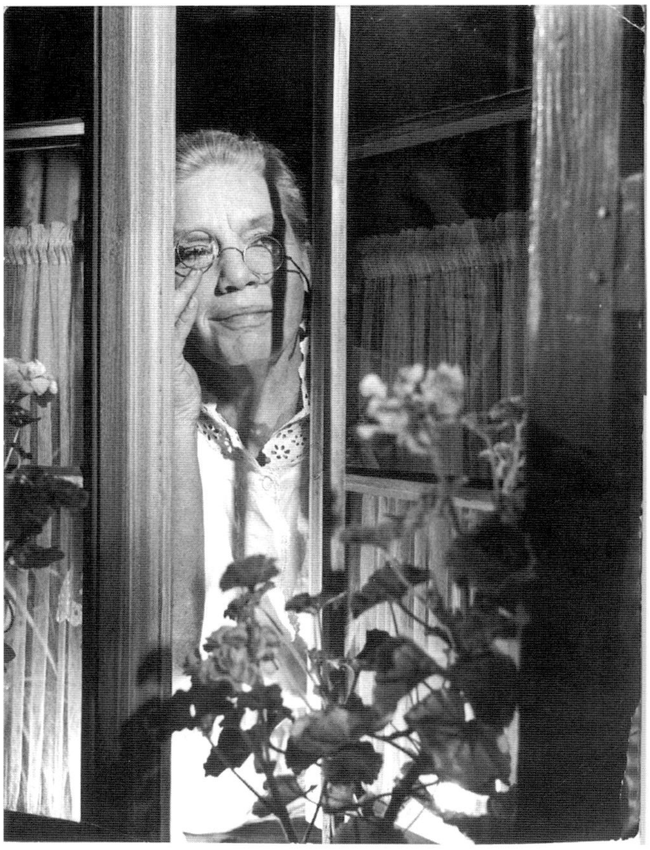

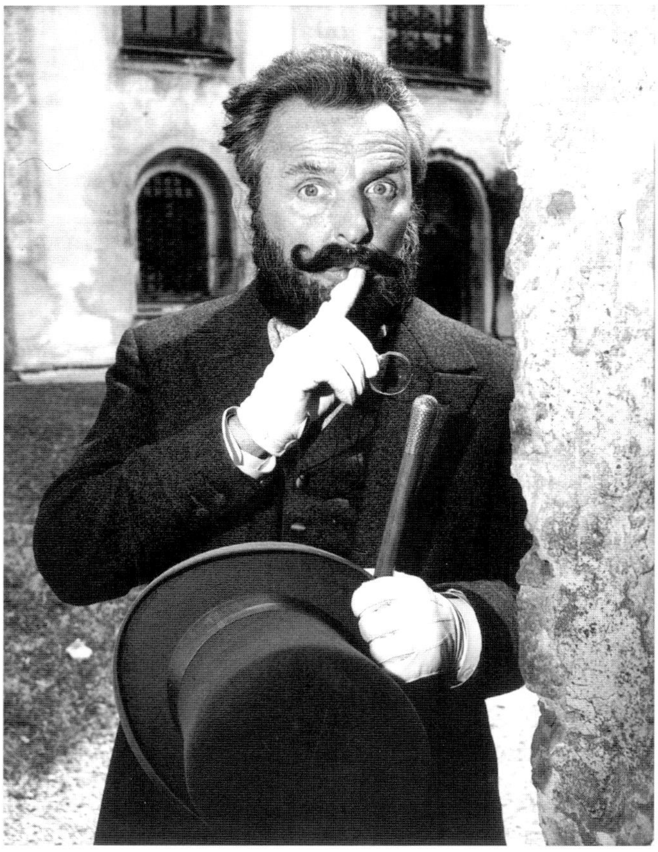

Willy Rösner

Ludwig Thoma schildert die lustigen Streiche, mit denen sich ein pfiffiger Junge im früheren Königreich Bayern auf seine Weise gegen Dünkel, Scheinheiligkeit und aufgeplusterte Autorität zur Wehr setzt.

Elisabeth Flickenschildt spielte in Käutners *Romanze in Moll* eine mit Vorsicht zu genießende Portiersfrau. Hier kommt sie als Tante Frieda mit ihrem Papagei zu Besuch.

Links:
Elisabeth Flickenschildt und Georg Thomalla

sich in die Lektüre ebendieser Lausbubengeschichten vertieft, nachdem er das Buch im Religionsunterricht konfisziert hatte. Während der Haupthandlungsstrang im Jahre 1886 mit einer Trauerrede zum Tode König Ludwigs beginnt, findet die Rahmenhandlung 25 Jahre später statt. Im Anschluss an die Wiedergabe einer Wirtshausdiskussion, in deren Verlauf es um Steuergesetze, Zensur und den Einfluss der Kirche auf die Politik geht, springt der Film ins Jahr 1911: Der lesende Pfarrer stutzt, hebt den Blick vom Buch und wundert sich: ‚Wann hat denn der Thoma das geschrieben? Hat sich nichts geändert?'" (Robert Plaß)

Der lesende Pfarrer (Willy Rösner) spielt die bei Käutner beliebte Rolle eines Conférencier. Damit knüpft der Filmemacher bewusst an seinen *Ludwig* an, denn dort hatte Rösner den Ministerpräsidenten von Lutz gespielt. Mit seinem Film wollte er offensichtlich zugleich dem Kabarettisten Ludwig Thoma ein Denkmal setzen. Mit bedeutenden Schauspielern wie Elisabeth Flickenschildt und Carl Wery sowie einer Anzahl guter Unterhaltungsschauspielern gelingt es Käutner ein, wie er es nennt, amüsantes „Original Ludwig Thoma". An *Neuen Lausbubengeschichten*, die schon ein Jahr später in die Kinos kamen, war Käutner nicht interessiert.

Die Feuerzangenbowle und auch vorher schon *Das Haus in Montevideo* und die *Lausbubengeschichten* waren Käutners Abschied vom „absoluten Film-Kunstwerk". Mit dieser Lustspieltrilogie vermittelt er uns einen Blick auf das miefig konservative Bürgertum der Gründerzeit des Deutschen Reiches. *Die Feuerzangenbowle* war die Neuverfilmung des Heinz-Rühmann-Klassikers von 1943. Diesmal spielte Walter Giller den Schriftsteller Dr. Pfeiffer, der sich als Schüler auf einem Kleinstadtgymnasium einschleicht,

Die Feuerzangenbowle

EIN FILM VON HELMUT KÄUTNER
Produktion: RIALTO-FILM Preben Philipsen Constantin-Film

ERICH PONTO · HEINZ RÜHMANN in dem Film »Die Feuerzangenbowle«

Das gab's nur einmal

KURT ULRICH PRODUKTION

UFA-FILMVERLEIH

Fünf Jahrzehnte Filmgeschichte mit den beliebtesten deutschen Darstellern

FILM 36 *Die Feuerzangenbowle* (BRD 1970)

Links: Walter Giller, Uschi Glas, Theo Lingen, Fritz Tillmann.

Zur Sache, Schätzchen. Mit diesem mittelmäßigen Film wurde Uschi Glas bekannt. Mit ihrer Besetzung in *Die Feuerzangenbowle* konnte Käutner mit einem größeren, auch jüngeren Publikum rechnen.

„Weniger im Körperlichen"

Heinz Rühmann

um seine verlorene Schulzeit nachzuholen. Käutner *fand ihn ganz amüsant und nett; das ist ein hübscher Film und ein hübscher Erfolg geworden, anständig und kultiviert gemacht. Zum reinen Amüsierfilm habe ich nie ein Verhältnis gehabt, nicht mal als Kinogänger.*

Die Kritik im „Tagesspiegel" (20. September 1970) zeigt sich enttäuscht: „Es gehört zweifellos einiger Mut dazu, gegen das Rühmannsche Vorbild anzuspielen, das in der Erinnerung vieler Besucher gewiss noch recht lebendig ist. Nun, Walter Giller macht seine Sache recht gut, wenngleich Rühmann, allein schon von seiner grazilen Gestalt her, weniger war im Körperlichen, wohl aber auch beweglicher im Witz. Und so kurios die vertrottelten Lehrer eines Theo Lingen, Willy Reichert, Fritz Tillmann oder Hans Richter (der damals übrigens einen der Schüler spielte) auch sind, die verträumten Schulmeister von ehedem, Erich Ponto also, Paul Henckels, Hans Leibelt oder Max Gülstorff, waren skurriler.

Und gerade das unterscheidet vielleicht die *Feuerzangenbowle* 1944 von der des Jahres 1970: die alte wirkte original und damit auch origineller (und zugleich gewiss auch geistreicher und charmanter), die von heute erscheint – Helmut Käutners gewiss souveräner und versierter Regie zum Trotz – doch nur als die Rekonstruktion eines einstigen Erfolges, weshalb sich denn auch diese verträumte Idylle jeglicher Absicht zur Parodie entzieht."

Heute zeigt sich Käutners *Feuerzangenbowle* in einem anderen Licht. Die Altherrenrunde zu Beginn des Films, die sich an ihre Kindheit erinnert, ist brillant besetzt und inszeniert. Sie besteht aus uns wohl vertrauten Schauspielern seiner Filme: Hans Hessling, Albert Lieven, Wolfgang Lukschy, Harry Wüstenhagen, Tilo von Berlepsch, Ulrich Beiger und Käutners Lebensfreund, dem Komponisten Bernhard Eichhorn am Flügel. Das Bekenntnis Pfeiffers am Ende der *Feuerzangenbowle,* die Geschichte als auch seine eigene Person erfunden zu haben, ist zugleich das Lebensmotto Käutners selbst, wenn es heißt: „Wahr sind nur die Erinnerungen, die wir mit uns tragen, die Träume, die wir spinnen, und die Sehnsüchte, die uns treiben, damit wollen wir uns bescheiden."

Helmut Käutner als Sigmund Freud

Montgomery Clift

Epilog

Neben seiner Regiearbeit spielt Käutner weiterhin gerne Theater. So steht er mit seiner Frau in Henry Denkers Stück Verbotenes Land (Eigentlich Berggasse 19) auf der Bühne des Residenz-Theaters in Berlin. Die Aufführung war am 15. Januar 1967 im Zweiten Deutschen Fernsehen übertragen worden. Ort der Handlung ist Wien, Berggasse 19. Der 82jährige Sigmund Freud bereitet sich im Jahre 1938 auf seine Flucht nach England vor. In seinem Ordinationszimmer überfallen ihn Erinnerungen an die Wirksamkeit der Psychoanalyse, welche sein Lebenswerk wurde. Von diesem Stück gibt es auch eine Fernsehaufzeichnung aus dem Theater in der Josephstadt aus dem Jahre 1979 mit Curd Jürgens in der Hauptrolle.

Zwar ist die Maske Helmut Käutners überzeugender als die des unverkennbaren Filmstars Curd Jürgens, doch ist das Theater zu oberflächlich für dieses Thema. Schon 1962 hatte John Huston die Filmbiografie *Freud* in einer Länge von zwei Stunden und zwanzig Minuten mit Montgomery Clift sehr differenziert auf die Leinwand gebracht. In *Suddenly, Last Summer* (1959) hatte dieser Schauspieler unter Joseph L. Mankiewicz, mit Katharine Hepburn und Elizabeth Taylor, zudem eindringlich bewiesen, dass er wie kein anderer die Sache der Psychoanalyse überzeugend darstellen konnte.

Helmut Käutner spielte bedeutende Rollen in Fernsehfilmen anderer Regisseure. Unter Herbert Vesely sehen wir ihn 1970 als Adam Krug in *Das Bastardzeichen*: Es handelt sich um einen Roman von Vladimir Nabokov aus dem Jahr

230

Christine Kaufmann in *Das Bastardzeichen*

Helmut Käutner

Christoph Bantzer und Heidelinde Weis in *Die Frau in Weiß*

1947, der erst 1962 in deutscher Übersetzung erschien. Gegenstand ist insbesondere der „Hamlet", also das, womit sich Käutner in *Der Rest ist Schweigen* beschäftigt hat.

Es entsteht verstärkt der Eindruck, dass Krug nicht in der Realität lebt, sondern in einem von höherer Ebene gesteuertem Alptraum. *Ständig in Angst* (Hauser's Memory) heißt der Spielfilm von Boris Sagal aus dem gleichen Jahr nach dem Roman (1968) von Curt Siodmak. Käutner spielt hier den Hirnbiochemiker Prof. Patrik Cory, der erfolgreich Gedächtnisinhalte zwischen Tieren überträgt und es nun an Menschen experimentieren will. Äußerst interessant ist, dass Käutner nicht unter dem Namen Cory spielt, sondern hier Kramer heißt. Kramer, wie der SS-Mann, der von Gert Fröbe in *Die Rote* verkörpert wurde.

Ein Jahr später, 1971, steht Helmut Käutner als Sir Frederic Fairlie in der Verfilmung des hintergründigen Romans von Wilkie Collins *Die Frau in Weiß* vor der Kamera. Das Buch erschien 1860 und gilt als erstes dem Genre des typischen englischen „Mystery Novel" zugehörige Werk. Pinkas Braun, der seine erste Rolle in Käutners *Himmel ohne Sterne* spielte, stellt den undurchsichtigen Sir Persival Glyde dar, in einem Ensembel hervorragender Schauspieler wie Heidelinde Weis, Christoph Bantzer, Eva Christian, Eric Pohlmann, Edith Lechtape und Hans Hinrich.

Käutners Glanzrolle zeigt eine eigene Welt, also das, was er liebte: Film im Film. Er spielt einen Dandy, einen Hagestolz, einen homosexuellen Eigenbrödler. Unter der Regie von Wilhelm Semmelroth basiert die Verfilmung unverfälscht auf der hervorragenden Übersetzung von Arno Schmidt. In drei Teilen war sie mit neun Millionen Zuschauern eine der erfolgreichsten TV-Produktionen im Jahr 1971.

Um auf das Thema „Film im Film" zurückzukommen, so war Babeck, ein ZDF-Dreiteiler aus dem Jahre 1968, der Beginn Käutners mit dem anspruchsvollem Kriminalfilm (von *Schwarzer Kies* abgesehen). Hier spielt er den Dr. Brenner, einen Arzt mit NS-Vergangenheit, der zum Mörder wird und schließlich selbst ermordet wird.

Ich habe, so Käutner, *ein paar undurchsichtige Charaktere in Krimis gespielt, merkwürdige Leute, ein Rollenfach, was ich früher nie gespielt habe, bösartig, hintergründig, kalt, gemein; Sachen, die meinem Wesen ziemlich fremd sind, aber es hat mir Spaß gemacht beim Fernsehen, und so ist das weiter gelaufen.*

Curd Jürgens in *Babeck*

So spielte er unter Wolfgang Staudte in *Messer im Rükken* (1970) den ständig betrunkenen Hugo Blasek und erinnert damit an seine Cameoauftritte in *Bildnis einer Unbekannten* oder *Der Rest ist Schweigen*. In *Nur Aufregung für Rohn* (1974/75) lässt er sich sogar ermorden und man sieht wie seine Leiche weggeschafft wird. In *Auf eigene Faust* (1976) sehen wir ihn als Geldfälscher und in *Der Richter in Weiß* (1970) als korrupten Klinikchef. Zweimal führt er selbst Regie, immer in Assistenz von Ilona Juranyi, in *Anonymer Anruf* (1970) mit Kommissar Keller (Erik Ode) und in *Stiftungsfest* (1973/74) mit Oberinspektor Stefan Derrik (Horst Tappert). Hier steht Siegfried Lowitz im Zentrum. Ein Schauspieler, der viel für Käutner gespielt hat.

Charles Regnier

Helmut Käutner hatte schon früh, in *Romanze in Moll* und in *Große Freiheit Nr. 7*, kleinere Rollen in seinen Kinofilmen übernommen. Nach dem Krieg spielte er in *Der Apfel ist ab* den Petrus. Davon geheilt, begnügte er sich in seinen Filmen nurmehr mit Cameoauftritten gemäß seiner Devise, die er selbst in *Die Zürcher Verlobung* verkündet hatte: *Ich*

Siegfried Lowitz

Helmut Lohner und Helmut Käutner

weiß nicht. Ich finde es nicht gut, wenn ein Regisseur in seinem eigenen Film mitspielt.

In *Zu jung für die Liebe*?! (1961) spielt er wieder in einem Kinofilm und zwar unter unter der Regie seiner Frau Erica Balqué den Rechtsanwalt Dr. Blenheim.

1972 übernimmt er die Hauptrolle in dem Kinofilm *Versuchung im Sommerwind* von Rolf Thiele, einem Regisseur, der schon längst seinen absoluten Tiefpunkt erreicht hatte: Ein Desaster für Käutner.

1974 bekommt er die Hauptrolle seines Lebens in *Karl May*, einem Spielfilm von Hans-Jürgen Syberberg, der das Drehbuch schrieb und Regie führte.

In seinem Interview mit Edmund Luft behauptet Käutner, dass er nur die „Titelfigur" spiele: Ich habe sonst mit dem Unternehmen nichts zu tun. Doch die hervorragende Besetzung lässt meines Erachtens einen anderen Schluss zu, nämlich den, dass sie von Käutner stark beeinflusst wurde. Neben UFA- und Fassbinderschauspielern sehen wir acht Darsteller aus Käutnerfilmen queer durch die Zeit. Dennoch wäre es ungehörig und unnötig, darauf weiter einzugehen.

Als Schauspieler und Regisseur arbeitete Helmut Käutner gern im Team mit bewährten Kräften. Das lässt sich über sein gesamtes Schaffen verfolgen. Außergewöhnlich ist seine letzte Rolle als Franz Schadow in der Fernsehserie *Eichholz und Söhne* aus dem Jahr 1977.

Käutner selbst hatte als Regisseur konsequent alles Serienmäßige abgelehnt, zum Beispiel weitere Folgen der *Lausbubengeschichten* zu drehen. Rudolf Jugert oder besonders Wolfgang Staudte hatten wohl keine andere Wahl, ihren Lebensunterhalt als Serienregisseure fürs Fernsehen zu bestreiten.

Werner Hinz

„Michael Hinz"

Franz Schafheitlin

Brigitte Horney

Käutner war als Schauspieler nur in niveauvollen Dreiteilern zu sehen. Von daher kann die Mitwirkung an dieser Fernsehserie als sein Abschied vom Film betrachtet werden.

Die Fernsehserie orientiert sich völlig an dem erfolgreichen Unterhaltungsroman von Bruno Hampel, der auch das Drehbuch geschrieben hat. Wie der Patriarch einer Tischlerei (Werner Hinz) allmählich einsehen muss, sich aus seinem Geschäft zurück zu ziehen, so und nicht anders hat sich Käutner selbst, krank und erschöpft, aus dem Filmgeschäft in die Toskana zurück ziehen müssen.

Interessant ist, dass es die eigenen Söhne von Werner Hinz sind, die die Rolle in *Eichholz & Söhne* spielen, wobei Michael Hinz wie auch sein Vater schon einmal unter der Regie Käutners gespielt hatten.

Zu Werner Hinz war Käutner seit *In jenen Tagen* (1946/47) wegen dessen Rolle im Dritten Reich auf Distanz gegangen. Er hatte damals in der Besetzung mangels Schauspielern keine andere Wahl gehabt. Doch das gehört nun der Vergangenheit an. Nun tritt sogar Brigitte Horney auf, durchaus vergleichbar mit den Schauspielern Kristina Söderbaum und Attila Hörbiger in *Karl May*. Darüber hinaus spielen noch zu einem letzten Wiedersehen auffällig viele Käutnerschauspieler mit wie: Pierre Franckh, Werner Kreindl, Otto Bolesch, Rudolf Lenz, Hans Kraus, Ulrich Beiger, Hans Brenner, Dirk Dautzenberg, Benno Hoffmann, Wolfried Lier, Robert Negele und Wolf Roth.

Rechts: „Karl May, der Schöpfer der einzig wahren Heldenlieder des wilhelminischen Zeitalters."

Die Seele ist ein weites Land in das wir fliehen

KARL MAY

Ein Film von Hans-Jürgen Syberberg

mit
Helmut Käutner
Kristina Söderbaum
Käte Gold
Attila Hörbiger
Willy Trenk-Trebitsch
Heinz Moog
Mady Rahl
Lil Dagover
Rudolf Prack

Rainer von Artenfels
Leon Askin
Marquard Bohm
Wolfgang Büttner
Peter Chatel
Erwin Faber
Rudolf Fernau
Fritz von Friedl
Penelope Georgiou
Alexander Golling
Egon von Jordan
Harry Hardt
André Heller
Peter Kern
Rudolf Lenz
Peter Moland
Stefan Paryla
Rudolf Schündler
Guido Wieland

Kamera
Dietrich Lohmann

Produktionsleitung
Bernd Eichinger

Musik
Gustav Mahler
Frédéric Chopin
Franz Liszt

Produktion
TMS Film GmbH

im Verleih der
Warner-Columbia

Spieldauer 3 Stunden

Nachbemerkung

Die erste wichtige Veröffentlichung ist von Peyer „Deutscher Nachkriegsfilm" (1965). Hier werden die Drehbücher von *In jenen Tagen* und *Der Apfel ist ab* dokumentiert.

Mit „Käutner" (1992) liegt ein leider vergriffenes Standardwerk vor, das mit Hilfe der Stiftung Deutsche Kinemathek und der Akademie der Künste realisiert wurde. Darin der große Essay von Karsten Witte („Im Prinzip Hoffnung") und das umfangreiche Gespräch „Kunst ist Schmuggelware" mit Edmund Luft und Helmut Käutner, welches in Teilen an Truffauts wichtiges Gespräch mit Hitchcock erinnert. Hinzu kommt die Filmografie aller Kino- und Fernsehfilme., Besprechungen und schönen Filmfotos.

Gerade das Gespräch mit Edmund Luft erlaubte es mir, Helmut Käutner sehr viel selbst zu Wort kommen zu lassen (kursive Hervorhebung).

Überhaupt habe ich gerne Zitate verwendet, die sich mit meinen Vorstellungen deckten.

Literatur

Hans Albers. Hoppla, jetzt komm' ich! Herausgegeben von Otto Tötter, Hamburg 1986.

Cornelsen, Peter: Helmut Käutner. Seine Filme – sein Leben, München 1980.

Deutsche Spielfilme von den Anfängen bis 1933. Ein Filmführer. Herausgegeben von Günther Dahlke und Günter Karl, Berlin 1988.

Eser, Willibald: Helmut Käutner. Abblenden. Sein Leben, seine Filme, München 1981.

Föllmer, Moritz: „Ein Leben wie im Traum". Kultur im Dritten Reich, München 2016.

Geliebt und verdrängt. Das Kino der jungen Bundesrepublik Deutschland von 1949 – 1963, herausgegeben von Claudia Dillmann und Olaf Möller, Frankfurt 2016. (= Geliebt und verdrängt 2016).

Graf, Dominik: „Hunde, wollt ihr ewig leben?" Einige Männerbilder und ihre Darstellungsstile im westdeutschen Nachkriegsfilm, in Geliebt und verdrängt (2016).

Habel, F.-B.: Zerschnittene Film. Zensur im Kino, Leipzig 2003.

Heller, Jim: Die Dramaturgie der Vergeblichkeit. *Große Freiheit Nr. 7,* in: Käutner (2008).

Herbert, Ulrich: Das Dritte Reich. Geschichte einer Diktatur, München 2016.

Ihfkovits, Kurt: Die Rollen der Paula Wessely. Spiegel ihrer selbst, Wien 2007

Käutner, herausgegeben von Wolfgang Jacobsen und Hans Helmut Prinzler, München 1992.

(=Käutner 1992)

Helmut Käutner (Film-Konzepte 11), herausgegeben von Claudia Mehlinger und René Ruppert, München 2008). (=Käutner 2008).

Kiefer, Bernd: Der Tod der Romantik im Jahr 1955. *Ludwig II. – Glanz und Ende eines Königs,* in: Käutner (2008).

Kinkel, Lutz: Die Scheinwerferin Leni Riefenstahl und das Dritte Reich, Hamburg 2008

Klinger, Judith: Robin Hood. Auf der Suche nach einer Legende, Darmstadt 2015.

Kohse, Petra: Marianne Hoppe. Eine Biographie, München 2001.

Krüger, Hardy: Was das Leben sich erlaubt. Mein Deutschland und ich, Hamburg 2016.

Krützen, Michaela: Hans Albers. Eine deutsche Karriere, Weinheim/Berlin 1995.

Läufer, Elisabeth: Skeptiker des Lichts. Douglas Sirk und seine Filme, Frankfurt/Main 1987.

Marias, Miguel: Die Transluzenz des deutschen Kinos. *Ludwig II. – Glanz und Ende eines Königs,* in: Geliebt und Verdrängt (2016).

Moeller, Felix: Der Filmminister. Goebbels und der Film im Dritten Reich, Berlin 1998.

Ophüls, Max: Spiel im Dasein. Eine Rückblende, Stuttgart 1959.

Pätzold, Kurt: Deutschland 1939-45. Krieg, Köln 2016.

Pflaum, Hans Günther: Große und kleine Freiheiten, in: Käutner (2008).

Plaß, Robert: Das Verhalten und die Verhältnisse. Die kabarettistische Perspektive im filmischen Werk Helmut Käutners, in: Käutner (2008).

Pleyer, Peter: Deutscher Nachkriegsfilm 1946-1948, Münster 1965.

Popa, Dorin: O. W. Fischer. Seine Filme Sein Leben, München 1989.

Reclams Filmführer von Dieter Krusche unter Mitarbeit von Jürgen Labenski und Josef Nagel, Stuttgart 12. Auflage 2003.

Renoir, Jean: Mein Leben meine Filme. Autobiographie, Zürich 1993.

Roch, Petra: Fragt nicht, warum? Hildegard Knef. Die Biographie, Hamburg 2009.

Ruppert, René: Von ‚Helden', die nicht in die Zeit und nicht in die Gesellschaft passen. *Romanze in Moll* und *Unter den Brücken,* in: Käutner (2008).

Schell, Maria: Eine Ausstellung des Deutschen Filmmuseums, Frankfurt/Main 2007.

Schneider, Hansjörg: Erich Ponto. Ein Schauspielerleben, Berlin 2000.

Shandley, Robert R.: Trümmerfilme. Das deutsche Kino der Nachkriegszeit, Berlin 2010.

Sirk, Douglas: Imitation of Life. Ein Gespräch mit Jon Halliday, Frankfurt/Main 1997.

Specht, Heike: Curd Jürgens. General und Gentlemen. Eine Biographie, Berlin 2015.

Steiner, Maria: Paula Wessely. Die verdrängten Jahre, Wien 1996.

Stern, Carola: Auf den Wassern des Lebens. Gustaf Gründgens und Marianne Hoppe, Köln 2005.

Stiglegger, Marcus: Aus den Gräbern, aus den Trümmern … Der deutsche Kriegsfilm der 1950er Jahre, in: Geliebt und verdrängt (2016).

Strobel, Beate: Gert Fröbe. Vom Stehgeiger zum Goldfinger, Wien 2012.

Sudendorf, Werner: Verführer und Rebell. Horst Buchholz, Berlin 2013.

Trimborn, Jürgen: Romy und ihre Familie, München 2008.

Vaszary, Gabor von: Romy, Hamburg 1957.

Waldekranz, Rune und Verner Arpe: Das Buch vom Film. Mit einem Geleitwort von Helmut Käutner, Berlin 1958.

Wegner. Matthias: Hans Albers, Hamburg 2005.

Weidner, Caroline: Junge deutsche Literatur und die Filmindustrie, in: Geliebt und verdrängt (2016).

Witte, Karsten: Im Prinzip Hoffnung. Helmut Käutners Filme, in: Käutner (1992).

Worscheck, Rudolf: Das Neue im Alten. Kameraarbeit in den 1950er Jahren, in: Geliebt und verdrängt (2016).

Es handelt sich bei diesem Buch vornehmlich um Abbildungen von Werbematerial sowie um Privatfotos. Sollte sich dennoch ein Rechtsanspruch nachweisen, ist der Verlag bereit, diesen mit einem üblichen Honorar zu vergüten.

ANTON-BETZ-STIFTUNG
DER RHEINISCHEN POST EV.
GEMEINNÜTZIGER VEREIN ZUR FÖRDERUNG
VON WISSENSCHAFT UND FORSCHUNG
DÜSSELDORF

Der Rimbaud Verlag dankt der Anton-Betz-Stiftung der Rheinischen Post e.V. für die Förderung.

In Vorbereitung:
Bernhard Albers
Nacht wie Blei. Helmut Käutner verfilmt *Mulligans Rückkehr*
Fernseharbeit 1962-1977

Lektorat: Adrian Krug
Umschlaggestaltung: Jürgen Kostka, Aachen
Seitengestaltung: Ralf Liebe, Weilerswst
Druck und Bindung: Interpress Budapest

ISBN: 978-3-89086-329-0

Drucklegung in Ungarn am 1. Oktober 2018